国家出版基金项目
NATIONAL PUBLICATION FOUNDATION

U0836612

世界银行

政府(公共)部门治理与问责系列丛书

财 政 管 理

沙安文 主编
鲍曙光 译
姜永华 王少康 校译

中国财经出版传媒集团
中国财政经济出版社

图书在版编目（CIP）数据

财政管理 /（美）沙安文主编；鲍曙光译．—北京：中国财政经济出版社，2016.3

（政府（公共）部门治理与问责系列丛书）

国家出版基金资助项目

ISBN 978－7－5095－6510－0

Ⅰ.①财… Ⅱ.①沙… ②鲍… Ⅲ.①财政管理－研究 Ⅳ.①F810.2

中国版本图书馆 CIP 数据核字（2015）第 285171 号

著作权合同登记号：图字 01－2013－2520

责任编辑：吕小军　　　　责任校对：徐艳丽

封面设计：思梵星尚

中国财政经济出版社出版

URL：http：//www.cfeph.cn

E－mail：cfeph@cfeph.cn

社址：北京市海淀区阜成路甲 28 号　邮政编码：100142

发行处电话：010－88191537　财经书店电话：64033436

北京财经印刷厂印刷　各地新华书店经销

787×1092 毫米　16 开　17.75 印张　280 000 字

2018 年12月第 1 版　2018 年12月北京第 1 次印刷

定价：62.00 元

ISBN 978－7－5095－6510－0

（图书出现印装问题，本社负责调换）

本社质量投诉电话：010－88190744

打击盗版举报热线：010－88191661　QQ：2242791300

1818 H Street NW
Washington DC 20433
电话：202 - 473 - 1000
网址：www. worldbank. org
电子邮件：feedback@ worldbank. org

1 2 3 4 08 07 06 05

ISBN - 13：978 - 0 - 8213 - 6142 - 9
ISBN - 10：0 - 8213 - 6142 - 2
eISBN：978 - 0 - 8213 - 6143 - 6
DOI：10. 1596/978 - 0 - 8213 - 6142 - 9

美国国会图书馆出版品预行编目数据

财政管理/Anwar Shah 著

p. cm.（公共部门、治理和问责系列）

包括书目参考和索引。

书号 0 - 8213 - 6142 - 2（pbk.）

1、政府生产力—评估。2、国家服务—评估。3、市政服务 - 评估。4、预算。5、财政，公共。6、支出，公共。

I. Shah, Anwar. II. World Bank. III. Series.

JF1525. P67F57 2005

352. 4—dc22

2005043245

《政府（公共）部门治理与问责系列丛书》中文版出版说明

由我主编的世界银行政府（公共）部门治理系列丛书中文版由现已过世的姜永华博士牵头负责，其翻译出版得到了中国国家出版基金的大力支持。我曾任世界银行学院公共部门治理项目的主任一职，目前为布鲁金斯学会高级研究员，并担任西南财经大学成都温江校区公共经济研究中心主任。系列书借鉴了近几十年来 OECD 国家和中国的经验，为公共部门治理改革提供了重要的经验教训。

运转良好的公共部门对于减贫至关重要。其必须提供满足公民所需要的优质公共服务，促进以民营市场为导向的经济增长，同时审慎地管理财政资源，并且所有行动对公民负责。该系列书的重要性，在于提供了如何实现这些目标的概念性指导和经验教训。系列书同样有助于世界各国学习彼此理念和实践经验，促进 FAIR（公平、负责、廉洁和回应）公共治理的实现。系列书提炼了现有公共治理的卓见，并提出了提高公共部门效率、公平性和有效性的分析工具。系列书中内容包含了大量顶级公共政策专家和从业实践者的巨大贡献。

以下简要介绍系列中各书的基本内容：

财政联邦主义

本书基于目前公认的理论框架和最佳实践，系统全面地介绍了财政联邦主义的原理和实践。参考世界各地的联邦制国家和单一制分权国家遵循的实际做法，在统一的框架内探讨了关于职责分配、政府间财政安排、财政竞争和转移支付等传统议题。还包括对诸如基层政府治理、自然资源问题的影响等特殊问题，以及对诸如治理、腐败以及全球化和信息革命对民族国家影响等新问题的一体化考虑。应对这些问题的方式是非技术性的，适合包括学者、教师、学生、政策智囊和从业实践者在内的各类读者。

宏观联邦主义和地方财政

近年来，联邦制作为一种政府形式被提出来，它可以提供保障，防止集权剥削和分权机会主义行为威胁，同时使政府决策更贴近人民。但近几十年来联邦制受到了更多来自国内外因素的压力。全球化和信息革命的两大突出影响正在使国家内部以及国家之外的权力分配发生深刻变化。这两种力量将世界从集权治理结构转向全球化和本土化结构，有时也被称作“全球本土化”治理，这种趋势势不可挡。本书通过下述几个方面回顾了国家和全球治理的范式转变：(a) 考察了全球化和信息革命对民族国家内外部多级政府治理结构的影响；(b) 审视了财政安排对动态效率和经济增长的影响；(c) 提供了基层政府组织和财政应对不断变化的世界的比较视角分析。

财政管理

本书提供了解决财政审慎、财政压力、官僚低效、公民赋权和公共廉洁等问题的分析工具。这些工具旨在使政策制定者与实践者能够对政府财政管理和可问责治理的体制安排进行以下诊断测试：

财政谨慎测试：体制安排是否适合确保政府的财政管理决策限于保障项目的可负担性和可持续性？

财政压力测试：政府是否维持净值为正？

公民问责测试：政府如何知道它是在提供公民所要求的？当它不符合这些要求时会发生什么？

公共廉洁测试：行政部门如何对以权谋私的权力滥用行为问责？

预算与预算编制

预算编制和预算程序能够履行如下重要政府职能：确定公共资源分配的优先顺序；规划实现政策目标；对财政投入进行控制使其遵守规则；以审慎、高效和廉洁为原则管理运行；保障纳税人的权利。根据经济学和政治学文献，预算编制的有效性有助于改善一国财政和经济状况。但是在发展中国家，特别是非洲的发展中国家，预算程序和预算编制尚不完善，难以充分履行上述职能，只是被作为一种法律控制的手段。预算制度的改革对提高政府服务绩效、加强议会和公民对政府运作的监督至关重要。

本书提供了改革预算和预算编制的综合指南。本书分为两部分。第一部分提供了预算和预算编制的入门介绍。它涵盖了预算流程、方法以及相关工具和实践，详细阐述了传统与现代的预算和会计理念。此外，还讨论了将综合财务信息管理系统和评估方法引入公共支出管理和财政问责的实施问题。本书的第二部分概述了在非洲和战后国家对公共支出管理进行优先排序和排序时涉及的问题。此外，还对肯尼亚和南非的预算编制进行了案例研究。

参与式预算

预算实践者和学者提出的参与式预算作为实现包容性和问责治理的重要工具，已在全球众多发展中国家中以各种形式实施。通过参与式预算，公民有机会获得有关政府运作的第一手信息，从而影响政府政策并要求政府负责。然而，参与式流程也存在被利益集团捕获的风险。被捕获的过程可能会继续促进政府决策中的精英主义倾向。

本书概述了参与式预算的基本原理，分析了世界各国参与式预算编制做法的优点和缺点，旨在指导政策制定者和实践者为实现包容性治理而改进这些做法。本书包括五个区域调查，还提出了关于知识共享的议程，并从改革公共部门治理的跨国经验中学习，旨在帮助发展中国家的政策制定者和实践者作出更有针对性的政策选择。

绩效问责与反腐败

基于绩效的问责制具有吸引力，因为它有可能提高政府服务提供绩效，确保公共运营的廉洁性。但是实施这种问责制对任何公共部门组织都是一项重大挑战；绝大多数此类改革都因设计和实施困难而失败。本书就如何将基于绩效的问责制制度化提供了建议，特别是在缺乏良好问责制度的国家。本书还阐述了如何通过加强问责制度来反腐败。

本书分为两部分。第一部分涉及公共管理改革，以确保政府运作的廉洁性和提高效率。本部分概述了公共管理改革的议程，并讨论了电子政务和互联网解决方案在提高绩效方面的作用。本书的第二部分就加强代议机构，如议会机关和委员会的作用提供了建议，以此来监督政府规划和计划。它还提供了如何通过审计及相关机构来发现欺诈和腐败行为的指导。本书还突出强调了导致腐败产生的原因，以及运用内外部问责机构和机制的反腐败情况。本书还就如何针对个别国家特定情况制定反腐方案，以及如何对改革措施进行排序以确保可持续性提供了建议。

总之，我衷心希望这一系列书能有助于政府官员、发展实践者、发展经济学学生及那些有志于改善全球公共治理的人。

沙安文

2018 年 5 月

目 录

前　言

200 多年来，西方民主制度中政府结构的制衡体系是实现有效政府治理的核心，赋予了公民应享有的权利。激励公务员和决策者的动因——公共部门因其工作表现所受的表彰与惩罚，都是从国家责任的框架出发。完善的公共部门治理和健全的政府支出有利于经济发展和社会公平，特别是有利于穷人和弱势群体，比如老年人和妇女。

然而，很多发展中国家的政府治理体系仍然经常运作不力，存在着寻租和渎职行为、资源配置不当、税收体制效率低下，以及一些关键的公共服务设施质量不高等问题。近年来，学界对理解公共财政的政治经济学重新产生了兴趣。特别是渴望深入了解指导公共政策和相关预算、支出、税收制度，以及公共服务提供政策的明确制度安排。

本书为从公众问责的视角评估政府财政健康状况提供了工具，而这些工具将有助于解决问题。具体工具包括：预算的政治经济学、基于绩效的预算、收入绩效和债务管理、政府净资产的衡量、财政风险的评估、公民服务的改革，以及问责制度的加强。

《财政管理》一书将会是政府官员、经济发展实践人员、学习发展经济学的学生以及那些对发展中国家的财政政策和管理感兴趣的人的兴趣所在。

Frannie A. Léautier

副会长

世界银行学会

序

发展中国家加强有回应和可问责的公共部门治理对于世界银行的扶贫使命至关重要。本系列旨在促进对培育激励环境的制度实践的认识，这种激励环境与审慎的财政管理与公共服务的公平有效提供相兼容。《财政管理》作为本系列书的第一本，提供了解决审慎财政管理、财政压力、官僚主义低效、公民赋权和廉政问题的分析工具。这些工具旨在使政策制定者或实践者能够对财政管理和可问责的制度安排进行如下诊断测试：

财政审慎测试：制度安排是否适当以确保政府职能限定在可承受和可持续的范围内征税、支出、赤字、举债以及承担其他责任？

财政压力测试：政府是否保持正的资产净值？

公民问责测试：政府如何知道它提供的公共服务正是公民所要求的？如果政府提供的服务与公民的要求不一致怎么办？

廉政测试：对于任何滥用公职谋私利的行为行政部门如何问责？

应用上述测试预计能够使得政策制定者和实践者能诊断出制度上的缺陷，以及制订出能克服这些制约因素的可行方案，从而为自己的国家建立运转良好的公共部门。

本人非常感谢瑞士发展合作署的大力支持以及权威专家们对本系列书的贡献。

Roumeen Islam

减贫与经济管理部主任

世界银行学院

致　谢

在瑞士发展合作署和瑞典国际开发署的大力支持下本书才得以完成。本书编者对他们在本书内容上给予的指导表示感谢。特别是对 Walter Hofer、Hanspeter Wyss、Werner Thut、Gerolf Weigel 和 Alexandre Widmer 提供的智力支持深表感谢。编者同样感谢世界银行业务评估部、世界银行学院、联合国拉丁美洲和加勒比经济委员会（CEPAL）的高级管理人员对本书的支持。衷心感谢 Juan Carlos Lerda、Frannie Léautier、Ziad Alahdad、Ruben Lamdany 和 Roumeen Islam 提供的指导和支持。

本书还得益于参加 2001 年 1 月在智利圣地亚哥举行的“拉美经委会—世界银行联合研讨会”和在世界银行举行的“减贫与经济管理专家研讨会”（PREM）的高层决策者的意见。此外，众多国家的高级财政和预算官员对本书的内容提出了意见。编者还要感谢撰写本书各章节的著名学者以及银行和外部同行评议人的意见。Matthew Andrews、Azam Chaudhry、Neil Hepburn 和 Theresa M. Thompson 为该书各阶段的准备提供了帮助，他们对各个章节给出了意见并撰写了摘要。Agnes Santos 设计了本书版式并为该书出版做了大量准备工作。最后，编者要特别感谢 Theresa M. Thompson 在该书的各个审查阶段以及最后出版阶段的筹划和指导。

作者简介

Matthew Andrews 是世界银行公共部门管理专家，南非人，获得锡拉丘兹大学（Syracuse University）马克斯韦尔学院（Maxwell School）公共管理专业博士学位。他曾在南非各级政府部门工作，发表了诸多关于公共预算和管理、评估，以及制度经济学方面的著作。

Richard M. Bird 是加拿大多伦多大学洛曼管理学院（Joseph L. Rotman School of Management）经济学系名誉教授，并担任“国际税收计划”兼职教授和共同负责人。他任教于哈佛大学；曾在国际货币基金组织财政事务部就职；还是荷兰、澳大利亚等国的访问教授；经常为世界银行、国别和国际组织提供专业建议。他出版了大量有关发展中和转轨经济国家财政问题的著作。

Hana Polackova Brixi 是一名高级经济师，负责世界银行在中国的经济工作。自 1998 年以来，Brixi 一直领导世界银行在政府财政风险方面的研究，并带领主持世界银行财政质量调整课题组。此前，Brixi 博士曾作为华盛顿特区世界银行东亚、欧洲和中亚地区部的高级经济学家和公共部门管理专家，并领导了多国的项目和技术援助计划。最近，她刚刚成为波士顿麻省理工学院斯隆商学院（Sloan Business School）和新西兰惠灵顿新西兰财政部的访问学者。在加入世界银行之前，Brixi 博士是时任捷克斯洛伐克总统 Vaclav Havel 的特别顾问。

Homi Kharas 是世界银行东亚和太平洋地区部的首席经济学家，以及该地区减贫与经济管理部金融和私营处主任。在这个职位上，他负责向世界银行提供政策建议并向该地区内的国家提供针对减贫战略、贸易和竞争、公共部门债务和财政政策、公共支出管理、治理、反腐败、金融和私营部门发展的贷款以支持其建议。

Deepak Mishra 是世界银行南亚地区部的经济学家，印度人。他曾就读于德里大学德里经济学院（Delhi School of Economics），获得硕士学位，从马里兰大学（University of Maryland）获得经济学博士学位。进入世界银行之前，Mishra 博士在众多私人和公共部门机构担任过不同职位，包括联邦储备委员会（Federal Reserve Board）、马里兰大学和印度塔塔工程和机车公司（Tata Engineering and Locomotive Company）。他的研究领域包括宏观经济危机的实际影响、债务和清偿能力管理、财政政策和或有债务，以及经济增长和资本流动的决定因素。他最近的部分作品发表于《发展经济学期刊》（Journal of Development Economics）、世界银行的《经济学家论坛》（Economist Forum）、《金融与发展》（Finance and Development）和《全球发展金融》（Global Development Finance）。

Mahesh Purohit 是新德里国家公共财政与政策研究所（National Institute of Public Finance and Policy）教授。他是印度财政部销售税改革和增值税引入授权监督部门的秘书成员之一。他还担任了印度各邦财政部门和总务部门负责将增值税引入的秘书。Purohit 博士一直积极参与准备针对各州的《增值税法示例》。他为印度各州政府咨询委员会提供咨询促进增值税的实施。他曾作为国际货币基金组织的财政专家前往柬埔寨工作，也曾作为税收政策顾问和首席技术顾问前往索马里致力于联合国发展计划。他是法国巴黎人文科学之家（Maison des Sciences de l'Homme）和东京财政部货币与财政政策研究所（Institute for Monetary and Fiscal Policy）的访问教授。还是加州大学伯克利分校（University of California, Berkeley）经济学系的高级研究员和多伦多大学（University of Toronto）的夏斯特里研究员（Shastri Fellow）。

Mark Schacter 是马克·沙克特咨询公司（Mark Schacter Consulting）总裁；之前他是位于加拿大渥太华的一家公共政策智囊机构公共治理研究所所长。在 1998 年初加入公共治理研究所之前，他为世界银行工作，负责公共部门改革和体制发展研究。Schacter 先生已撰写了大量关于问责、公共部门绩效管理和发展援助方面的著作。

Anwar Shah 是世界银行学院的首席经济学家，公共部门治理项目负责人，加拿大埃德蒙顿公共经济学研究所研究员。他曾为加拿大财政部和艾伯塔州政府工作，分别负责联邦—省以及省—地方财政关系。他曾为阿根廷、巴西、加拿大、中国、印度尼西亚、马来西亚、墨西哥、巴基斯坦、菲律宾、波兰、南非和土耳其等众多国家的政府提供财政联邦主义问题方面的咨询。并一直在加拿大渥太华大学，中国北京大学、武汉大学，巴基斯坦伊斯兰堡的真纳大学，哈佛大学、杜克大学，麻省理工学院和南加州大学授课；他目前的研究兴趣涉及政府治理、财政联邦主义、财政改革和全球环境领域。他出版了多本关于这些领域的书籍和专著，包括世界银行 1994 年出版的《发展中国家和转型国家政府间财政关系改革》（The Reform of Intergovernmental Fiscal Relations in Developing and Transition Economies）和牛津大学 1995 年出版的《投资和创新的财政激励方案》（Fiscal Incentives for Investment and Innovation）。他的文章被刊载于顶尖的经济和政策期刊上。另外，他还担任权威经济期刊的审阅人和编辑顾问委员会成员。

Jürgen Von Hagen1985 年从波恩大学（University of Bonn）获得经济学博士学位，曾任教于印第安那大学（Indiana University）、曼海姆大学（University of Mannheim）和波恩大学（University of Bonn），在波恩大学担任欧洲一体化研究中心主任。Von Hagen 博士的研究领域是宏观经济学和公共财政。他一直向国际货币基金组织、世界银行、美洲开发银行、欧盟委员会、欧洲中央银行和其他机构组织提供咨询建议。他在学术期刊和书籍中发表了大量文章。他还担任（伦敦）经济政策研究中心研究员，同时也是德国经济部咨询委员会成员，且是德国经济协会戈森奖（Gossen Prize）的第一个获得者。

缩略语和缩写

ALM	资产负债管理	(Asset and Liability Management)
CAC	集体行动条款	(Collective Action Clause)
EMU	欧洲货币联盟	(European Monetary Union)
ESA	欧洲共同体统计局	(European System of Integrated Accounts)
EU	欧盟	(European Union)
GASB	政府会计准则委员会	(Governmental Accounting Standards Board)
GDP	国内生产总值	(Gross Domestic Product)
GDR	德意志民主共和国	(German Democratic Republic)
IA	问责制度	(Institution of Accountability)
IAS	问责制度体系	(Institution of Accountability System)
IMF	国际货币基金组织	(International Monetary Fund)
INTOSAI	国际最高审计机构组织	(International Organization of Supreme Audit Institutions)
MCF	资金的边际成本	(Marginal Cost of Funds)
MTEF	中期支出框架	(Medium – term Expenditure Framework)
NGO	非政府组织	(Nongovernmental Organization)
OECD	经济合作与发展组织	(Organisation for Economic Co – operation and Development)
PREM	减贫与经济管理	(Poverty Reduction and Economic Management)
ROME	结果导向型管理与评价	(Results – oriented Management and Evaluation)
SAI	最高审计机关	(Supreme Audit Institution)

概　述

Anwar Shah

该书内容是关于确保公共部门可问责的激励机制。它提供了实施审慎财政管理、减轻财政压力、实现公民问责和解决廉政问题的工具。

财政审慎

财政审慎测试：制度安排是否适当以确保政府职能限定在可承受和可持续的范围内征税、支出、赤字、举债以及承担其他责任？

这个问题是前几章的重点。

在第一章中 Jürgen Von Hagen 着重于财政预算过程的政治经济学，以及讨论选民与政客间不完全契约的影响。由于这些不完全的契约，政客可以利用针对性的公共政策确保对其职位的认可。因为实施这些政策存在资金成本负担人与受益人脱节的问题，这样的环境可能会产生支出过多、税收过重和债务过高的问题。这在发展中国家极为常见。社会团体可以通过建立能够减少这些不利影响的制度，对这些问题作出反应。对此主要有三种基本制度途径。

第一，是对当选的政客在公共财政上的选择范围实施事前控制。实例就是预算平衡约束，即迫使政策制定者限制他们举债的数额，或在提高税率时要求进行公民投票。事前控制，如平衡预算修正案或债务限制因其形式简单而颇具吸引力。然而，他们通常被认为无效或可能对选民监督决策者的行为能力起到相反作用。因为此种数额限制通常具有替代效应，支出或举债行为被转移到了不受该规则约束的各级政府。监督合规情况的外部机构，如国际货币基金组织（IMF）或欧盟（EU），同样被视为是无效的。

第二，是加强当选政客之间的问责和竞争，包括增加他们的激励措施以使其制定并兑现符合选民们偏好的政策，从而延长他们的任职期限。这是选举制度的主要功能。在普遍实行的两类选举形式中，问责和竞争之间存在折中。根据简单多数制，公民问责通常得到加强，而竞争则被削弱，因此该原则成为少数派政党进入的壁垒。比例代表制则会起到相反的效果，因为它削弱了问责，但却促进了更为激烈的竞争。

第三，是构建公共财政决策过程，以迫使政策制定者更充分认识边际社会收益及其政策成本。这是预算过程的主要任务。中央协调的预算过程可以迫使个体政治家全面看待预算，通过协调其支出决定从而有助于减少公共池（Common Pool）问题。预算过程的竞争性要求必须予以解决，但这一限制可能会因预算外资金的使用、“非决策”的蔓延（如指数化）、强制性支出法律和或有债务（例如，救助承诺）而受到影响。

第一章提出了关于制度改革的观点，以加强预算制度作为防范政客和政府官员面临的阻抑激励的保障。该章讨论了预算过程集中化的两个途径：授权和契约。对于授权，预算过程授权财政部长特殊权力，财政部长的职能是制定预算的主要参数并确保所有参与者遵守这些制约条款。根据这一办法，财政部要协调各部门意见。任何悬而未决的问题交由首相做最后决定。财政部长同样在预算执行方面发挥中心作用。这一方法赋予行政部门大于立法部门的议程设置权力。

契约方法强调在所有参与者之间磋商具有约束力的协议。它开始于内阁成员之间的磋商，确定每个部门的支出限额。在立法阶段，契约方法较少强调行政部门的议程制定职责，而着重于立法部门对财政目标实施的监督职责。两种方法（授权或契约）之间制度选择的关键在于所实行的立宪政体类型。授权是一党议会制政府的首选方式，而契约则更适合多党联合政府。这是因为在一党制政府中，财政部长代表执政党的意见，而在联合政府中，联盟伙伴之间必须达成预算妥协。在总统制政府中，总统所属的党派控制立法机构时，授权被视为适当的方式。而当总统面临立法机构为反对党所控制，或两党势力相当时，契约方法则更为合适。

在第二章中，Matthew Andrews 着重研究了发展中国家通过预算过程引入的财政审慎激励机制。他回顾了南非在此类改革中的经验，并从这些经验中总结出一般经验教训供其他发展中国家借鉴。

Andrews 指出，在过去 10 年中，一些政府已对旨在建立结果导向型（或基于绩效）的预算方法改革表示出兴趣。预算过程中强调结果或绩效反映了一个信念，即公共部门问责应关注政府都花钱做了什么，而不仅仅是政府如何控制这些支出。用新制度主义的说法，这些改革引入了规则和规范，（通过积极和消极的激励机制）使之在文化上适合或诱使政客和官员专注于结果和产出而非投入和过程。Andrews 还提出了如何改革以在预算程序中引入结果导向（政客和官员对结果负责）以及改革者应关注何处以改善此种努力的问题。

Andrews 就最近全球预算改革的经验对这一问题进行了分析，尤其是以批判的态度对被认为是发展中国家最好的实践者之一的南非中央政府的改革实践进行了深入研究。南非卫生部的预算用来作为此类背景下改革进程的一般途径的代表性例子。从预算结构来看，很明显，该政府已逐渐从纯粹的分项预算转为中期计划方案预算，最后到绩效型预算——反映出世界各国中央和地方政府财政的发展进程。

基于对南非的分析以及与其他改革环境中经验的比较，Andrews 认为，有 3 个原因表明要在政府中建立绩效型问责体系的改革仍然有很长的路要走。

首先，尽管绩效目标目前正在制定，但他们通常是与实际预算分离的。南非和新加坡是这样，美国大多数州也是如此。这种分离降低了绩效目标的合法性，固化了政府中普遍存在的“专业化”和“独立化”倾向。其中规划专家、发展专家和具有绩效意识的评估专家做了一些工作，而会计专家和预算专家则做了另外一些工作，两个群体之间没有太多的沟通。

其次，南非案例中的绩效信息也存在文献中常常间接提及的与其他改革环境有关的毛病：投入与产出混淆，结果仍然未被考虑。目标似乎只是在技术上被确认，缺少实际的价值。目标很不明确，使实际衡量变得不可能。而且现在还不清楚，在产出和活动之间没有联系的某些情况下，以及没有论据证明为什么糟糕的公共服务可以导致目标实现的情况下，目标将如何达成？这一信息无法创建结果导向型底线，使得政客和官员没有理由或动机去实现这些目标。

最后，也可能是改革者面临的最重要的问题，即预算本身缺乏关系性构建。即使有有效的基于绩效的目标，南非和其他许多转为采用此种体系的国家的预算通常无法确定谁应该对结果负责，谁应该去追究其责任，以及如何追究。对于使预算中确定目标的政治或管理问责制度化过程似乎不予考虑，阻碍了迈向规范的结果实现型文化和促进结果注重型激励机制。

基于南非等国家的改革进程和作为对这 3 个问题的回应，Andrews 对未来的改革进程提出了一些忠告。讨论集中在拟议的预算结构上，预算结构明确将财政资金分配与明确界定和可衡量的绩效目标联系起来，并确定谁对产出负责（官员），谁对结果负责（政客）。这些内容全部被涵括于同一个文件中。拟议的方法应通过一系列有益的，且能够被评估和执行的底线，有效强化政府结果导向型问责制度。但该方法通常被认为超越了当前改革形势。

Mahesh Purohit（第三章）从收入绩效的角度思考了财政审慎问题。他认为如果从现有的收入来源所获得的产出逐年增加，且具有收入弹性，能够让一个政府筹集到足以提供适当水准的公共服务支出，那么该政府的收入绩效是令人满意的。收入受到收入基础的组成、税率和征税努力程度的影响。收入基础的组成在发展中国家和发达国家之间往往差异很大。发展中国家更依赖于商品和服务税，而发达国家则更着重于直接征收公司税和个人所得税。

Purohit 对制定简单的收入绩效衡量提出了指导性办法。按复杂性由低到高排序，包括收入增长率法、收入增长趋势法或收入弹性，相对收入努力法、绩效指数法和主要因素法。

收入增长率是收入复合增长率的绝对衡量值。该衡量值的优点是简单，但它没有考虑收入增长（或下降）的原因。收入的增长趋势为衡量相对增长提供了一个简单办法。它显示了收入的比例变化与收入基础中比例变化的关系。相对收入努力衡量方法旨在判断政府相对其预计收入能力的收入绩效。用来衡量收入能力的变量，包括公司和个人收入、税收组成、公共服务类型、公共投资、GDP、人口、城市化、经济的开放程度、GDP 中制造业和商业所占比重的变化。收入绩效变量包括税收、税收变化和从工资、资本和房产获得收入的有效税率。绩效指数是若干收入绩效变量的加权平均值。主要因素法利用统计分析方法来确定对收入绩效影响最大的几组变量。

虽然收入和支出是密不可分的，习惯上，大部分针对税收或支出变化的形式性的经济分析是基于预算收入和支出之间没有联系的假设下进行的。Richard M. Bird（第四章）探讨了当同时分析预算的两个方面时出现的问题。他认为，预算收入来源方面太过重要，实在不容忽视。明确考虑这些问题将改善分析结果，并对财政审慎起激励作用。在公共支出方面取得好的结果的关键不在于任何特定的预算或收入程序，反而在于实施尽可能透明的公共财政体制，将具体支出与收入决策联系起来。但税收和支出变化的综合效果很难衡量，因此，将假设简化，可以将这两个方面分开。

Bird 对历史或正统的方法做了研究，以评估公共支出。该研究的一个重要部分是评估“公共财政的影子价格”或“公共资金的边际成本”。大部分评估着重于税收超额负担。本章分析了关于该方法的理论和实践应用的部分问题。其中，Bird 试图回答三个问题：公共财政的影子价格是否应被明确考虑进支出评估？如果是，该影子价格如何估计？需要在多大程度上关注支出与收入之间的制度性联系？

对前两个问题的回答不会形成单一的规则。例如，当一个项目的融资可以与适当设计的收益费（如使用费、专项收入征税或贷款融资）或其他形式的“无负担的”或预算中性的财政收入（如土地税、庇古税或扭曲性课税的减少）紧密联系时，应用财政资源的影子价格（资金的边际成本）似乎并不恰当，因为在这些情况下，没有扭曲需要加以纠正。但即使预算资金是来自扭曲的税收制度，对其纠正程度对该制度性质、预期的税收变化性质、筹集的经费支出性质会很敏感。最后，至少在一定程度上，与税收有关的扭曲可反映社会的分配（或再分配）目标，不应用来作为限制公共部门范围的折算因子。但一些作者建议至少可以要求纠正资金的最低边际成本，他们可能是对的，除非有不做此类纠正的更好的理由。

回应第三个问题，应比以往更加专注于收入与支出之间的联系。部分联系包括公共服务的使用费、专项收益税、负担当地公共服务的地方税、负担一般公共产品的所得税和用于投资项目的贷款融资。

Bird 的结论对获取收入很重要。考虑公共支出的收入获取方面是预算过程的一个重要组成部分，其中的良好预算决策（反映人民的真正偏好的决策），可在任何社会类型获得。对于构建问责制度的分权化的理论依据也主要是基于此种观点。

国际货币基金组织和世界银行的员工（第五章）已准备了一套针对债务管理的指导原则。这些指导原则涵盖国内和国外公共债务问题，其目的是协助决策者思考改革以提升公共债务管理水平，并降低国际金融冲击对本国的损害。小国和新兴市场国家更易受到此类冲击的影响，因为其经济较为单一，而且国内银行储蓄基数较小、金融体系不发达，可能相对较大的资本流动更易受到金融危机传染的影响。各国政府应确保公共债务的水平和增长速度的可持续性，在一系列不同环境下均能够偿付利息，同时满足成本或风险目标。必须予以考虑的是负债的成本和风险（或可持续性）之间的权衡。例如，由于政府过于关注可能的成本节约，从而借入大量短期债务，使得该国政府不得不用借新债还旧债的方式偿还债务时，这些短期债务使得政府预算严重暴露于不断变化的金融市场条件下（包括该国的信用评级的变化），那么债务危机往往随之出现。

每个国家在主权债务管理方面的能力建设需求，由其所面临的资本市场限制、汇率制度、宏观经济和监管政策的质量、设计和实施改革的制度能力、该国的信用评级以及公共债务管理的目标所决定。

本章对每项改革进行了详细的描述；审慎债务管理的指导原则总结如下：

1. 共享债务管理目标和协调机制：债务管理应包括中央政府行使控制权的主要财政义务。鉴于不同政策工具之间的相互依赖性，债务管理人员、财政政策顾问和央行职员应分享对债务管理、财政和货币政策目标的理解和有关信息。但是，债务管理和货币政策的目标及责任应分离。

2. 增加透明度和建立问责制：应明确债务管理人员的角色定位、责任和目标。财政部、央行和其他机构，作为负责机构，制定债务管理政策的方式应公开和透明。这些机构应定期公布债务规模和组成的信息，包括其期限结构和以外币计价的债券。债务管理的问责框架应遵循公开原则，对债务管理职能的外部独立审计的任何安排的细节也应公开。

3. 加强制度框架构建：各国应制定一个政府治理框架（进行债务交易和债务管理的法律和组织架构）和内部营运管理框架（营运控制，包括明确阐述的人员责任、监督政策、报告制度、行为准则以及针对解决利益冲突的指导意见）。

4. 制定债务管理战略：政府债务风险，包括货币风险和短期债务风险，应予以监测。

5. 制定风险管理框架：政府的债务组合中的风险和成本权衡必须予以识别和管理。债务官僚应考虑或有负债对政府财政状况的影响。

6. 发展和维持有效的政府债券市场：为尽可能降低中长期的成本和风险，债务官员应确保其政策和营运与政府债券市场的有效发展一致。这包括债券组合的多样化，以及确保投资者实现广泛参与和受到平等对待的规则。在一级市场，债务管理运作应是透明的，且债务发行应尽可能使用基于市场的机制，包括竞价拍卖和银团贷款。政府应促进二级市场的发展，用于交割和清算交易的系统应反映健全的做法。

财 政 压 力

财政压力测试：政府是否保持正的资产净值？

下面的几个章节是关于确定政府在何种程度上有财政压力。

Homi Kharas 和 Deepak Mishra（第六章）试图解释令人费解的实证层面的观察结果，即发展中国家现实的债务增长一直远远高于传统的预算赤字累计总和。这就是所谓的隐性赤字现象。当预算会计实务和准则留有酌情处理的余地，并鼓励金融工程时，就会出现隐性赤字。

在实践中，由于存在替代方法、计量问题、估价技术以及其他复杂问题，预算赤字的计算可能是一项极复杂的工作。研究人员在预算计算中已经发现各种差异以及没有包括在记录内的预算赤字项目。这些项目包括非现金业务（如动用资产，将支出转移到预算范围之外）和预算外支出（如债务存量调整和或有负债）。赤字计算的一些特殊问题是由于完全剔除或仅部分包含公司和银行重组费用，现实和预期的授权成本处理和或有负债（救助），将资本损益从预算中剔除，使用不同的估价方法，以及使用转移支付和拨款以弥补预算赤字等导致的。

Kharas 和 Mishra 的研究表明，传统财政赤字如果是不可预见的，这仅是导致现实的政府债务累积的六个原因之一。其他五个因素分别是经济增长、实际汇率的变动、国内通货膨胀、铸币收入和预算外支出。

作者接着采用假设的债务水平，即在该政府的负债中没有任何资本损益（例如，由于货币通货膨胀或贬值）以及没有出现任何预算外支出的情况下将会累积的债务水平，对一些发达国家和发展中国家的隐性赤字的规模进行了估计。换句话说，假设债务/GDP 比率，即在该政府过去的预算赤字和铸币收入是其唯一的两个筹资渠道的情况下的比率，通过对 7 个发达国家和 14 个发展中国家进行计算发现，发达国家的隐性赤字水平平均来看要低得多（占 GDP 的比例分别是 0.3% 和 2.6%）。产生这一差异的两个主要原因是，发展中国家和转轨国家面临的对破产金融机构和公司进行救助的问题要严重得多。另外，汇率变动和交叉热钱流动使得发展中国家面临更大的损失。

Hana Polackova Brixi（第七章）同样研究了关于各国政府面临的但不记入财政赤字测度的一部分的隐性赤字或负债。例如，在许多国家，政府通过提供贷款或兜底（如最低保障）担保来减少其支出（以及相应的赤字测度）。Brixi 仔细分析了各类财政风险，并提出了帮助各国政府管理好这些风险的建议。转轨和新兴市场经济体面临尤其巨大的财政风险。不完善的制度会增加金融和企业部门的破产几率，反过来使得政府面临提供救助的政治压力。

财政风险主要有四类：直接显性负债（债务偿还、预算支出、公务员薪酬），直接隐性负债（公共投资完成和维护、未来养老金、医疗保健），或有显性负债（国家担保的债务和国家保险），或有隐性负债（地方政府和国有企业的违约、私人养老金破产、自然灾害的发生、私人资本流动、平衡收支、金融系统）。

政府接受或有负债（不管是隐性还是显性的）是承担未来或有债务的一种承诺。它实际上是一种可以使得政府出现重大非预期性财力枯竭的隐性补贴。政府接受或有负债也可能会产生严重的道德风险问题，即存在严重违约风险（和或有负债的执行风险），尤其是当风险没有共担的时候。许多国家的政府还没有将所有这些债务及其总量合并为一张单一的资产负债表，也没有将他们纳入整体财政分析和支出规划之中。或有隐性风险是各国政府面临的最大风险。

尽管权责发生制原则鼓励政府制定或有负债表，但它既不需要将负债计入资产负债表，也不需要对风险进行评估。然而，权责发生制预算则确实要求将或有负债写入预算文件并进行相应财务分析。

在处理财政风险时，首要的条件是政策制定者确认、归类并理解政府面临的财政风险。内部机构（如主审机构）或外部机构（如国际货币基金组织、世界银行、抑或主权信用评级机构）可以对这些风险进行评估。

Brixi 建议采用如下系统性措施以降低财政风险：(1) 进行财政分析，将其作为政府或有负债支持方案中隐性补贴成本因素；(2) 在单一组合中确认、归类和分析所有财政风险（采用债务存量、对风险进行定性分析，以及评估在不同的宏观经济和政策环境下的相关性和敏感性）；(3) 确定政府的最佳风险承担和储备政策（储备基金可以提供流动性，但在保有资源的机会成本和紧急情况下拥有储备的好处之间需有一个权衡）；(4) 内部化和公开全部财政状况（在解决政府问责问题时，公众披露比会计制度更为重要，因为公众披露可以使公众和市场对政府的全部财政绩效进行监督）；(5) 对公共和私营部门监督、管理并向其披露财政风险；(6) 采取措施减少个别政府项目和承诺的财政风险。

他还对处理个别政府项目的风险给予了具体建议：(1) 在承担债务之前，评估债务如何与宣称的国家角色相适应，考虑与风险有关的政策选择，设计防范风险的方案（包括风险分担），定义和沟通国家干预的标准和限制，以减少道德风险；(2) 当持有债务时，坚持设定的政府责任限制；及时披露债务，并监控风险因素和储备基金；(3) 债务到期后，在设定的限额内予以偿还，如果是隐性负债，则根据国家宣称的角色和责任决定是否予以履行。

最后，作者列举了捷克的例子。该国的预算外支出和国家担保的扩大隐性补贴，导致其隐性赤字相当大。

Matthew Andrews 和 Anwar Shah（第八章）认为，公民越来越多地向他们的政府提问，他们提出有关政府内部事务的问题："政府是否保持较优的现金余额？""除了其短期形势，从长期来看形势如何，即政府资产是否超过负债，尤其是那些可被称为'或有负债'的债务？"

“政府的长期资产价值多少？它们实现保值了吗？政府是否有效利用了它们了呢？”“政府每年增加了多少价值？即政府通过运行究竟取得了怎样的绩效？”

这些问题涉及多维度的家庭或组织价值：短期价值、长期价值和价值增值（或绩效）。但 Andrews 和 Shah 认为，发展中国家常见的财政管理实践往往受专注于减少赤字的改革的影响，而倾向于仅注重短期价值和鼓励巩固与之相关的激励机制。他们问到三个关于此种一维财政管理的重要问题：良好的赤字数目短期评估是否比不良的服务绩效和长期财政状况评估更重要？忽视政府价值的两个维度（长期财政状况和服务绩效）从长远角度来看是否会对国家造成损害，或实现的短期价值是否会在未来促进多维视角？政府财政应如何管理（和报告）以促进政府价值的多维反映？

前两个问题已在探索发展中国家财政管理实践中的短期控制偏倚产生的激励机制部分时得到解决。有人提议，所有的评估方法都对激励机制有影响。旧的绩效格言是“能衡量，始能执行”。这种观点专注于政府价值的一个方面（短期财政纪律），导致未来构建更全面的评估方式的激励难以形成，而实际上政府价值有三个方面。这些激励机制在公共部门预算中变得根深蒂固，其后果是专注于投入而非结果、不计成本和代际资金转移。

对这一论点的一个明显回应就是寻求另外一些方法，通过这些方法政府可以不再强调短期财政纪律，转而衡量公共部门价值的所有方面，从而为官员创造开发价值的三个维度的激励机制。Andrews 和 Shah 这样研究了新西兰、英国、马来西亚等国的经验，所有这些国家都基于传统的会计方法以对政府价值的三个维度进行更为完整的衡量。在这些国家新的财政管理做法中，问责制度主要强调的是绩效。这些国家的政府所采用的用来改进内部和外部评估的特殊工具包括权责发生制会计、或有负债的显性评估、代际间会计、资本成本核算、作业成本法和绩效报告公布。他们还对每一种工具的重要性都进行了简要的讨论，并说明了如何结合使用这些工具可以充分了解政府的财政健康状况。

自下而上的问责

公民问责测试：政府如何知道它提供的服务正是公民需要的？如果它所提供的服务与公民需要的不符又当如何？

Anwar Shah 撰写的第九章是关于创建对公民具有回应性和问责性的公共治理新文化。该章认为，在许多发展中国家，结果导向型管理与评价（ROME）有望克服“命令与控制型”经济的运行不良和公共部门的专横、寻租弊病。ROME 不再强调传统的投入控制，转而着重构建一个授权的环境，在这一环境中，公职人员可以通过灵活管理以实现预期结果，但应确保所提供的公共服务与公民的偏好一致。此外，在 ROME 体系下，激励机制诱使公共和非公共（私营和非政府）部门在提供公共服务方面相互竞争，并以较低的社会单位产出税收成本提供符合公民偏好的公共服务。

廉　　政

廉政测试：对任何以权谋私的行为行政部门如何问责？

Mark Schacter 在第十章描述了机制问题，当选的领导者通过该机制可对公众负责。由于投票箱往往不足以确保问责制度，其他制度机制已得到发展对之加以强化。更具体来说，存在两种类型的问责制度：纵向问责（公众直接通过投票箱实现）和横向问责（由公共问责机构——IAs 实现）。横向问责机构包括立法机关、司法机关、选举委员会、审计机构、反腐机构、监察员、人权委员会和中央银行。横向和纵向问责机构基本上是相互联系的，因为没有纵向问责，则不可能存在横向问责：只有当政府在没有履行责任会受到公民的惩处时，其才会倾向于遵守横向问责机构的约束。公民社会被认为是影响横向问责机构发展的另一个因素。

本章提出的分析模型强调 IAs 和政府行政部门之间的互动。该模型的核心是问责循环理念，这是 IAs 和行政部门之间的理想关系模型，描述了 IA——行政部门关系的内在逻辑。这个循环包括三个阶段：信息（或投入）、行动（或产出）和回应（或结果）。关于行政部门活动的及时和准确的信息是问责循环的重要投入。IA 应可基于信息投入采取行动，通过向行政部门提出要求促使其履行职责，从而使其行为合理化。最后，IA 的产出是为了激励行政部门对 IA 提出的要求有所回应。

IA 的有效性在很大程度上取决于 IA 了解和分析关于行政部门的信息，将分析结果转变成连贯性要求，传达这些要求的能力，以及促使行政部门采取有效措施的充分能力。当 IA 没有发挥作用时，经验法则则把重点放在不能正常工作的社会底层。此外，关于社会、经济和政治因素的背景信息对于更充分地了解问责循环也很重要。此类背景因素包括公民和国家间关系的历史，由于民族、地区或阶层差别带来的社会局势紧张，经济结构，以及公民社会的性质。

在应用 IAs 来研究减少腐败时，有两点应当牢记：单凭 IAs 并不能消除腐败，IA 内部运作之外的更广泛的环境因素必须加以考虑。Klitgaard 分析腐败的公式在澄清此种联系时很有用。根据他的公式，腐败 = 垄断 + 自由裁量权 - 问责制度。正如人们所看到的，问责制度是唯一能减少腐败的变量。因此，导致垄断和自由裁量权的政策同样必须在反腐败行动的背景下才能得以解决。

缺乏对政治或管理承诺的问责和对行政部门活动的信息获取不足是制约 IAs 有效运作的两个主要因素。在政治精英不可能主动采取行动的情况下，公民社会可以在实施这类改革过程中发挥重要的作用。

最后，作者在充分认识绩效指标局限性的基础上，列出了一张绩效指标清单。

第一章

预算制度和公共支出

Jürgen Von Hagen

公共支出是一些人花其他人的钱的事情。为了实现政府的规模经济，现代民主国家的选民选举出政治家（专门制定决策的人士）来为选民作公共支出决定，而选民通过纳税提供公共支出的资金。因此，公共支出涉及委托和由此带来的委托代理关系。正如其他类似的关系，当选的政治家当政时可以寻租。也就是说，他们可以使用选民（纳税人）提供的部分资金追求其他利益，包括公然把公共资金用于腐败或者用于仅仅使他们个人受益的商品（福利），或者他们可能只是由于疏忽而浪费了公共资金。

原则上，选民可以通过制定事前规则，明确规定当选的政治家在一定条件下可以做和必须做的事情，消除他们寻租的机会。但是，由于需要对不可预见的事态发展作出反应，事态的复杂性使得这些契约（事前规则）无法制定。出于同样的原因，政治家能全心全意地实现他们在竞选期间所作的承诺的假定似乎并不现实。因此，正如在许多其他背景的委托代理关系中，选民和政治家的关系类似一种“不完全契约”（Seabright，1996；Persson、Roland 和 Tabellini，1997、2000；Tabellini，2000）。

公共财政的另一个基本方面在于区分一般公共产品，例如所有公民（纳税人）都受益的国防或司法和针对性公共政策，例如针对社会中某些公民（纳税人）的地方公共产品、部门政策或转移支付。针对性公共政策，当从一般税收支出时，就涉及公民（纳税人）之间的资源再分配，因此我们称之为分配性政策。公民生活的环境不同而需要政府制定有不同针对性的公共政策，因此这种选民和政治家关系也被认为是各种不同委托人竞争公共资金的委托代理关系。从针对性公共政策受益的选民可以通过改选投票报答政治家。这意味着政治家可以通过策略性地使用分配性政策确保当选（Persson 和 Tabellini，2004）。

分配性政策的另一个重要含义是：从一项具体的针对性公共政策受益的人群通常不是买单的人群。相反，受益者通常只支付总成本的很小份额。因此，代表个别群体利益的政治家倾向于高估针对性公共政策的净社会效益。他们注意到针对其选民的政策的全部社会效益，但是后者只通过缴纳税收负担部分社会成本。这是属于公共预算的公共池（Von Hagen 和 Harden，1996）。

多重委托代理关系和公共池问题都是造成过度支出、税收及公共债务的潜在因素。委托代理问题越严重，选民偏好和公共支出的水平及组成之间的分歧就越大。对比由直接民主决定的地区和代议制民主占优势的地区的公共财政，可以清楚说明这一点。实证研究表明，当其他所有条件都相同时，直接民主导致政府支出和税收的水平较低，政府债务的水平也较低，地方政府支出相对中央政府支出增加，倾向于通过收费而不是广泛的税收为政府支出提供资金（Pommerehne，1978、1990；Matsusaka，1995；Feld 和 Kirchgassner，1999；Kirchgassner，Feld 和 Savioz，1999）。其他实证研究表明，政府支出和债务随着委托人之间冲突强度的增加而增加。委托人之间冲突强度可以通过社会中意识形态或者种族分歧的严重程度（Roubini 和 Sachs，1989；Alesina 和 Perotti，1995；Alesina、Baqir 和 Easterly，1997）或者通过少数民族语言和宗教分化来衡量（Annett，2000）。Annett（2000）认为选民中种族和其他分歧由于随之而来的政治不稳定而影响公共支出：社会越分裂，政府就越不稳定，不稳定导致更高水平的公共支出。

同样，公共池问题越严重，针对性公共政策的边际社会效用和边际社会成本之间的分歧就越大。实证研究表明，这导致过高的支出水平、赤字和债务（Von Hagen，1992；Von Hagen 和 Harden，1994a；Strauch，1998；Kontopoulos 和 Perotti，1999）。正如 Annett（2000）指出的，经验证据表明种族和其他类型社会分裂导致公共支出的提高也符合公共池问题导致过度公共支出的观点，因为分裂导致社会中一个群体的代表无视其他由群体承担的公共支出费用。

社会可以通过设立消除这些问题不利影响的机构来应对。第一种方法是实行事前控制，限定当选政治家可以对公共财政作选择的范围。例如预算平衡约束可以限制决策者提高负债的额度，或者提高税率时要求进行全民公决。第二种方法是强化问责制和当选政治家之间的竞争，增加他们兑现选民偏好的政策激励，确保任期内任职。于我们而言这是选举制度的主要职能。第三种方法是在决策者中构建公共财政决策过程，这个过程迫使决策者更加充分地认识到其政策的边际社会效益和成本。这是预算编制过程的主要任务。在本书中，我们把这三种方法都纳入预算制度项目中。因此，我们采用了一个相当广阔的视角。

本章的其余部分安排如下：下一节讨论作为限制委托代理的问题和公共池问题的事前控制工具；第三节讨论选举制度在调整和限制委托代理问题上的角色；第四节是关于预算编制过程的体制问题；最后一节以对制度改革的评述为结尾。

事前控制

控制决策者绩效的最直截了当的方法是让他们服从事前控制，如对预算总量的宪法约束。在实践中，这种限制是对赤字或者对支出进行数量限制。宪法授权的预算平衡限制经常被作为一种限制地方政府借债的机制使用（Von Hagen 和 Eichengreen，1996；Stein、Grisanti 和 Talvi，1999）。在美国，大多数州的州政府都要服从某种形式的预算平衡要求，许多州的宪法在提高税率时要求全民公投。这些限制因为简单，容易理解而且很明显，所以看起来很有吸引力。在美国和加拿大，导致施加这些限制的历史事件表明，这些限制通常是纳税人对他们的当选代表支出挥霍浪费不满，希望施加限制的结果（Eichengreen 和 Von Hagen，1996；Millar，1997）。

因此，研究这些限制有多成功是件有意思的事情。美国州政府的经验在这方面很有启发性。几乎所有的州政府都对他们可以运行的赤字规模或者他们可以发行的公共债券规模有一定限制。这些限制的严格程度不同，从要求州长平衡预算提案到对实际收入低于实际支出的州的彻底禁止。州际关系咨询委员会（ACIR，1987）和 Strauch（1998）提供了这些限制的概述和特征。

Strauch（1998）报告的实证结果表明严格的预算平衡约束有效地制约了政府经常账户的年终结余规模（总投资支出减少）。Eichengreen（1990）表明平衡预算限制的严格程度对一个州的负债率有显著负面影响。但是，Eichengreen 考虑的仅是十足信用担保债务的水平，也就是说，由州政府充分和明确担保的债务。Von Hagen（1991）采用了更广阔的视角，在实证分析中包括了其他类型的公共债务，例如由公共机关发行的债务。他认为数量限制的严格程度对债务总额没有影响。

这两个结果是容易调和的：他们意味着服从严格控制赤字数量的州倾向于用不受法律规制的债务工具（预算外活动的产物）代替十足信用担保债务。Kiewiet 和 Szakaly（1996）发现了一个类似的效应，对州政府的限制性借债约束越严，地方政府越倾向于承担更高的债务。Von Hagen 和 Eichengreen（1996）通过跨国比较发现：在地方政府服从于严格法定借款限制的国家，中央政府倾向于较高的负债率。这表明了另外一个替代效应：在地方政府自己没有权力借债时，倾向于施压中央政府代其借债。

此外，Poterba（1994）指出，州政府服从的预算平衡约束越严格就越不能有效应付财政冲击，因为他们倾向于通过削减支出应对收入减少的冲击，其结果是顺周期政策。Strauch（1998）指出，美国许多州的宪法中的支出限制，并不能有效地限制支出。相反，这些限制导致这些支出从经常性预算向投资预算的转变。

这些研究得出的重要结论是：对财政选择的事前控制在短期内对政治家的限制比在长期内（对政治家的限制）更有效。长期而言，决策者会找到规避这些控制的方法。由于在实践中不可能施加不能被规避的规则，也由于公民个人监督决策者的行为和诉诸法律执行规则的激励不强，所以事前控制的有效性似乎有限。规避这些限制的创造性做法在一定程度上减少了公共财政和有关决策过程的透明度，所以，这些限制实际上可能会降低选民监督当选的政治家绩效的能力，从而加剧了，而不是减轻了委托代理问题。

正如其他委托代理关系，对这个问题的一个解决方法是依靠外部权威有效地强制执行事前规则。可以选择一个国际金融组织。具体来说，国际货币基金组织（IMF）的援助方案通常要求受援助的国家实行财政约束。IMF 的强制执行权力来自于如果违反财政限制就不发放财政援助的威胁。但是 IMF 的这种方法至少有两个严重的缺陷。第一，援助方案根据的是 IMF 和行政机关之间的协议，立法机关可能认为自己不受协议的约束。因此，在那些行政机关对立法机关控制薄弱的政治环境中，外部强制执行未必管用。第二，IMF 援助方案应对的是已经处于混乱的危机时期的公共财政。在较正常的时期，IMF 因为没有任何可以施加的惩罚，所以几乎没有强制性执行权力。

欧洲货币联盟（EMU）提供了另一个通过国际组织强制执行预算规则的例子。在早先的马斯特里赫特条约（Maastricht）和后来的稳定和增长公约，EMU 国家签署承诺了一套固定目标的协议。这些国家必须提交年度稳定和增长计划，以解释他们实现这些目标的政府战略。在审查这些报告和相关数据之后，欧洲委员会发布对这些国家财政状况的判断，就此成为欧洲理事会评估和提可行性建议的根据。在 1999

年 1 月 1 日 EMU 成立之前，外部强制执行权力是基于货币联盟的开除威胁。如今，则是基于对财政浪费的公开谴责和面临财政罚款可能性的威胁。

但是到目前为止，欧洲模式的成功有限（Von Hagen，1998）。当马斯特里赫特进程在 1992 年开始时，欧盟（EU）国家的平均负债占国内生产总值（GDP）的 60% ；到 1998 年，就超过 75% 了。仔细观察可见这个增长是完全由不致力于 EMU 的德国、法国、西班牙、意大利和英国的财政发展所驱动的。如果外部政治压力的作用，例如由欧洲委员会提出劝诫，不足以支配大国的内政，那么前 4 个国家正好是 12 个 EMU 中最大的国家也不是巧合。还要注意的是，欧洲委员会在对 EMU 成员国的财政标准评估时，对待大国相当宽容。把德国或法国开除出 EMU 的威胁是难以置信的，因为没有这些大国，EMU 也就没有多少存在的意义了。所有这些表明，外部权力在强制执行事前财政规则上的有效性的关键取决于国际组织对国内政治的重要性，这多半最终还是归结于国家的大小。[1]

政治制度：竞争与问责

把选民和政治家关系解释为不完全契约的实质是选民赋予决策者的自由裁量权，同时引入使决策者对自己行为负责的程序（Persson、Roland 和 Tabellini，1997、2000）。选举过程是这样做的最重要的程序。这里，我们着重于选举制度的两个方面。选举使得选民能让决策者个人对以往的政策负责，并且选举引入了政治家之间的竞争。

如果政治家在竞选期间不能作有约束力的承诺，选民就没有理由根据他们的竞选承诺选举他们。但是，如果政治家是既关心寻租又希望留任的机会主义者，选举就使得选民有机会让政治家对其绩效负责。这是回溯性投票模式的基本思想。根据这个模式，选民在现有信息的基础上评估决策者的绩效。如果选民认为现任者的行为令人满意，选民就重新选他们。如果不满意，选民就投票给其他的参选人。这种机制表明，在问责制度强有力和政治家之间竞争激烈时，寻租可以得到控制。

在本节中，我们从这个角度比较两个选举规则和政府行政部门的两个组织原则。两个选举规则是简单多数制和比例代表制；两个组织原则是议会制政府和总统制政府。

选举规则

对选举规则的比较可以根据地区大小，即从每个选区选出的议会代表人数。在一种极端情况下，每个地区都只有一个代表，因此，地区中得选票最多的候选人赢得席位。这便是在美国和英国等国家普遍存在的简单多数制。在另一种极端下，全国基本上是一个大的选区，所有席位候选人来自的国内政党名单是根据全国投票份额得出的。这就是在荷兰等国家普遍实施的比例代表制。不那么极端的比例代表制形式是把一个国家分为几个大的选区，每个选区提交政党名单。

简单多数选举制注重的是候选人自身的个人绩效，从而最大化了个人责任。选民有理由监督在任政治家的绩效，如果他或者她兑现了选民们偏好的政策，那么选民们就会再次选举这位政治家。相比之下，比例代表制削弱了个人责任。选民只能根据政党名单中当选的所有候选人的平均绩效判断政治家的表现。这使得政治家有了更大的自由谋求自己的利益。同时，比例代表制减少了政治家回报选民把一般税收收入转移到选民居住的特定地区的机会。因此，比例代表制减少了政治家使用分配性政策确保竞选连任的激励。

这样的推断对公共财政有三个影响。

第一，因为个人责任限制了政治家寻租的能力，所以我们预期公共支出的规模在简单多数原则下比在比例代表制下小，并且浪费也少。

第二，因为选民激励政治家从一般（国家的）税收收入通过分配性政策吸引到选民所在的选区，所以我们预期在简单多数原则下，政府总支出中用于分配性政策的支出份额较高，用于一般公共产品的支出份额较低（Tabellini，2000）。但是请注意这个命题假定的是地理因素是针对性公共政策方案的主导因素。虽然这个假定对于公共基础设施等项目是正确的，但是许多补贴和转移支付项目针对的是社会中的个别群体，例如职业阶层、商业部门或者少数民族。如果比例代表制下的政党围绕这些特殊利益集团，并且政党的数目庞大，那么每个政党都有强大的动力从一般税收收入中支出实施使其选区受益的项目方案。这样做的结果是，用于地方公共政策支出的份额会很少，但是用于针对特殊群体政策上的支出份额可能和简单多数制下用于针对个别地区政策上的支出份额一样大。因此，当少数大政党与比例代表制结合时，每个政党代表社会中相当大范围的利益集团，比例代表制和简单多数制对公共支出结构影响的区别才最显著。

第三，来自不同地区的代表有巨大的激励去互投赞成票和通过互惠手段为有利于自身地区的政策争取到多数票。因此，简单多数制也导致了公共池问题的产生。从这个角度来看，我们预期在简单多数制下，国家支出水平更高并且赤字和债务规模更大。但是，按照前面讨论的逻辑，在少数大政党与比例代表制结合时，比例代表制和简单多数制的区别才最显著。

由此引出了政治制度的另一个方面，即竞争。在简单多数制下，小政党入围的一个重要障碍是必须在一个地区获得较大份额的选票。因为政治新人需要多数票才能从一开始时获得成功，所以难以挑战现任政治家。与此相反，比例代表制下政治新人至少可以赢得少数席位。因此，简单多数制下的政治竞争更激烈。如果竞选人在竞选中指出存在的浪费以及寻租现象，那么可以预期更激烈的竞争可以减少浪费和寻租现象。因此，比例代表制下问责较弱的问题，可以通过更激烈的竞争来弥补。同时，简单多数制下由于太小以至于不能赢得任何一个地区的利益集团，在比例代表制下能够在全国范围内组织政党并且赢得一些席位。

在实践中，比例代表制体系通常包括最低票数门槛以阻止极小型特殊政党进入议会。这种门槛减轻了更多支出用于针对性公共政策的政治压力，但同时也成为进入政治舞台的阻碍，从而减少了竞争。因此，在比例代表制体系下，最低票数门槛，增加了少数大政党存在的可能性。

总统制或者议会制政府

总统制政府的特点是作为行政领导人的总统是通过直接选举产生的，而议会制政府的行政领导人通常是从一个稳定的多数联盟中选出。我们的目的，有两个差别是最关键的。第一个是行政和立法部门之间的分权，在实践中通常是立法部门内部的分权。第二个是因为在议会制下行政领导要通过立法提案，就必须更多地依靠以政党忠诚或者联盟契约为基础的稳定多数，所以与总统制相比更加限制了竞争。[2]

总统制下，提出新的立法的通常是总统或者是明确界定了管辖范围的立法委员会。单个立法委员不受党籍严格约束。相反，议员们根据他们认为对其支持者最好的方式来投票支持或者反对立法提案。立法提案的通过必须在立法机关赢得最小的获胜联盟，这种获胜联盟可以随着立法领域和时间的变化而变化。这种不稳定在议员中造成了对租金和有利于其支持者的分配性政策的激烈竞争，而这种竞争正好可以被提出立法提案的委员会所利用。

正如 Persson 和 Tabellini（2004）的研究表明，这种背景下的权力划分可以用来制衡政治家的权力。特别是，赋予总统（或者立法机关中的税务委员会）建议税收水平的权利，赋予议会（或者另设的支出委员会）建议支出水平和支出结构的权利。这意味着选民可以要求总统（税务委员会的成员）对税收水平负责，要求立法委员们（支出委员会的成员）对落实预期数量和组成的公共服务负责。因此，总统（税务委员会的成员）和立法委员们（支出委员会的成员）提议时面临不同的和部分冲突的激励。

如果税率的确定在支出之前，总统（或者税务委员会）就建议可行的最低税收水平。[3] 然后支出委员会的成员就提出最大限度地压缩针对其他选民群体的分配性政策支出的提案，并将资金用于有利于自身支持者的政策。支出委员会成员以外的议员们之间对分配性政策的竞争导致均衡的实现，使得偏向于他们各自支持者的支出额为零。同时，支出委员会成员将把针对其支持者的公共政策置于一般公共产品之上，因为，他们可以让其他选民支付这些政策的成本。预计到这一点，总统（或税务委员会）将税收水平设置得足够低以尽量减少偏向于支出委员会成员的租金和分配性政策。结果是，分权化和立法机关获胜联盟不稳定的结合导致一般公共产品的提供不足、租金少、分配性政策力度小，以及政府支出和税收水平的相对较低。[4]

相反，议会制政府的特点是分权程度较低并且议员之间更团结。议会虽然有发起立法提案的正式权利，但通常是行政领导提出立法提案，并依靠议会的稳定多数通过这些立法提案。结果是，选民无法要求不同的政治家对制定税收和支出水平负责。相反，行政机关成员之间谈判决定税收和支出水平，选民只能要求决策者对整个一揽子的税收和支出决定负责。问责的弱化，使得寻租的范围扩大。此外，政党忠诚和联盟协议使得议员们之间更加团结，因此，议员们不会为分配性政策而同样激烈地竞争。政党领导人之间谈判决定税收和公共支出的水平和结构，由此把广大范围选区的利益内在化了。这意味着选民的利益更多地表现在一般公共产品中。此外，因为较弱的竞争环境，所以谈判的参与者获得有利于其支持者的分配性政策的可能性比在总统制下更高。因此，与总统制相比，议会制一方面导致更多寻租现象的产生和针对性公共政策的实施；另一方面也促进了一般公共产品的有效提供。

实证分析

选举制度对公共财政影响的实证研究是最近才开始的。Persson 和 Tabellini（1999）发现，总统制政府的国家与议会制政府的国家相比，往往前者的政府规模较小（通过用政府支出相对于 GDP 的比重衡量）。他们还发现实行简单多数原则制的国家，其政府规模也较小，但是这个结论在统计学上却没有得到强有力的支持。Persson、Tabellini 和 Trebbi（2003）发现比例代表制国家与简单多数制国家相比，前者的特点是腐败程度更高。将腐败作为租金大小的替代衡量，就证实了比例代表制下较低的选举竞争程度和较弱的选民问责制度必然带来较大租金的假说。Persson 和 Tabellini（1999）列举的证据也表明简单多数原则制选举和总统制政府对一般公共产品的供应少于比例代表制和议会制政府。

Hallerberg（2000）介绍了意大利选举改革及其对公共财政影响的个案研究。1994 年，意大利改革了其以前的比例代表制，通过简单多数制选举议会中四分之三的席位，剩余的席位则基于比例代表制选举。这次改革的初衷是通过简单多数产生更稳定的政府和两党制度，但这并没有立即实行。但是在 1996 年再次选举时，两党制发展的趋势加强了。Hallerberg 认为这是意大利准备加入 EMU 的重要一步。

这方面的实证研究很困难，尤其是因为实践中的政治制度不会恰好符合如上使用的程式化特征。例如，在一些实施比例代表制的国家，选民可以影响政治家个人在政党名单上的级别，这就加强了问责。总统制提供了分权的可能性，但是实践中未必会实施。因此，有必要更详细地界定。

不过，现有的少量证据支持选举制度对公共支出的重要作用。可以借鉴的政策经验是，问责和政治家之间的竞争能有效地控制寻租并影响一般公共产品的提供和分配性政策。在实践中，即便没有从议会制到总统制，抑或从比例代表制到简单多数原则制必然伴有的根本性变革，也可以通过制度设计强化问责和竞争。

公共池问题的防范：预算编制过程

公共预算公共池问题的核心在于预算的外部性——来自一般税收收入的钱被用于社会中特定人群受益的分配性政策。这个问题的核心是对真正的预算约束的误解。每个政治家都假定在针对性政策上公共支出的增加，将为其支持者提供更多他们想要的公共服务，而他们只需支付这些公共服务总成本的一部分，因为其余部分由其他纳税人支付了。因此，所有政治家要求的公共服务都多于他们实现真正的预算约束时，亦即当每个受益人群都必须全额支付服务成本时所要求的公共服务。从相同一般税收收入中支出的政治家数目越多，对每个政治家而言分配性政策的边际成本似乎就越低，超支的倾向就越大。从动态的角度看这个观点，我们发现在可能借到钱用于当前支出时，可以证明公共池问题将导致超额财政赤字和政府债务，以及过度支出水平（Von Hagen 和 Harden，1996；Velasco，1999）。

公共池问题的类比表明，如果可以要求政治家实现真正的预算约束，就可以减少过度支出和赤字的倾向。就我们的目的而言，这是预算编制过程的主要作用。一般来说，预算编制过程包括政府的行政和立法机关内管理公共支出决定的正式和非正式规则。包括了与行政机关制定预算有关的规则，与立法机关通过预算有关的规则，与行政机关执行预算有关的规则。这些规则把预算过程分为不同的步骤，决定谁做什么和何时做，管理参与者之间的信息流动。由此预算编制过程发布战略可以影响、创造或者消除密谋勾结的机会。正如以下将详细讨论的，预算编制过程中适当的规则可以促使政治家对纳入预算的所有公共政策的成本和效益有一个全面的考虑，而不适当的规则非但不能做到这点而且促使政治家只关心自己能寻求到的租金和分配性政策。后一种情况，我们称之为分离的预算编制过程。与分离相对的是集中。集中的预算编制过程通过促进政治家们对预算进行全面的考虑，协调政治家个人的支出决定。[5]

在预算编制过程中，只有确实解决了对公共财政的相互竞争要求的所有冲突，预算编制过程的制度设计才可能达到此种目的。对这个原则的四种偏离削弱了预算过程的作用。

第一种偏离是使用预算外资金资助政府活动。这使决策者规避预算编制过程的限制，防止利益分配矛盾挑战他们的决定。第二种偏离是在预算支出由预算编制过程之外的进程决定时“非决策”的蔓延。主要的例子有：（1）将支出方案与价格水平或者名义总收入挂钩；（2）“开放式”支出拨款，例如政府工资法案和基于有合法固定参数授权的福利支出。[6] 非决策便于决策者避开棘手的决策（Weaver 1986），但却使预算编制过程退化成为仅仅是对外部进程的预测。[7] 第三种偏离是强制性支出法的存在，即非财政法使得政府必须做某些支出。预算就成了仅仅是由简单立法创立的强制支出存在的总结。有效的预算编制过程要求明确区分非财政法和预算，非财政法是对政府的某些承诺进行授权，预算是在特定时段内提供具体资金。第四种偏离发生于政府拥有或有负债时，例如，为其他公共或者非公共实体担保时的负债。无论是对地方政府（在20世纪80年代后期的德国），还是对地方开发银行（在巴西经常发生），或者对金融机构（在美国发生的储蓄和贷款灾难），隐含或者明确的救市承诺都可能突然成为普通预算以外的庞大政府支出。人们必须认识到或有负债不可能完全避免，并且或有负债的妥善会计计量是一项艰巨的任务。但是或有负债的存在及其对政府财政状况的重要性，可以通过要求政府将其签订的财政担保提交一份报告，作为预算文件的一部分，从而在预算编制过程中引起决策者的注意。

集权的制度要素

预算编制过程可以分为行政计划阶段、立法批准阶段、行政执行阶段、事后控制阶段。每个阶段涉及角色不同的参与者。行政计划阶段通常开始于相关财政年度的前一年，结束于预算草案提交立法机关之时。这个阶段包括设定预算指导方针，各支出部门提出预算拨款要求，解决执行中的支出利益冲突，起草收入预算。立法批准阶段包括议会修订预算提案的过程，涉及通过可能不止一个的议会。这个阶段结束于预算法案的通过。行政执行阶段涵盖了该预算法案实行的财政年度。在这个阶段，对预算法案的偏离可以是正式地由议会通过补充预算法案，或者非正式地通过在预算法案的各部分之间转移资金，以及超出预算法案规定的支出限额。

集权的制度要素主要涉及前3个阶段，其中不同要素适用于不同阶段。[8] 在行政计划阶段，这些要素的作用是在所有参与者中促进就预算指导方针（支出和赤字的目标）达成一致，确保财政纪律。这个阶段的集权要素必须促进这些指导方针设定的连贯性，确保对行政决定的有效约束。其中一个关键要素涉及解决冲突的方式，同时涉及许多参与者的非协调和特殊冲突解决过程，将促进互投赞成票和互惠行为，造成分裂。如果是高级内阁委员会或者总理发挥作用解决冲突，就会增强集权。

在立法批准阶段，集权要素控制了立法机关的辩论和投票程序。因为涉及的决策者人数更庞大，所以公共池问题在立法机关比在行政机关更严重。在议会可以不受限制地修改行政机关的预算提案时，在支出决定由狭隘和分散的立法委员会作出时（“委员会的巴尔干化”，参见 Crain 和 Miller，1990），在行政机关或者立法机关的议长对议会进程缺乏指导时，分裂就会很猖獗。通过限制修正范围，控制投票程序，提高拒绝行政机关预算的政治筹码（例如将其视同不信任投票），加强行政机关设定议程的权力时，集权就随之而来。通过加强议长和财政委员会在立法机关的作用，也能促进集权。

在行政执行阶段，集权要素确保预算法案有效地约束行政机关的支出决定。一个重要要素是加强财政部长在财政年度中监督和控制支出流量的能力。另一重要要素是在财政年度中严格限制对预算法案的修改。

回顾经济合作和发展组织（OECD）的集权要素，拉美和亚洲国家的结果显示集权遵循两个基本途径。第一个途径是基于授权。在这种途径下，预算编制过程中公认的对预算有更为全面看法的参与者被赋予特殊的战略权力。第二个途径是基于契约。在这种途径下，由所有参与者谈判达成具有约束力的协议，无须赋予任何人特殊的权力。

授　权

在授权途径中，预算编制过程赋予“财政企业家”特殊权力，其职责是设置预算的主要参数，并且确保预算编制过程中的所有其他参与者遵守这些限制。要使这个途径有效，财政企业家就必须有能力监督行政机关的其他成员，并且有能力使用选择性手段惩罚可能的背离者。在内阁成员中，财政企业家通常是财政部长。财政部长受个人支出利益的影响弱于各支出部门部长，因为财政部长通常负责起草收入预算，因此有理由认为在行政机关人员中财政部长对预算的看法最全面。

实践中，授权可以采用多种形式。在法国模式中，财政部长和总理共同决定各支出部门的整体分配。这些分配目标被认为对预算编制过程的其余部分是有约束力的。由此，财政部长在预算编制过程中扮演议程设置者这一重要角色。相比之下，英国模式演变成了各支出部门和财政部长之间一系列的双边谈判，而财政部长的谈判议价能力主要是基于优越的信息、较高的资历和来自总理的政治后盾。

在授权途径中，起草预算提案是财政部的主要责任，财政部监督各部门支出请求，直接与各支出部门谈判，并且批准提交给内阁会议上的最后请求。各支出部门部长和财政部长之间未解决的冲突通常由总理仲裁。

在立法阶段，授权途径赋予行政机关议程设置的权力大于议会。这里的一个重要工具是限制议会议员能够对行政机关预算提案作修改的范围。例如，在法国，对预算提案的修改，仅限于能够削减支出或者能够创造新公共收入来源的情况。在英国，对公共收入提出新支出要求的修改要得到行政机关的同意。这些限制使得预算约束更有力。

第二个要素涉及投票程序。例如，法国政府可以强制立法机关集体投票对预算的大部分或者全部作表决，并且只是审议行政机关愿意接受的那些修改。在英国，行政机关可以把对预算的投票作为信任投票，大大提高了确保预算不被否决的筹码。

最后一个要素涉及上议院的预算权力。当两院享有平等的预算权力时，例如在意大利或比利时，寻求折衷是预算编制过程的一个必要组分。但这往往会削弱行政机关的地位，因为行政机关现在面对的是两个对手。加强行政机关的地位可以通过限制上议院的预算权力，例如在法国和德国，如果两院之间不能达成协议，则以下议院为准。在英国，上议院根本就没有预算权力，行政机关只需对付下议院。在德国和西班牙，财政部长有权否决立法机关通过的预算，从而也加强了行政机关的地位。

最后，在行政执行阶段，集权需要财政部长能够在年度中监督和控制支出流量。可能采用的形式是要求各支出部门在年度中的支出需求要获得财政部长的批准。另一种控制机制是财政部长在年度中实行现金限制的权力。在年度中监督支出流量需要统一的财务会计制度，以使财政部长能够观察财政资源的流入和流出。有效的监督和控制也是防止各支出部门战略行为的重要机制。也就是说，防止各支出部门在年初将拨款都支出完，而在年底以停止提供重要的公共服务作威胁要求追加资金。

此外，财政年度一旦开始，集权就严格限制通过修改拨款对原始预算法案作任何变动。一个例子是要财政部长或者议会批准才能在预算的不同项目之间转移资金。这同样适用于在不同财政年度之间转移资金。虽然结转规定能明显提高效率，但是结转规定的使用应该受到限制和严格监管，以确保财政部长能跟踪了解各支出部门的财务状况。另一个例子是限制使用补充预算。当补充预算在财政年度中成为常态，例如，在 20 世纪 80 年代的意大利和比利时，以及 90 年代的德国，人们就不可能期望决策者会认真对待原始预算法案中的限制。

契　约

在契约途径中，预算编制过程始于行政机关成员之间的谈判，达成一套有约束力的财政目标协议。这里的重点是谈判过程作为一种机制，揭示预算决策所涉及的外部因素和财政目标的约束性。相对于授权途径导致的等级结构，契约途径依赖于行政机构能更加平等地分配战略权力。一个典型的例子是丹麦预算编制过程。1982 年以来，丹麦就以内阁成员之间的谈判限制每个支出部门固定支出。通常，这些支出限制来自中期财政计划或者执政党之间的联盟协议。例如，在爱尔兰，1989 年以来联盟协议就包括了中期财政战略以减少公共债务，从而为确定预算目标的年度谈判创造了条件。

在这种途径下财政部的作用是评估个体部门的支出计划与这些目标的一致性。例如，在荷兰，财政部长通常比各支出部门部长在预算谈判中有信息优势，但是没有额外的战略权力。资深内阁委员会，通常是立法机关中执政联盟各党的领导人负责冲突的解决。

在立法阶段，契约途径不太注重行政机关的议程设置者作用，而是更注重立法机关对财政目标严格执行的监督作用的角色。从制度上看，这意味着契约途径不太依赖于政府的行政机关对议会修改预算的控制，而是更依赖于立法机关对行政机关财政状况进行监督的能力。一个重要要素是立法机关有权要求行政机关提供信息。加强这个要素可以通过成立相关委员会，使其权力反映各支出部门的权力，通过赋予委员会从行政机关索取信息以及从行政机关传唤证人作证的正式权力。例如，丹麦议会拥有所有这 3 项权力，而德国议会只有第 1 项权力，英国议会就没有这 3 项权力中的任何一项。

在行政执行阶段，契约途径在强调财政部长的监督和控制权力上类似于授权途径。

实证分析

自 Von Hagen（1992）提出支持预算编制过程的集权能减少政府赤字和债务的假说的经验证据以来，研究文献大量增加。Von Hagen（1992）提供了来自 12 个欧盟国家的证据，证据显示在预算编制过程中的集权和相对 GDP 的一般政府赤字和债务之间呈显著的负相关关系。Von Hagen 和 Harden（1994b）扩大和拓宽了这个分析，证明了集权与较小的赤字和债务相关联的假说。De Haan 和 Sturm（1994）又使用欧盟数据，证明了即使考虑一些政治因素，例如，政府的组成和稳定性受到控制，这个假设实际上仍然成立。Hallerberg 和 Von Hagen（1998，1999）使用 15 个欧盟国家的面板数据分析证明，即使预算赤字的部分经济决定因素和其他政治变量受到控制，集权也伴随着较小的年度预算赤字。

在其他地区，Stein、Grisanti 和 Talvi（1999）使用拉美国家的面板数据分析证明集权伴随着较低的中央政府赤字。Jones、Sanguinetti 和 Tommasi（1999）分析了阿根廷各省的年度预算赤字的面板数据，确认了相同的假设。Lao - Araya（1997）使用 11 个亚洲国家的数据，也得出类似的结论。Strauch（1998）使用美国 50 个州政府数据的研究也显示，集权显著降低了年度预算赤字。采用不同的研究方式方法，Strauch 和 Von Hagen（1999）、Molander（2000）和 Stienlet（2000）的国别案例研究指出了集权对实现（或德国的丧失案例）财政纪律的重要性。

总之，预算编制过程的集权导致较低的政府赤字和债务的假说，如今可以被认为经验上是行之有效的。这个假说在不同地理和政治环境中都得到了证明。但是因为在跨国研究中，难以构建合适的数据集和选民财政偏好的实证模型，表明集权减小政府规模的理论应该具备的证据仍然缺乏。只有 Strauch（1998）认为，集权减小政府规模在美国的州政府间是成立的。不过，人们还是可以得出结论，预算编制过程的集权是缓解公共预算的公共池问题的一个重要且有效的方式。

预算编制过程的制度设计

虽然授权途径依赖于行政机关内的，以及行政机关与立法机关之间的等级结构，但是契约途径是建立在政府内权力更平等分配的基础上。在民主环境中，政党内部的等级结构通常占上风，而政党之间的关系则更为平等。这表明，这两种途径之间制度选择的关键在于政府内党派的数目。

议会制

在议会制下，授权是一党制政府实现集权的恰当途径，而契约则是多党制联合政府的合适途径（Hallerberg 和 Von Hagen，1998）。这种说法基于两个原因。

第一，同一政党的成员相比不同政党的成员，对基本支出的优先次序更可能有类似的政治观点。因此，在一党制政府中，各支出部门部长可以相当肯定财政部长与他们或多或少地有着相同的支出偏好。异议将主要来自公共池问题，也就是说，分配性政策可感知的成本。相反，在联合政府，内阁成员对政府支出在不同支出部门的分配可能有更多的不同意见。因此，预算的达成涉及联盟伙伴之间的妥协。对于联合政府，把战略权力授权给财政部长就导致了新的委托代理问题。一个强势的财政部长可能会滥用其权力，过度地寻求他自己政党的政治利益。同样的委托代理问题不会出现在契约途径，因为契约是所有内阁成员谈判达成的。因此，由两个或两个以上政党组成的政府更有可能选择契约途径。

第二，授权和契约途径达成预算依赖于不同的执行机制。在一党制政府，对背叛预算协议的支出部门部长的终极处罚是罢官。这种处罚对于支出超预算的部长个人是严重的，但是对于整个政府则通常是无足轻重的。其可行性在于，在一党制政府中总理通常是最强势的内阁成员，有权力选择和更换内阁成员。相反，在联合政府，对背叛预算协议的部长就不能轻易惩罚。部长职务的任命是由联盟协商的。因此，总理不能轻易解雇自己政党之外的强硬支出部门部长，否则就会被认为是干涉联盟伙伴的内部党务。

如果支出部门部长背叛预算协议，联合政府最重要的惩罚机制是威胁解散联盟。这种惩罚对整个联盟是严重的，因为这种惩罚有可能导致政府解散，而不仅仅只是个体被解雇。财政目标通常是联盟协议一部分的事实就说明了这个问题。这个执行机制的公信力取决于两个重要因素。第一个是是否存在其他的联盟伙伴。如果存在其他可能和受屈的政党达成联盟的伙伴，离开联盟的威胁就显然比没有其他可能的联盟伙伴时更可信。第二个是选民的预期反应，因为联盟的解散可能是由于新的大选在即。

不同的执行机制也解释了在预算编制过程的立法阶段时，行政机关和立法机关之间的不同关系。一党制政府通常出现于两党的环境中，例如，1994 年前的新西兰、英国或美国，其中的每个政党都是大党，并且党纪不严。执政党虽然拥有多数席位，但是在预算编制过程的立法阶段，主要关注的是限制那些希望把政府资金转移到其选区的执政党成员违反预算提案的范围。相反，多党联盟通常出现于政党小、政党内部组成相对单一、党纪严明的环境下。在那种情况下，就不太关注违反预算协议，但是联盟中涉及的每个政党都将密切关注以确保行政机关遵守联盟协议。因此，比较授权途径和契约途径，授权途径通常赋予行政机关在议会更强的议程设置权力，而契约途径则赋予立法机关更大的监督权力。

最后，在契约途径中，一党制政府对财政目标的承诺是不可信的。设想在一个总理和财政部长都很软弱的一党制政府，并假设该政府在预算编制过程开始时宣布了整套财政目标，然而在行政执行阶段某些支出部门部长却违反了预算协议。其他内阁成员用解散政府来威胁违反者是不可信的，因为那样他们惩罚的是自己。当缺乏可信的威胁时，整个内阁就都不会遵守最初的预算协议。

总之，契约途径更可能出现在联合政府是常态的国家，而授权途径更可能出现在通常是一党制政府的国家。[9]

选举制度强烈影响政府中政党的数目。直观上，如果政党的数目少，各政党赢得绝对多数支持的机会就较高，在两党制中则必定有一党会赢得绝对多数。一些研究表明，在一个给定的制度中，政党的数目与选区规模呈强正相关（Duverger，1954；Taagepera 和 Shugart，1989、1993）。简单多数原则促进了两党制的出现，于是他们最有可能形成一党多数派政府。比例代表制使得选区规模能有更多的变化，但其特点一贯都是组成多党联合政府（Lijphart，1984、1994；Taagepera 和 Shugart，1989、1993）。

选举制度和政府中政党数目间的相关性表明：比例代表制国家更有可能采用契约途径，而实行简单多数原则的国家如果采取集权制度就会选择授权途径。Hallerberg 和 Von Hagen（1998）在欧盟国家中证实了这个假设。

总统制

政府的总统制与议会制的区别在于，总统作为行政领导人的地位不直接依赖立法机关。选民可以而且经常做的是，支持来自一个党的总统，但是不支持该党在议会中占有多数席位。例如在美国，从 1969 年到 1998 年的 30 年间，有 24 年总统面对的是反对党控制的立法机关。1990 年到 1995 年间，在总统制的 20 个拉美和加勒比国家中，一半的国家总统面对的是反对党控制的议会下院（Stein、Grisanti 和 Talvi，1999）。当总统和多数党来自两个不同的政党时，行政机关和立法机关之间协调预算决定就显然变得更加困难。Inman 和 Fitts（1990）表示，历史上当总统来自的政党也是立法机关的多数党时，美国联邦政府赤字就会显著降低。

预算编制过程中行政机关的作用在总统制和议会制中没有太大的不同。通常是总统任命政府官员，然后由立法机关在适用情况下确认。由此在预算编制过程中的集权，管理结构更多地采用了授权途径，而不是契约途径。但是行政机关和立法机关之间的关系通常更为困难。因为相比议会制政府，总统制政府将两者更为平等对待。

总统制的集权必须强调两个制度层面。一个制度层面是立法机关的内部组织。在此，可以通过提高议会议长的地位，以及等级的委员会结构，以建立强有力的领导力进而实现集权。例如，20 世纪 90 年代，乔治·布什政府通过的预算执行法案，改革了国会程序，维护了总统和立法机关之间在预算峰会上达成的有关预算参数的决定，确保其在预算后期不会被修改。[10]

另一个制度层面是关于行政机关和立法机关之间的关系。宪法越将这两个机关置于平等地位，这两个机关之间的预算协议就越必须依赖契约途径。Inman（1993）强调了总统掌握足够多的资源以建立国会联盟和总统拥有否决权以约束立法机关的重要性。

预算政策的集权和灵活性

预算编制过程的集权缓解了公共预算的公共池问题带来的过度支出和赤字。因为集权强调严格遵守财政目标，人们可能会怀疑这意味着僵化的预算政策，也就是说，减少了财政年度中对突发事件的反应余地。如果这样，那么在实现更高程度的财政纪律和实现更高程度的宏观经济稳定之间就要有权衡。

但是，在行政执行阶段，在不违背集权的情况下，可以通过几种不同的方式，实现对突发事件的灵活性反应。例如，在20世纪90年代初期，瑞典政府采用了一个预算编制过程，允许支出部门从未来的预算中支出，或者把未使用的拨款转移到下一个财政年度。但是，这两类年度间的转移都有年度区间的限制。因为支出和转移都必须纳入下一个年度的预算，所以这项规定结合了灵活性和透明性，立法机关和财政部长都有控制支出流动的能力。

实现灵活性的另一种方式是建立“雨天基金”（rainy day fund）——用于紧急情况使用的非专项拨款。例如，英国每年列入财政预算的（应急）储备金（Von Hagen 和 Harden，1994b）。储备金的金额是预算总额的2%到4%，其目的是既不用超出支出部门规定的总目标，又能应付意外支出。根据1976年引入的规则，如果财政部长拒绝从储备金支出，那就只有整个内阁才能推翻财政部长的决定。从储备金的拨款并没有增加支出部门在后续预算规划进程的拨款基数。再次，关键是储备金每年的预算和对外支出，遵循的规则与普通支出的管理规则相同。

为了观察授权和契约是否会降低政府作适当反应的能力，Hallerberg 和 Von Hagen（1999）估算了15个欧盟国家政府赤字的周期弹性。在面板数据的基础上，他们发现集权本身并不改变周期性弹性。事实上，那些财政部长强势的国家的特点是其周期弹性大于那些通过契约途径实现集权的国家和那些预算编制过程权力分散的国家。对此的直观解释是，经济的衰退和高涨，强势的财政部长能够比各支出部长更迅速地做反应。同样重要的是，在预算编制过程的设计中，没有迹象表明需要在宏观经济稳定和消除过度支出之间作出权衡。

制度改革

本章认为，公共财政的政治经济学可以用选民（政治委托人）和决策者（代理人）之间的委托代理关系以及公共预算的公共池问题解释。这里回顾的理论和实证研究表明，委托代理关系以及预算编制过程的制度设计对于各国政府在支出水平、支出结构，以及赤字和债务水平上的支出绩效有重要影响。这表明适当的制度设计可以有助于减少浪费，消除公共部门提供公共服务与公众偏好之间的分歧和缓解财政挥霍的问题。

这种说法依据的基本猜想是制度框架限定了其作的决定。也就是说，在不同的制度安排下，特定的一群人在面对特定问题时，将作可预料的不同决定。这就要求制度有效地制约这些人的选择。对这种说法最明显的反对就是这些人（尤其是决策者）如果觉得受到了制约，就会设法摆脱制度的限制，忽略或者更改规则。毕竟制度是人为设立的，也是不断变化的。由于不能满意地回应这种反对，所以对制度权力和承诺的制度改革必须持怀疑态度。

对这种反对的回应有三点。第一，公共财政的决策者并不总是有权改变规则。有关的制度可能是受宪法或者历史传统约束的，所以很难更改。第二，即便制度约束了个人的决定，并不意味着这些人就想要改变制度。只有当这些人确信在多变的环境中他们能获得更理想的结果时，他们才会想要改变制度。因为人们集体做的复杂的政治和经济决策容易产生不稳定和非理性行为，所以即使规则带给人约束感，规则较多的环境也比规则较少的环境更为可取。第三，在预算方面的制度规则有助于协调个人选择。具体而言，这些规则对每个参与者保证，其他参与者过多的预算要求将不会成功，从而更容易使得每个参与者都同意减少预算需求。同样，这就意味着取消制度限制未必可取。

然而，人们不应该把这里概述的理论和证据解释为法律条文的变化是减少寻租、防止过度支出和赤字的有效手段。正是因为改变制度需要非凡的努力，所以除非决策者意识到严重的财政问题时，才会改变制度。但如果财政调整无论如何都是决策者想要的话，我们如何证明制度改变促进了财政调整？

我们可以提出两点。

第一，因为制度改变对于公众和市场是可见的，所以起到重要的信号作用。如果政府通过相关制度改革，来显示其更加自律的财政政策的决心，就更容易令公众和金融市场信服政府的良苦用心。这在一定程度上减少了对财政改革和削减支出的反对，必要的政策改变就更容易了。

第二，认识到财政问题可能不是永久性的。随着其他问题的出现和赤字恢复到正常水平，对浪费、过度支出和赤字等问题的注意就减少了，超支和超额赤字的趋势就又出现了。就这一点，良好的制度可能是贮存以前困难的集体记忆的重要机制。

本章注释

1. 这与 Katzenstein（1984）的猜想一致，小型开放经济体的政府通常比大国的政府更能对外界压力作出反应。

2. 这显然只是一个粗略的表述。下面的讨论主要是根据 Persson 和 Tabellini（1999），以及 Tabellini（2000）。

3. 正如 Persson 和 Tabellini（1999）所示，税收有一个下限，因为从激励产生的约束使得公共支出必须足够大，支出委员会的现任成员才有兴趣保持留任。也就是说，防止他们把所有的公共收入都用来为自身利益拨款，然后在未来的选举中被选民赶下台。

4. 不出所料，这个结果取决于议会的投票顺序和委员会管辖权的严格划分。

5. 对预算编制过程的集权不应混淆于政府权力的地区集中化。

6. 注意，在年度预算编制过程之外确定工资、社会保障和福利支出是不正常的。事实上，在一些国家，设置（工资、社会保障和福利支出）的相关参数是年度预算过程的一部分。对开放性拨款加以限制的另一种方法，例如，在丹麦为社会福利拨款设定现金限额，如果有关部门的部长想要超额支出，就必须在相关的非财政法中作出支出调整和改变（Von Hagen 和 Harden，1994a）。

7. 当非决策盛行时，政府预算就严重依赖于年度预算编制过程之外的机构，例如，公共部门的工资制定机构、社会保障制度、福利制度、劳动力市场法规。在这种情况下，财政纪律也严重依赖于这些预算编制过程之外的国家机构的质量。德国统一的经验说明了这一点。德意志联邦共和国在劳动力市场立法的薄弱迅速蔓延到了德意志民主共和国（GDR，前东德）的领土，使得工会和雇主协会达成了工资协议。该协议隐含了给予前东德工人的慷慨失业金，避免了前东德工人到德意志联邦共和国领土去竞争工作岗位，但却提高了德国统一的财政成本（详情参见 Von Hagen，1997）。

8. 在这个过程的最后阶段，预算的合法性是由适当的会计机构检查的。显然，如果决策者不依法办事，这个预算编制过程的设计就变得无效。因此，这个最后阶段是制度设计有效性的一个重要的必要条件。

9. 这个结论的限定语，是上文提到的评论，契约途径的有效性依赖于是否有其他可供选择的联盟伙伴。德国政府在过去30年一直是一个大党和一个小党之间的联盟，这两个党都没有其他可供选择的合作伙伴。因此，德国契约途径的预算过程适合这种政治环境。20世纪60年代后期，由基督教民主联盟（CDU）和社会民主党（SPD）两大政党组成德国政府时，就引入了契约途径的要素以确保更高程度的财政纪律。

10. 在这方面，有趣的是美国以前根据格拉姆拉德曼霍林斯法案（Gramm Rudman Hollings Act）减少预算赤字的努力之所以失败，是因为立法机关的多数党决定忽略法案指定的赤字目标。这与我们推测的契约途径不足以应对一党多数派的政治环境是一致的。

本章参考文献

ACIR（Advisory Council for Interstate Relations）. 1987. "The Effect of Constitutional Restraints on Government Spending." In *Significant Features of Fiscal Federalism*. Washington, D. C.: Advisory Council for Interstate Relations.

Alesina, Alberto, and Roberto Perotti. 1995. "Fiscal Expansions and

Adjustments in OECD Countries." *Economic Policy* 21: 207 – 48.

Alesina, Alberto, Reza Baqir, and William Easterly. 1997. "Public Goods and Ethnic Divisions." NBER Working Paper 6009, National Bureau of Economic Research, Cambridge, MA.

Annett, Anthony. 2000. "Social Fractionalization, Political Instability, and the Size of Government." IMF Working Paper 00/82, International Monetary Fund, Washington, D. C..

Crain, Mark, and James C. Miller. 1990. "Budget Process and Spending Growth." *Williamand Mary Law Review* 31: 1021 – 46.

De Haan, Jakob, and Jan – Egbert Sturm. 1994. "Political and Institutional Determinants of Fiscal Policy in the European Community." *Public Choice* 80: 157 – 72.

Duverger, Maurice. 1954. *Political Parties: Their Organization and Activity in the Modern State.* New York: Wiley.

Eichengreen, Barry. 1990. "One Money for Europe?" *Economic Policy* 10: 117 – 87.

Eichengreen, Barry, and Jürgen von Hagen. 1996. "Fiscal Policy and Monetary Union: Federalism, Fiscal Restrictions, and the No Bailout Rule." In *Monetary Policy in an Integrated World Economy*, ed. Horst Siebert, 211 – 31. Tübingen, Germany: JCB Mohr.

Feld, Lars P., and Gebhard Kirchgässner. 1999. "Public Debt and Budgetary Procedures: Top Down or Bottom Up?" In *Fiscal Institutions and Fiscal Performances*, ed. James Poterba and Jürgen von Hagen, 151 – 80. Chicago: University of Chicago Press.

Hallerberg, Mark. 2000. "The Importance of Domestic Political Institutions: Why and How Belgium and Italy Qualified for EMU." ZEI Discussion Paper, Zentrum für Europäische Integrationsforschung, University of Bonn, Germany.

Hallerberg, Mark, and Jürgen von Hagen. 1998. "Electoral Institutions and the Budget Process." In *Democracy, Decentralization, and Deficits in Latin America*, ed. Kiichiro Fukasaku and Ricardo Hausmann. Paris: OECD Development Centre.

——. 1999. "Electoral Institutions, Cabinet Negotiations, and Budget Deficits in the EU. " In *Fiscal Institutions and Fiscal Performance*, ed. Jim Poterba and Jürgenvon Hagen, 209 – 32. Chicago: University of Chicago Press.

Inman, Robert. 1993. "Presidential Leadership and the Reform of Fiscal Policy: Learning from Reagan's Role in TRA 86." NBER Working Paper 4395, National Bureau of Economic Research, Cambridge, MA.

Inman, Robert, and Michael A. Fitts. 1990. "Political Institutions and Fiscal Policy: Evidence from the U. S. Historical Record." *Journal of Law, Economics, and Organization* 6: 79 – 131.

Jones, Mark P., Pablo Sanguinetti, and Mariano Tommasi. 1999. "Politics, Institutions, and Public Sector Spending in the Argentine Provinces." In *Fiscal Institutions and Fiscal Performance*, ed. James Poterba and Jürgen Von Hagen, 135 – 50. Chicago: University of Chicago Press.

Katzenstein, Peter. 1984. *Small States in World Markets: Industrial Policy in Europe*. Ithaca, NY: Cornell University Press.

Kiewiet, D. Roderick, and Kristin Szakaly. 1996. "Constitutional Limits on Borrowing: An Analysis of State Bonded Indebtedness." *Journal of Law, Economics, and Organization* 12: 62 – 97.

Kirchgässner, Gebhard, Lars P. Feld, and Marcel R. Savioz. 1999. *Die direkte Demokratie*. Basel, Germany: Helbing and Lichtenhahn.

Kontopoulos, Yianos, and Roberto Perotti. 1999. "Government Fragmentation and Fiscal Policy Outcomes: Evidence from OECD Countries." In *Fiscal Institutions and Fiscal Performance*, ed. James Poterba and Jürgen Von Hagen, 81 – 102. Chicago: University of Chicago Press.

Lao – Araya, Kanokpan. 1997. "The Effect of Budget Structure on Fiscal Performance: A Study of Selected Asian Countries." IMF Working Paper, International Monetary Fund, Washington, D. C..

Lijphart, Arend. 1984. *Democracies: Patterns of Majoritarian and Consensus Government in Twenty – One Countries*. New Haven, CT: Yale University Press.

——. 1994. *Electoral Systems and Party Systems: A Study of Twenty – Seven Democracies* 1945 – 1990. Oxford, UK: Oxford University Press.

Matsusaka, John G. 1995. "Fiscal Effects of the Voter Initiative: Evidence from the Last 30 Years." *Journal of Political Economy* 103: 587 - 623.

Millar, Jonathan. 1997. *The Effect of Budget Rules on Fiscal Performance and Macroeconomic Stabilization.* Bank of Canada Working Paper 97 - 15, Bank of Canada, Ottawa.

Molander, Per. 2000. "Reforming Budgetary Institutions: Swedish Experiences." In *Institutions, Politics, and Fiscal Policy*, ed. Rolf Strauch and Jürgen Von Hagen, 191 - 214. Dordrecht, Netherlands: Kluwer Academic Publishers.

Persson, Torsten, and Guido Tabellini. 1999. "The Size and Scope of Government: Comparative Politics with Rational Politicians." *European Economic Review* 43: 699 - 735.

——. 2004. "Political Economics and Public Finance." In *Handbook of Public Finance*, ed. Alan Auerbach and Martin Feldstein. Amsterdam: North - Holland.

Persson, Torsten, Gérard Roland, and Guido Tabellini. 1997. "Separation of Powers and Political Accountability." *Quarterly Journal of Economics* 112: 1163 - 202.

——. 2000. "Comparative Politics and Public Finance." *Journal of Political Economy* 108: 1121 - 61.

Persson, Torsten, Guido Tabellini, and Francesco Trebbi. 2003. "Electoral Rules and Corruption." *Journal of the European Economic Association* 1: 958 - 89.

Pommerehne, Werner. 1978. "Institutional Approaches to Public Expenditure: Empirical Evidence from Swiss Municipalities." *Journal of Public Economics* 9: 255 - 80.

——. 1990. "The Empirical Relevance of Comparative Institutional Analysis." *European Economic Review* 34: 458 - 69.

Poterba, James. 1994. "State Responses to Fiscal Crises: The Effects of Budgetary Institutions and Politics." *Journal of Political Economy* 102: 799 - 821.

Roubini, Nouriel, and Jeffrey D. Sachs. 1989. "Political and Economic Determinants of Budget Deficits in the Industrial Democracies." *European Economic Review* 33: 903 - 38.

Seabright, Paul. 1996. "Accountability and Decentralization in Government: An Incomplete Contracts Model." *European Economic Review* 40: 61 - 89.

Stein, Ernesto, Alejandro Grisanti, and Ernesto Talvi. 1999. "Institutional Arrangements and Fiscal Performance: The Latin American Experience." In *Fiscal Institutions and Fiscal Performance*, ed. James Poterba and Jürgen Von Hagen, 103 - 34. Chicago: University of Chicago Press.

Stienlet, Georges. 2000. "Institutional Reforms and Belgian Fiscal Policies in the 90s." *In Institutions, Politics, and Fiscal Policy*, eds. Rolf Strauch and Jürgen von Hagen, 215 - 34. Dordrecht, Netherlands: Kluwer Academic Publishers.

Strauch, Rolf R. 1998. "Budget Processes and Fiscal Discipline: Evidence from the U. S. States." ZEI Working Paper, Zentrum für Europäische Integrationsforschung, University of Bonn, Germany.

Strauch, Rolf R., and jürgen von Hagen. 1999. "Tumbling Giant: Germany's Experience with the Masstricht Criteria." In *From EMS to EMU*, ed. David Cobham and George Zis. London: Macmillan.

Taagepera, Rein, and Matthew Soberg Shugart. 1989. *Seats and Votes: The Effects and Determinants of Electoral Systems.* New Haven, CT: Yale University Press.

——. 1993. "Predicting the Number of Parties: A Quantitative Model of Duverger's Mechanical Effect." *American Political Science Review* 87 (2): 455 - 64.

Tabellini, Guido. 2000. "Constitutional Determinants of Government Spending." Working Paper, Innocenzo Gasparini Institute for Economic Research, Bocconi University, Milan, Italy.

Velasco, Andres. 1999. "Debts and Deficits with Fragmented Fiscal Policymaking." In *Fiscal Institutions and Fiscal Performance*, ed. James Poterba and Jürgen von Hagen, 37 - 58. Chicago: University of Chicago Press.

von Hagen, Jürgen. 1991. "A Note on the Empirical Effectiveness of Formal Fiscal Restraints." *Journal of Public Economics* 44: 199 - 210.

——. 1992. "Budgeting Procedures and Fiscal Performance in the European Communities." European Commission Economic Paper 96, European Commission, Luxembourg.

——. 1997. "The Economics of Kinship." *In Going Global*, ed. Padma Desai, 173 - 208. Boston: MIT Press.

——. 1998. "European Experience with Fiscal Initiatives: Fiscal Institutions, Maastricht Guidelines, and EMU." In *Fiscal Targets and Economic Growth*, ed. Thomas J. Courchene and Thomas A. Wilson, 331 - 50. Kingston, ON: John Deutsch Institute, Queen's University.

von Hagen, Jürgen, and Barry Eichengreen. 1996. "Federalism, Fiscal Restraints, and European Monetary Union." *American Economic Review* 86 (May): 134 - 38.

von Hagen, Jürgen, and Ian Harden. 1994a. "Budget Processes and Commitment to Fiscal Discipline." *European Economic Review* 39: 771 - 79.

——. 1994b. "National Budget Processes and Fiscal Performance." *European Economy, Reports and Studies* 3: 315 - 418.

——. 1996. "Budget Processes and Commitment to Fiscal Discipline." IMF Working Paper, International Monetary Fund, Washington, D. C..

Weaver, R. Kent. 1986. "The Politics of Blame Avoidance." *Journal of Public Policy* 6: 371 - 98.

第二章

绩效预算改革：进展、问题与启示

Matthew Andrews

在过去的几十年中，很多国家的政府都在尝试建立结果导向（或基于绩效）的预算方法。这种在预算过程强调结果或者绩效的做法反映了一种新的观念，即：公共部门的责任应该集中在如何用好财政资金而不是如何控制支出（Osborne 和 Gaebler，1992）。按照新制度经济学的说法，结果型或绩效型预算改革引入了新规则和规范，（通过正反两方面的激励）使得政客和官员更加关注产出和结果而不是关注投入和过程。[1] 因此在这一点上有了两个问题：将绩效为导向的观念引入预算过程中的改革成效如何（使得政客和官员能够为结果负责）？改革者应该专注于做什么才能提高这种成效？

本章将探讨世界范围内各国预算改革的经验。首先，本章将介绍一些国家政府（渐进或者激进）进行这种以绩效为中心的财政预算改革的例子，以及为这种类型的财政预算制度建立起来后的新问责制度提供一些简单的解释。而后，作者以批判性的眼光分析了被认为是发展中国家中“最好的实践”的南非政府所进行的这种改革。南非卫生部的财政预算被作为发展中国家背景下这类改革的典型代表。从其预算的结构，可以清晰地看出其从纯粹的分项预算，到中期计划方案预算，再到最终引入绩效预算的变化过程。这个过程同样可以反映出其他国家政府预算的发展历程（包括发达国家和发展中国家，中央政府和地方政府）。

在这个例子以及其他情况中，问题的关键在于：在过去的改革中，政府离真正的绩效问责制度到底还有多远（或者说，改革在多大程度上将结果导向理念引入了预算过程之中）？根据一些国家，例如，南非（反映于2003年以前的预算文件）的具体情况来看，答案还远不乐观，原因有3个：

■ 第一，即使现在的绩效目标正在得到引入，它们仍然没有进入真正的预算之中（如在南非、马来西亚、新加坡以及在美国的大多数州）。这就削弱了它们的合法性，固化了政府部门之间普遍存在“专业化”和“独立化”倾向，从而导致规划专家、发展专家、绩效评估专家、会计专家和预算编制专家之间各自为政、绝不超出其职权范围进行交流。

■ 第二，在南非的例子中，绩效信息存在着一些在不同地方研究文献中提到的弱点，例如，投入和产出相混淆、结果不被考虑等等。目标被技术官僚化而缺乏现实价值。目标不明确，导致衡量的标准也很模糊。不将投入和一些活动结合起来，不解决为什么某些情况下，劣质服务反而能够实现预期目标的问题，很难让人清楚目标是如何实现的。这样的绩效信息没有创造结果导向底线，从而导致政客和官员没有理由和动力去实现目标。

■ 第三，可能也是最重要的一点，就是缺乏预算本身的责任关系设计。甚至，即使制定了具体、清晰的目标，像南非这类进行改革的国家也很难指出谁应该为这些目标负责，谁应该督促这些目标实现，以及如何实现这种监督。人们很少去思考如何制度化预算目标中的政治和管理责任。在以结果导向的机制所创造出的人事体系的责任关系制度中（例如总统根据绩效合约任命），管理责任往往和预算过程中结果导向因素相分离。

本章的最后部分为改革进程提供了一些启示。这些启示在南非等一些国家已经取得的显著进步的基础上提出，旨在解决一些现实中仍然能够发现的问题。我们将集中讨论一份在项目层次上能够把财政分配和绩效目标联系起来的预算结构，这些绩效目标是清晰定义且可衡量的。我们同时要在同一份预算中确认那些要为投入负责的人（官员）和对结果负责的人（政客）。可以认为这种方法是一种进步，它超越了现有政府固化以结果为导向的问责制度的当前改革进程（这种方法拥有一系列有意义的、能够被评估和执行的底线）。

引　　言

以结果为导向或者基于绩效的预算已经逐步成为众多发展中国家和发达国家公共部门改革所采用的重要形式。正在进行这种改革的国家有：澳大利亚、马来西亚、经济合作和发展组织（OECD）国家（Shand，1998），英联邦国家（Kaul，1997）以及新加坡（Jones，1998）。这个改革旨在改革公共预算系统，使之从以投入、产出为导向转变为以产出和结果为导向，并把以结果为导向的问责制度引入公共组织。通过改变预算的规则，即影响预算的过程和预算的角色来实现这一目标。“在预算中使用绩效衡量的办法意味着政府要改变其运作、人事、结构、甚至文化”（Wang，2000，113）。这个改革意味着要改变包括预算编制、预算过程权力分配，以及预算对分配预算的人和得到钱的人的影响。通过这种影响，改革促使官员关注结果和绩效，使他们具有结果导向的新型问责关系和动力。Ammons（2002）主张：“结果导向的问责观点非常强有力和有说服性。一国政府如果仅仅只是追踪流经其体系的资金却几乎不提及这些资源所转化成的服务的话，我们又怎么能说这个政府是真正负责任的政府呢？”

这种新的问责关系在绩效预算中固化了政客和官员的绩效和预算

分配之间的联系，就像在图 2.1 中所显示的那样（Shah，2000）。

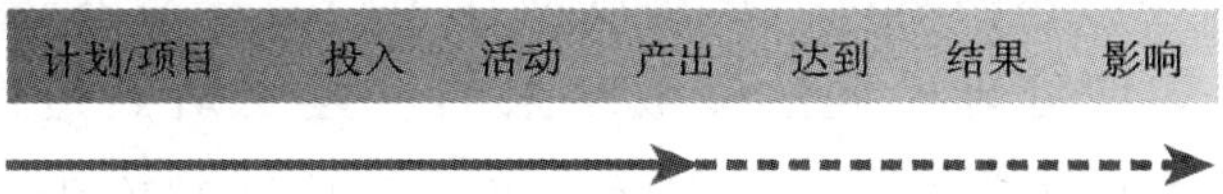

图 2.1　联系计划项目和产出、结果的结果链

在图 2.1 中，以结果为导向或者基于绩效的预算使得政府关注结果链中的右侧。对于结果的关心要求政客考虑政府在花费公众的钱的时候会带来什么样的结果和影响。一个结果导向的政治体制包含了特定政策目的或目标的定义，这种定义往往被当作结果。例如，一个和教育提供相关的结果可以是学生毕业考试通过率的提高（伴随的影响是劳动力质量的提高和经济的增长）。[2] 预算则被用作在结果目标基础上分配资金的工具。有了这个工具，政客和官员将会根据绩效目标来决定需要采取什么行动、作出怎样的投入及项目实施才能达到这个目标，制定什么样项目层次的绩效目标（与实际生产相关）才最有可能完成这些成就。这些绩效目标通过各种产出表达出来，从而最终促进预算最后阶段结果的衡量和评估。产出可以与老师上课的次数及其他生产领域的产量相关联。在预算的最后阶段，部门主管可以为他们是否达到预期产出而负责。

通过引入这种以结果为导向的方法，绩效预算通过明确或者隐含的绩效合同或协议把流入政府的钱和政府的活动结果联系在了一起。这些绩效合同或协议表明了民众对于政客能够期待的福利（通过具体的计划表示出来的结果目标）、政府将如何实现目标（计划、项目和政府计划开展的活动）、会花多少钱（投入）、政府机构会利用他们的钱提供什么服务（产出目标）。这些信息被写入预算的文件之中是新型问责关系的基础。预算文件直接影响预算专家面临的激励，特别是使议员、政府官员、计划和项目主管们更加以结果和绩效为中心。

绩效预算将影响分配行为，使得新分配方式基于结果。产出和结果导向的客观数据可以促进立法和行政层面上的计划和决策过程，并增强资金分配决策的问责（Broom 和 McGuire，1995；Martin，1997）。

公民社会可以观察到其向结果导向发展的进程如何，谁应该对过程中的失败负责（无论原因是因为产出停滞还是因为计划失误）。人们也可以看到官员是如何处理不同的绩效结果的（是否对其进行了奖惩，是否对绩效改进追加工资）。总而言之，以绩效预算制度引入了“契约责任”这一概念，从而把政客和具体的产出结果、使用的拨款以及这些拨款的产出联系在了一起。这种方式使得行政和立法决策者有结果导向的责任意识。这种以结果为导向的政治问责要求政治领袖们：

（1）设定结果目标。

（2）将分配和这些目标联系起来（确保那些投资的计划和项目有合理的产出和回报）。

（3）有足够的信心实现产出目标。

（4）有足够的激励实现产出目标。

（5）要为他们所花费的钱的数量和实现的结果负责（他们的管理带来了多少产出和实现了怎样的结果）。

绩效预算意味着影响官员如何看待他们在决策中的角色（以及他们如何管理）。总的来说，绩效预算在监督他们的资金方面给了官员们很强的灵活性，同时使他们对计划结果负责并且得到实现既定结果可能的承诺回报和惩罚。正式的回报方法包括：增加支出权力、增强契约权力、减少预算监督、获取收入或者给主要成员发奖金等。潜在的奖惩延伸到潜在的公民社会对优劣官员的评价的反应，官员的绩效处于社会大众的监督之下。这些奖惩旨在使官员和他们的绩效挂钩，促使他们改变管理方式、采用新的提供服务的方法，更加注重结果导向和效率。这种以结果为导向的管理问责制度要求官员们：

（1）设定目标（产出和效率）。

（2）明白自己的收入和目标完成相联系。

（3）为他们所花费的钱的数量以及目标绩效负责。

发　展

就像我们所讨论的那样，在过去十几年里，新的问责制度所具有的潜力吸引着众多国家尝试采用结果或者绩效预算。南非在这种预算改革方面所取得的成就是发展中国家的最佳典型。该国突出强调"支出—产出计划"（通过 1999 年《财政管理法》之类的立法确定）提供"支出价值及政府目标实现的评估基础"（南非财政部，2002，2）。[3] 从预算文件的结构以及这种变化所带来的责任关系的变化来看，变化非常明显。预算结构经历了从传统分项预算到反映出计划、子计划和绩效目标的转变。这个转变是逐渐发生的（到 2003 年进行评估已超过 5 年），南非财政部采取了类似于新加坡的增量改革模式（Jones，1998；Schick，1998）。

起点：传统的分项预算模式

就像在许多发达国家和发展中国家一样，南非政府采用传统的分项预算结构来反映所需花费的资金。表 2.1 的例子显示了南非卫生部 2001 ~ 2002 年度的拨款。

表 2.1　　南非卫生部分项预算 2001 ~ 2002 年度主要拨款　单位：千兰特

支出项目	拨款经费
人事	152000
行政	78207
存货	100203
设备	18395
土地和房屋	16200
专业和特殊服务	69628
转移支付	6176736
总支出	6611369

资料来源：改编自南非财政部 2002 年数据。

分项预算固化了公共部门以过程控制为导向的问责制度。它使得行政官员注意力集中在政府资金的流向（如设备购置）以及支出的过程。这种强调控制的预算方式产生于20世纪初，和当时的官僚政府理论相联系，同时也是对于政府财政违规的一种解决方式。Mikesell（1995，165）做了如下解释：

“传统的预算强调对资金使用的控制。这种预算方式在结构上并不利于资源配置决策。这种强调的存在很大程度上是因为出现一段时间的公共预算的作用纯粹是为了防止公款挪用。现代政府已经超越了这一阶段，但是大多数国家的预算仍然以之为导向。”

正如Mikesell所说，虽然分项预算方式有利于资金的控制，但是它同时也阻碍了以结果为中心的问责制度的发展。在后者中，通常涉及如下相关问题：政府如何支配收入？政府介入的目的是什么？政府是否正在实现其目标或者至少接近目标？政府为实现这些目标花费了多少，是否超过了所需支出？谁来对支出行为和结果负责？这些问题不断提醒公共部门需要建立一种新的问责制度。前三个问题与公共资金如何转化成相关服务相关，而传统的分项预算制度却未能解决这一问题。因为人们不知道政府究竟花了多少钱用于防止和治疗艾滋病（一项重要的国家政策）或者开发了什么样的新设施来改进医疗服务。第四个问题与支出效率相关。在这个方面，分项预算方式无法评估资金利用情况。第五个问题与基本问责制度框架中的“谁”相关：谁对卫生部的支出负责？分项预算还是没有提供促进有效问责的信息。

计划方案预算：一种进步

公认超越传统的分项预算的第一步是确定支出人和支出对象。美国一些州的项目预算改革反映了这种变化，在20世纪90年代的澳大利亚、马来西亚、新加坡等国也同样出现了提及支出部门和计划项目的预算。项目预算的核心始终是确认计划方案和支出目标，而预算作为一项政策声明，则代表了复杂的政府机构中很多相互独立部门有直接目的性的组合性活动。通过预算，人们可以了解谁在支出公共资源

（获得资金的部门或机构），这些资源究竟支出在何处（获得资源分配的计划方案）。

在20世纪90年代后期，随着中期支出框架（MTEF）改革的引入，南非政府开始重构其预算模式从而披露获得部门资金分配的计划项目。表2.2就是这种中期报告的一个例子。

表2.2　　2001～2002年度南非卫生部预算：各计划估计所需资金

单位：千兰特

计划/子计划	2001～2002年订正后拨款	2002～2003年估计拨款	2003～2004年估计拨款
行政管理	—	—	—
政策分析	—	—	—
战略性医疗	853426	996765	1113827
地区医疗系统			
对非政府组织的资助	—	—	—
医疗监督和评估			
医学研究委员会	127221	145498	152270
医疗系统信托	2000	2000	2000
南非医学研究所	287	287	287
母婴及妇女保健			
小学营养	582411	582411	582411
扶贫	10000	12000	15000
南非疫苗生产	4052	—	—
对非政府组织的资助	100	310	350
医药监管事务			
医药控制委员会	—	—	—
心理健康和精神药物滥用			
对非政府组织的资助	1000	1377	1410
艾滋病和肺结核			
南非肺结核协会	25	—	—
艾滋病协会（NGOs）	12190	50500	43250

续表

计划/子计划	2001～2002 年订正后拨款	2002～2003 年估计拨款	2003～2004 年估计拨款
政府艾滋病行动计划（GAAP）（NGOs）	22357	—	—
南非国家艾滋病委员会	10000	10000	15000
艾滋病专项拨款	54198	157209	266576
爱生命组织	2500	2500	2500
肺结核——对 NGO 的资助	—	2500	2600
南非艾滋病疫苗行动	—	5000	5000
医疗计划			
医疗计划委员会	2585	2673	2673
医疗服务提供	5370528	5708318	6019155
疾病预防和控制			
盲人委员会	350	400	400
国家医疗试验服务	260	394	407
医疗法规	10000	35000	52000
医院服务			
医院修缮	500000	520000	543400
医院建设——德班医学院	103800	—	—
医院建设——乌姆塔塔医院	—	—	—
医院建设——比勒陀利亚医学院	50000	70000	90000
国家第三产业服务	3459594	3666842	3892849
医疗专业人员培训与发展	1234090	1279248	1299475
改善医院管理拨款	—	124000	130000
非人类医疗服务			
赔偿专员	11434	11434	11434
环境卫生组织（NGOs）	—	—	—
医疗促进组织（NGOs）	1000	1000	1000
总计	6223954	6705083	7132982

资料来源：改编自南非财政部 2002 年数据（“—”表示数据不可用）。

表 2.2 中的预算可看作是分项预算的改进，因为其中详细地显示了政府在（中期阶段内）如何花钱。在南非卫生部的例子中，主要有三个大的计划项目：行政管理、战略性医疗和健康服务提供。在这些大计划项目中，又有许多子计划。战略性医疗有六个子计划（或者说是计划和活动范围）是政府花钱来预防和治疗艾滋病的。这些子计划包括：艾滋病协会（NGO）、政府艾滋病行动计划（NGO）、南非国家艾滋委员会、艾滋病专项拨款、爱生命组织和南非艾滋病疫苗行动等组织。在这个预算结构中，艾滋预防、医治方面的投入作为整个预算的一部分（从而评测该政策领域的重要性）占总预算 5% 的比例。这个比例在分项预算中无法计算，这显著增强了预算的问责。在医疗服务提供项目中，三个更具体的计划可以被确认出来：疾病预防和控制、医院服务和非人类医疗服务。在每一个子计划中具体的活动可以使得人们更好地了解政府部门正在如何使用分配得到的资金，比如该部门正在全力建设德班和比勒陀利亚地区的医院。

这种预算方式显示了公共部门在促进以结果为导向的问责制度（促进大量公共部门改革的目标）上的巨大进步。这显示了政府部门可以通过其正在做的事情，而不是投入的资金来概念化其运作（就像分项预算所反映的那样）。这种概念化构成了将拨款与计划、项目和活动的绩效联系在一起的基础。例如，这种预算可以清楚显示，在 2001 ~ 2002 年度，5000 万兰特（rand，南非货币单位）被分配到了比勒陀利亚医学院的建设中。这就能够回应政客和民众的质问："那一年用这些钱都在建筑工地做了些什么？"在回答这个问题的时候，预算就有了以绩效为中心的责任契约的要素和以结果为导向的激励体系的萌芽，而非传统的过程控制和资金投入管理（在传统的分项预算中即是如此）。

更加关注结果和绩效：又一个进步

通过学习澳大利亚等国家并追随世界上广泛的以结果和绩效为导向的责任制的改革趋势，南非财政部最近在其国家支出预算中添加了第三张表。该表中显示了每个项目领域内的关键产出、指标和目标。

在2001～2002年度，各个支出部门被要求必须确认"主要产出领域的服务提供目标"（南非财政部，2002，1）。这成为实现《公共财政管理法案》（1999，1）的重要一步。这个法案要求主要政府支出项目的可衡量目标都必须提交议会审议（南非财政部，2002，38）。这些绩效衡量方法将在2003年的预算中正式化，在2001～2002年度则作为国家财政支出预算的一个独立存在部分以显示改革的进程。表2.3列举了这些和战略性医疗相关的产出、指标和目标内容。

表2.3　　南非战略性医疗支出的重要产出、指标及目标

子计划	产出	产出衡量/指标	目标
地区医疗系统	改进民众在获得主要医疗服务方面的公平度	提供全套必要服务的主要医疗设施的比例	2003～2004年度全面实施
	全功能诊所以及社区医疗中心	通水、通电和通路的，现有及新建的设施数量	2003～2004年度能提供服务的所有设施
	在服务协议规定下的由地方政府提供的主要医疗服务	与省政府签订了服务协议的，提供综合性医疗服务的市区数量	在2002年9月以前签订服务协议
医疗监督与评估	地区医疗信息系统的全面实施	实施该医疗信息系统的地区比例	2004～2005年之前达到100%
母亲、儿童及妇女医疗卫生	扩大免疫的覆盖范围	本地居民中患麻疹的人数	在本地居民中消灭麻疹
		1岁儿童中免疫人群的覆盖范围	到2004年覆盖90%的1岁儿童（每个省最低80%）
		学校的定期疫苗注射	2004年以前覆盖率达到90%
	改善儿童健康	在省区实施"全国儿童行动计划"及"儿童疾病防治统一管理政策"	在全部9个省区推广施行
		6岁以下儿童营养不良和发育迟缓，与年龄不相宜的体重偏轻症状	到2004年，将营养不良儿童比例从2.6%减少至1%，发育迟缓儿童从23%减少至15%，体重过轻的儿童由9%减少至5%
	改善青少年健康	出版并发行青少年健康准则	在全部省份施行该准则
		青少年早孕比例	减少青少年早孕

续表

子计划	产出	产出衡量/指标	目标
		青少年药物滥用	减少药物滥用
母亲、儿童及妇女医疗卫生	改善妇女健康并降低产妇死亡率	实行“全国防治并检测宫颈癌和乳腺癌”项目的地区数量	2004 年以前在所有地区实行该项目
		实行孕前诊所检查协议的诊所数量	2004 年前所有医疗机构都必须实行孕前诊所检查协议
		实行跨部门解决贫困和营养不良计划的地区数量	全部地区都采取跨部门行动
		立法保证食品安全	2002 年前制定相关法律
艾滋和肺结核	改进防治艾滋病的手段	艾滋病发生率	减少 20 岁以下人群感染者数量，降低艾滋病流行趋势
		在公共和私人部门有效地治理性传播艾滋病的病例	2001 年以前有效治理 50% 的病例
		发放避孕套	2004 ~ 2005 年前每年发放 4.72 亿只避孕套
		为感染者和受影响人群提供可负担的配套医疗服务	在全国推行配套医疗服务
	推广肺结核项目	治愈率	在新发涂片呈阳性病例中治愈率达到 85%
		涂片转化率（痰检由阳转阴）	2003 年 12 月以前使新病例的涂片转化率至少达到 85%
		推广短期直接观察治疗法	所有地区普及短期治疗
		降低多重抗药性结核病的比率	将所有情况下的多重抗药性结核病的比率降低至 1% 以下
制约政策和计划	必需药品名录及医疗服务运输标准执行准则	针对基本医疗服务完成必需药品名录	2002 年 12 月以前

资料来源：改编自 National Treasury，2002。

一些国家的政府（包括马来西亚和美国许多州）正处在表 2.3 所示的进程中，即尝试着引入一些可以衡量的目标。这些目标可以用作使得管理和政治行为专注于那些已经确认结果计划、子计划和活动的结果上。在这些例子中（如表 2.2 所示），很明显官员不仅需要考虑那些得到财政资金的项目，而且他们需要对这些计划所应该达到的效果有清晰的概念。

在确认产出、产出衡量办法、指标和目标等所有和南非财政部称为“子计划”的相关的内容时，官员们需要提供有利于结果导向问责的信息。例如，作为预防艾滋病行动的一部分，政府已经把发放避孕套的数目作为一个衡量其绩效的重要指标。2004 ~ 2005 年度政府向公民提供了大约 4.72 亿个避孕套。当这种承诺可以得到评估和执行的时候，这就成了公共部门发展以绩效为核心的激励和问责机制的有效助力。表 2.3 提供的详细预算数据则有利于改革进一步朝以结果和绩效为导向的问责制度发展。比较表 2.1（即在传统的分项预算）和表 2.3 所提供的具体信息的时候，我们就会发现进步非常明显。

存在的问题

世界各国政府都发现他们的改革是沿着一条从传统的分项预算到计划方案预算，再到包含绩效信息的预算的道路发展的。南非预算改革进程，就像预算文件（例如，对国家支出的估计）中的变化（或增加）已经发展到了将三类预算在各地同时报告的程度——明细支出、计划项目类型以及绩效类型（南非财政部，2002）。这一阶段有些类似于美国许多州，以及马来西亚等国现在的情况，即传统的和新的预算方式同时存在（OPPAGA，1997；Xavier，1998）。然而在现在的情况中仍然存在着一些问题，这些问题制约了这种混合预算制度的潜力，阻碍了真正的绩效问责制度潜能的完全发挥。

在南非和其他类似背景国家的改革中，主要存在以下三个方面的问题：

（1）预算没有在绩效和资金分配之间建立清晰的联系，这就限制了预算中结果导向问责制度的形成。

（2）绩效衡量标准存在重大问题，它不能奠定一个可以有效确认、衡量以及管理结果的基础。

（3）预算尚不能明确谁应该为绩效和资源使用负责，导致很难找到责任人。

问责制度的基础是什么？财政资金和结果之间的联系

以结果为导向的问责制度的核心假设是：官员知道资金和目标相联系，政客有足够的信息去推行这些目标同时也有实际的激励达到这些目标（并且对相关结果负责）。如果预算不能够把资金和结果有效地联系起来，这三个重要的要求就无法满足。这种情况出现在南非以及其他很多采用绩效预算体系的国家。如果预算的绩效部分和预算的资金部分分离，政府的政客和官员都不会清楚需要把结果和分配联系在一起（例如，在南非，分配金额在表 2.1 的分项预算中显示了出来，每个项目所花钱的大概估计值显示在表 2.2 中，在显示产出、指标、目标的表 2.3 中却没有了这个估计值）。可是事实上在转移支付和拨款汇总表中所确认的项目和在主要产出、指标和目标表中所确认的项目不一致，这就使得问题更加严重，因为这限制了绩效目标和资金分配联系的能力。南非卫生部的预算包括以下例子：

（1）药品监督管理事务是一个在预算资金登记表中登记的项目，然而在主要产出、指标和目标表中却没有登记。

（2）地方医疗系统没有得到资金分配，但是具体产出却确认了它。[4]

（3）药物政策和规划作为一个子计划在主要投入、指标和目标表中登记，但是在显示资金分配的表中却没有显示。

真实财政分配和所谓绩效预算的绩效目标之间不佳的联系同样明显地存在于马来西亚。马来西亚政府有各种各样不同版本的预算文件，但是主要的拨款文件却只提及有限的绩效资料，独立的《计划方案和绩效预算评估手册》则用作联邦政府各个部门、法定机构的项目和活动的参考依据。“议会是这个手册的主要使用者。这个报告收集、提供了各个从联邦政府得到运行资金的部门和法定机构所进行的主要项目和活动的信息及解释。联邦政府每年 10 月提交议会预算报告，该手册是预算报告的一个支持性文件。”（马来西亚财政部，2002，1）。

把资金和绩效衡量指标分离使结果变得那么不重要，因为它使得官员仍然认为绩效指标只不过是一个附加指标，而非预算的核心。官员和政客将继续关注财政分配的控制，而非绩效，特别是当他们的内部财务会计系统是基于分项预算而不是绩效预算的时候。但是这种情况往往又很常见。促使他们这么做的另一种原因是：内外部的审计和放款代理人仍然在关注支出控制，而不关心绩效。把钱如何花好和如何花钱本身这两个问题的分离，也使得发展以结果为导向的问责制度缺少必要的管理激励而无法形成。预算没有显示个体产出实际所花的钱，从而很难要求政客和官僚对他们的工作负责，也就限制了和分配联系在一起的实现结果的激励。在艾滋病和肺结核计划中就出现了这种情况，在该例中，资金被分配给了概算汇总表中的各个计划，在主要投入、指标和目标表中具体的目标得到了体现，但是个体计划（及责任机构）和目标的联系并没有被提到。

引入与现实资金分配相分离的结果信息的最终后果是政府部门间专业化和独立化倾向的普遍固化。规划专家、发展专家、有绩效观念的评估专家在做一件事，而会计和预算专家却在做另外一件事，这些人从不跨越自己的领域相互交流。这种文化一旦形成将限制地方政府规划专家在规划和预算改革中的作用（Andrews，2002），同时也限制了发展专家在非洲中期支出框架改革中的作用。[5] 如果绩效目标没有同政府预算文件和预算过程中的资金分配相联系，负责资金分配的人员将无心与负责绩效管理事务的人员结合。

问责制度的基础是什么？确认结果时存在问题

南非即使有了可以用在真实项目中的绩效衡量指标，得到的结果是否能够激励政府实行结果导向的问责制度仍然存在问题。Wang（2000，109）指出："绩效的衡量是建立在清晰、持续的组织目标之上。"他的这个评价得到了广泛认同。人们普遍认为以结果为导向的问责制度需要确认出相关的、清晰的、可以被衡量的结果。在很多案例中（包括南非），所得出的结果并不能满足这些要求。最终结果没有得到考虑，产出和投入被混淆，目标缺乏现实价值且不具体，与实现目标所需的活动和项目相分离。

首先，从表2.3中我们无法得出结果。如图2.1所示（从计划/项目到产出再到结果的结果链）。结果是出现在政治宣言中可以反映政治目标的政策目标。这些目标和建立以结果导向的政治问责制度密切相关（因为这些目标的实现和获得选民支持的竞选宣言有关）。如果这些内容没有出现在预算中，那么政客们无论是议会中的执行官员（例如，南非卫生部的部长）还是总统内阁成员，都无法追究其责任。

其次，从表2.3中我们发现表中产出的确认存在很多问题。虽然可以理解产出这个定义本身就有很多种解释，但是表中所确认的很多产出实际上是生产过程中的投入。这些产出看起来好像是得到了技术性的确认，与制度的实施或者和指导原则的发展有关。它们看起来更像是官僚程序的产出，但是在更加广阔的服务环境中却没有这种含义（在这种环境中这些产出其实是生产过程中的投入）。这些目标不仅没有得到正确地定义，而且和现实社会毫不相关，最终没有使得这种环境下的官员专注于外部的服务产出和绩效。这些有问题的目标包括如下内容：

■ 在医疗监督和评估子计划中，产出被确认成了"地区医疗信息系统的全面采用"。这与生产过程中的投入而不是产出更有关联性。该系统实施的产出应包括对各地区提供医疗服务进行监督和评价的能力的提高和信息渠道的改进，而不仅仅是简单的系统采用。

■ 在母亲、儿童和妇女医疗子计划中，产出的衡量标准以及指标被确定为"青少年健康手册的出版和发行"。这仍然是生产过程中的投入，而不是产出。这些衡量标准没有抓住解决青少年健康问题的本质。

因此不能指望通过强化问责来实现改善青少年健康状况的目标。

■ 在母亲、儿童和妇女医疗子计划中，“改善妇女健康状况降低母婴死亡率”这一产出和四个指标联系：“实施全国乳腺癌和宫颈癌知识普及和体检项目的地区数量、实施孕前检查方案的诊所数量、解决贫穷和营养不良的跨地区计划的地区数量、强化食品安全的立法。”实施项目、方案、计划和立法都不是能够证明妇女医疗卫生水平改善和母婴死亡率降低。事实上，研究表明给官员规定的这种程序性目标反而使他们不再关注于实际的服务提供。[6]

再次，从表 2.3 中可以发现，这种预算的绩效目标通常缺乏可以衡量和评估的标准。产出、衡量指标、目标通常和真实的测度、数量、方位、日期、单位成本或者质量这些评估标准相去甚远。像“改善儿童健康”这一产出和恰当具体的产出衡量标准以及目标相联系。这些标准和目标例如“儿童的营养不良和发育迟缓，及 6 岁以下儿童的体重偏轻症状”和“2004 年以前，营养不良比例从 2.6% 降到 1%，发育迟缓从 23% 降到 15%”。但是其他衡量指标却没有达到这种标准。另外一个和产出相关的例子是“改善青少年健康”，这个可以用“青少年早孕率”和“青少年药物滥用率”两项指标衡量。与之相关的两个目标是“减少青少年早孕”和“减少药物滥用”。这些衡量标准和指标缺乏必要的具体细节，使得其没有意义，无法成为以结果为导向的问责制度的有效手段。当官员在就目标实现绩效被评估时可能会问：哪些人口群体需要降低青少年早孕率？要降低多少？到什么时候实现降低？有些药物的滥用率降低了，而另外一些却没有，我们制定的目标是否过于宽泛？

最后一个关于卫生部预算中的大部分产出、指标和目标表中的问题是：表中内容没有同活动和项目有机结合在一起（与前述资金和结果分离类似）。在很多产出例子中，指标和目标看起来毫不相干，从而不禁使人要问这个部门存在的目的（事实上是做什么的）。在其他的一些例子中，所确认的产出一般化，让人感觉和他们所在做的工作毫不相干，表明官员没有为他们所关注的工作制订出相应的、独特的衡量方法和目标。在这些例子中，人们内心不禁要问绩效衡量标准有什么意义，甚至内心质问这些衡量标准到底能不能使得官员更加注重结果的实现：

■ 在艾滋病和肺结核的例子中，其中一个指标是“性传播感染的艾滋病案例在公私部门都能得到有效的治疗”，并制定了 2001 年之前 50% 病例得到有效治疗的目标。那么“性传播感染的病例”是什么？什么叫“有效的治疗”？一个实用的治疗方法应该是声明具体以何种感染类型为目标，以及采用何种治疗方法。

■ 在艾滋病和肺结核的例子中，其中一个产出是“改进应对艾滋病蔓延的战略”，其衡量指标是“艾滋病的发病率”，目标是“保持艾滋病感染人数平稳并降低 20 岁以下人群感染的比例”。这个目标的主要问题是艾滋病的发病率并不一定是由于好的医疗服务而降低。随着以前报告感染艾滋病的病人死亡，艾滋病感染人数的平稳也可以实现（HIV 阳性病例的减少）。

如果衡量的标准本身是模糊、技术层面的，并且同结果无关联，那么激励形成结果导向的问责制度的能力就非常有限。这是因为他们没有能够确立同组织活动和任务相联系、可以衡量、可以实施的结果导向型底线。因为目标本身就没有得到很好的明确，它们往往和官员行为不相关或者不够具体，所以官员缺乏实现结果的动力。像这样的“绩效衡量”会产生让公众和决策者感到困惑的信息，而不能让他们清楚地了解情况。

谁应当负责？

南非案例的第三个缺点存在于绩效问责制度中的关系层面。即使资金和绩效相联系并且绩效的衡量标准是高标准的，仍然需要明确谁应该为绩效负责（以及谁监督问责和如何问责）。这是绩效问责制度存在的先决条件。

南非政府的预算到目前为止仍然缺乏这种具体的信息。例如，在艾滋病和肺结核项目中，以下组织被确认为资金接受者：南非肺结核协会、艾滋病协会（NGOs）、政府艾滋病行动计划（GAAP）、南非国家艾滋委员会、艾滋病专项拨款、爱生命组织、肺结核——对 NGO 的资助、南非艾滋病疫苗行动。以下是所确定的产出目标："保持艾滋病感染人数平稳并降低 20 岁以下人群感染的比例、2001 年前 50% 的（性传播感染）病例得到有效治疗""2004～2005 年度发放 4.72 亿个避孕套"。公众把单个项目以及成本中心和目标联系起来就会问"谁为这些目标负责?""如果一个项目的目标没有实现，那么哪个项目管理人为此负责?"这些问题显示了该预算没有能够有效地建立一个组织底线，因为它没有明确谁应该为组织或公共生产过程中不同结果的实现负责。

而在南非这样的国家，预算不能够确认责任关系是一件奇怪的事情，因为这类国家的公务员政策是需要根据绩效合同聘用主要官员（和其他一些高级职员）。国家公务员制度改革关注于和预算改革类似的目标："从最高管理层开始，在公务员中建立一种绩效文化"（Fraser－Moleketi，2000）。而且，这种改革（始于 2000 年）要求"所有的官员签订有相应奖励结构的绩效合同"（Fraser－Moleketi，2000）。公务员绩效合同及奖励结构看起来和绩效预算工作有关，但是在国家支出预算中并没有提及管理绩效合同，同时在预算中也没有确认这些合同，而且在国家支出预算中也并没有提到谁要衡量绩效和谁要实施目标（或者有什么机制来做这件事）。并且也没有政治绩效问责与之相联系（也没有发展出结果目标）。

在预算中没确定谁要对结果负责，也没有确认谁来向代理人问责。这些因素的存在，使得不可能有人对结果负责。

推进要点

南非现在的预算改革显示，即使改革有所进展，做得最好的政府在推进结果导向底线和在预算中建立问责制度也仍然面临着问题。虽然预算改革在过去 5 年里有巨大进展，它仍然不能为公共部门绩效问责制度提供基础。南非等国家改革的下一步应该怎么走？应该给那些绩效预算改革仍然落后于南非的国家提供一些怎样的指导？

南非这些国家改革的目的是为了改变制度构架，从而影响公共部门问责制度的性质。用南非公共服务和行政管理部部长的话来说，这种改革是为了"建立绩效文化"（Fraser – Moleketi, 2000）或者至少引进一些能够使得个人更加专注于公共部门绩效的激励机制。[7] 为了能够持续这种改革同时刺激这种以绩效为中心的文化或者激励的发展，预算改革者应该考虑如下建议：

- 主流的绩效预算是将资金分配和所需结果联系起来的预算。
- 发展绩效标准，必须确保相关性、可读性和现实性。
- 通过确立以结果为中心的底线明晰责任关系。
- 通过建立合适的机制使得责任关系具有可执行性。

所有这四点在编制表 2.4 时都考虑到了。表 2.4 是一个建议性的预算结构，它在一个文件中把财政分配和项目、计划以及部门级别的绩效目标联系起来，这些目标界定清晰并且可以衡量。表 2.4 还确认了那些对产出负责的人（官员），以及对结果负责的人（政客）。

将资金分配和所需结果联系起来的主流绩效预算

2002 年南非财政预算的主要问题（与新加坡和马来西亚的问题相同）是绩效元素和预算的实际分配相分离。很难评估出有多少钱分配给了带来产出的生产。这一点在表 2.4 中得到了更正。在该表中，预算分配和具体需要花钱的部门、计划、子计划和项目活动之间的联系被明确显示出来，产出目标和生产过程中的每一个实体联系在了一起。花钱的实体要对产出直接负责。[8] 实体身份和产出被分开，这样有利于等级结构的管理（像一些公共组织）。项目或活动领域要为具体产出的生产负责（比如避孕套发放项目）。在子计划中，官员们要负责监督相关项目和活动（比如艾滋病预防项目）的产出。然后，计划主管官员要负责监督相关的子计划（例如，战略性医疗计划）。最终，部委领导要负责监督所有项目的绩效（例如，卫生部）。

表 2.4　2001～2002 年度南非艾滋病计划的结果导向预算提案

单位：千兰特

	2001～2002 年		2002～2003 年		2003～2004 年			
部门 计划 子计划活动	预算（兰特）	产出目标：质量、方位、时间	预算（兰特）	产出目标：质量、方位、时间	预算（兰特）	产出目标：质量、方位、时间	负责官员	相关结果
战略性医疗	**853426**	**所有产出目标在计划中**	**996765**	**全部产出目标在计划中**	**1113827**	**所有产出目标在计划中**	**G 女士**	**全部与计划相关**
艾滋病预防	62000	如下 A 和 B	124000	如下 A 和 B	169000		A 夫人	结果目标见如下 1 和 2
					70000		B 先生	
避孕套发放	30000	A. 2002 年 3 月前由公共诊所和医院发放学习小册和 2 亿个避孕套（至少一半发放于农村地区）	55000	A. 2003 年 3 月前由公共诊所和医院发放学习小册和 3.5 亿个避孕套（至少一半发放于农村地区）		A. 2004 年 3 月前由公共诊所和医院发放学习小册和 4.72 亿个避孕套（至少一半发放于农村地区）		1
母子艾滋病治疗	32000	B. 2002 年 12 月前为全国所有怀孕妇女检查艾滋病。2002 年 3 月前对 90% 的 HIV 阳性妇女（预计 5000 人左右）再怀孕期间每日进行抗逆转录病毒治疗	69000	B. 为全国所有怀孕妇女检查艾滋病。2003 年 3 月前后对所有的 HIV 阳性妇女（预计 7000 人左右）再怀孕期间每日进行抗逆转录病毒治疗	99000	B. 为全国所有怀孕妇女检查艾滋病。对所有的 HIV 阳性妇女（预计 9000 人左右）再怀孕期间每日进行抗逆转录病毒治疗	X 博士	2
卫生部	整体预算	所有产出目标在部门中	整体预算	所有产出目标在部门中	整体预算	所有产出目标在部门中	卫生部长	全部

续表

目标结果：

1. 到2002年3月前，安全性行为的人群比率由50%增加至60%，到2003年3月增加至70%，2004年3月增加至80%。
2. 2002年（在2002年3月测算）新生儿感染艾滋病的人数由每年5000人降至1000人，到2003年（在2003年3月测算）下降至200人，2004年（在2004年3月测算）下降至100人。

影响（长期结果）：

2005年新感染艾滋病人数由2002年的每年10000人下降至1000人。

测算方法，评价人，测算结果公布时间[a]：

性生活活跃公民的年度调查（每年的3月进行），由HSRC执行，结果递交至审计长办公室，并于每年的4月30日对外公布。

每个公共医疗机构对新生儿艾滋病检测状况的记录，由审计长办公室在每年的3月进行审查，并在每年的4月30日提交报告。

死亡状况记录由审计长办公室在2005年3月进行审查，并于当年的4月30日提交报告。

注释：表内的具体内容以国家财政部的相关材料为基础，但并不代表财政部的观点。比如，用于艾滋病的财政支出在此表中分为两个计划（包含各种项目），每个计划中的资金都计算为众多子计划支出的一部分（2001～2002年是123745，2002～2003年是247709，2003～2004年是354826）。这种分割与财政部不同（2002年），但却为发展基于成效的预算工作提供了一个更合适的渠道——比财政部（2002年）更直接地将项目、资金和目标进行关联。

a. 支付并管理测算工作的角色由谁担当，对研究有效的结果导向十分关键。

表2.4通过将预算分配和结果要求直接联系起来的方式，描述了主流的绩效问责制度。这种方法反映了像澳大利亚这样的国家将绩效要求加入标准预算中的方法，从而确定出来一种协议，即结果和资金分配相联系，结果作为管理过程中控制支出的关键要素。通过观察澳大利亚卫生部的一部分预算，我们可以思考这个问题（如表2.5所示）。

表2.5　澳大利亚预算中的计划项目确认及相关细节的一个例子

单位：百万澳元

健康和养老	2002～2003年	2003～2004年	2004～2005年
对癌症患者更好的治疗	13.1	18.8	20.4

解释："通过在首都以外建立的六个新医院和资助病人进行手术，政府将改进医疗条件，使得更多的患者特别是在那些边远地区和农村的病人能够使用肿瘤放射服务。资金的一部分将被用来提供优惠政策以保留和吸引专业医护人员进入这些新的医院。他们将得到政府拨款进行专业教育和训练，从而达到国际先进水平。"

相关结果：效果2：使得所有澳大利亚人能够享受到划算的医护服务、药品和急诊服务。效果9：利用知识信息、训练培养好的习惯提高澳大利亚人的健康水平。

资料来源：澳大利亚联邦政府，2002。

澳大利亚预算的这一部分清楚地显示了在中等时间段内澳大利亚卫生部的计划资金流向。然后，表中显示了资金分配以及对该计划解释的联系。如果我们仔细阅读的话，可以发现表中详细而直接地列出了产出要求（例如建设新的设施）。此外，真实的分配通过产出目标和更广泛的社会效益联系在了一起，从而增强了这些政治绩效要求的合法性。在该例中，如表2.4所预想的一样，在生产等级制度中分配资金、设立目标、评估目标以及奖惩官员的步骤被统一到了预算过程中（而不是两个分离的过程——预算和绩效管理）。通过这种方式，绩效因素被合法地融入了公共生产和管理过程中。

认真发展绩效标准，保证相关性、可读性和现实性

只有当绩效目标本身有用并且具有组织相关性、可读性和现实性

的时候，将主流绩效因素融进标准的预算之中才能促进以绩效为中心的责任体制的建立。Berman（2002）强调了有用衡量手段的重要性。南非卫生部的预算中的产出和指标存在的问题是很多国家政府的典型，这些问题结合在一起限制了其管理和政治行为的影响力。例如，在艾滋病医疗项目中，产出和指标结合起来是“改进应对艾滋传染的战略”和“HIV 发生率”，但是它们的结合并不能促进绩效管理。有效的目标可以确定产出和结果，他们和组织的使命相关，并且可以被评估。

表 2.4 列举了符合所有相关标准的中期预算产出目标（产出目标逐年提高）。这些目标直接和项目相关（在避孕套发放项目中，例如，产出和具体的避孕套发放数相关，即和项目任务直接联系的产出目标）。这个项目又和结果目标挂钩（该例中即为进行安全性生活的人数增加）。这个结果目标也将是其他项目的结果，最终将由部长负责。结果又要和影响（长期的结果）相联系，比如像“到 2005 年，新感染 HIV 病例从 10000 例/年降低到 1000 例/年”。这种清晰的确认需要对组织任务和结构的分析，以及对于投入、产出和结果三个概念逻辑顺序的正确理解。标准的文献把投入定义为投入到流程、项目和活动中的资源；产出是在流程、项目和活动中的生产数量；结果是既定目标的完成程度；而影响则可以定义为选举中和政治承诺相关的长期结果。

图 2.2 在结果链中将项目活动选择、使用投入、产出、结果和影响联系起来。这个可以当作一种应用，促使读者了解公共生产和管理过程中的逻辑进程。较差的绩效衡量意味着没有正确理解绩效管理，或者至少缺乏绩效管理中的买入（buy - in）思想。通过结果链进行绩效衡量则对于两种情况均适用，因为它既可以协助那些习惯了控制性方法的官员更好地理解结果的概念和实现结果的过程，又可以约束那些不愿接受结果管理的官员去考虑和确认和组织生产过程即时相关的目标。这种方法同时有利于简化对目标的解释，还有助于项目、计划以及整个组织的任务之间的交流。

子计划	投入(千兰特)	活动	产出	达到	结果	影响
性传播艾滋病传染预防	62000[a]					
	30000	避孕套发放	2003年3月前每年通过公共诊所和医院发放3.5亿个避孕套及“学习手册”(至少一半发放到农村地区)。	农村和城市地区公民,通过公共设施。	2004年3月前将进行安全性行为的公民比重从50%提高至80%。	新增艾滋感染病例从2002年的10000例/年降至2005年的1000例/年。
	32000	母婴艾滋病传染治疗	全国所有怀孕妇女在2002年12月以前进行艾滋病检查。 2002年3月前90%的艾滋病呈阳性的妇女(预计5000人)在整个孕期接受每日注射抗逆转录毒病药物治疗。	农村和城市地区公民,通过公共设施。	2002年(2002年3月评估(将新生婴儿艾滋病感染数量从5000例/年降至1000例/年(与未来年份相关)。	新增艾滋感染病例从2002年的10000例/年降至2005年的1000例/年。

注释：该例子的细节没有直接参照对南非的研究，因此缺乏充分的细节来确认投入、产出和结果之间的联系。
a.依据表2.4计算出。

图 2.2　结果链中投入、产出和结果的联系

因为绩效预算和结果导向的管理紧密相连，所以结果目标的制定过程需要和管理的其他方面相联系。为了保证结果的衡量标准具有现实性，官员在制定目标的时候必须进行风险评估。任何的风险都有可能危及产出和结果的实现。问一问以下几个问题有助于识别风险：什么有可能出错？我们会怎么失败？我们要想取得成功必须做些什么？我们哪个环节比较脆弱？我们的运行是如何被中断的？什么活动最复杂？在这些提问的基础上，官员们可以评估风险并确认出管理风险所需的控制活动（如表 2.6 所示）。

表 2.6　　通过绩效预算方法来评估风险

产出和结果	风　险	控制活动
清晰地列出可明确定义和衡量的产出和结果	对每一项产出和结果，列出所有显著的风险（可能发生的和有巨大潜在影响的）	对每项风险，列出： 1. 管理风险的措施； 2. 有助于确保所采取的管理风险的措施适当且及时的控制活动； 3. 信息来源、交流方式及监督活动

评估这些和绩效相关的风险目标有利于确保这些目标的实现。因此当绩效评估到来时，这些目标才会有约束力。这使得官员和行政人员（他们一般由政府任命）考虑面对的威胁，目标本身得到强化。这也将促进有效的“结果管理”（借此，官员关注结果的实现，并排除那些有可能危及结果实现的因素）。这种评估在弗吉尼亚州是必需的。在该州，内部评估是绩效预算过程的一部分（弗吉尼亚规划和预算部，2002）。在这些评估中，他们确认出与外部趋势、内部过程需求、新立法以及其他因素相关的风险。

除了确认产出和结果目标外，另外一个步骤也必须指出。它包括了产出和结果目标与效率和质量衡量标准的联系。这种联系应该能够强化生产中的管理。它源自内部控制过程但是又超乎其外，因为它包括了对替代性生产方法的强调，即通过最具成本效益的方式实现目标质量绩效（Andrews 和 Moynihan，2002）。出于篇幅考虑，同时也由于只有产出和结果具有相关性、可读性和现实性时，才可以实现这种衡量，表 2.4 并没有介绍这种衡量标准。

通过构建结果导向的底线明晰责任关系

对于南非这样的国家，第三点建议是：在公共组织中牢固确立绩效问责制度，重新定义组织中的关系以反映出对于结果的重视。

预算和财政文件可以反映公共组织的核心责任和问责关系（Mikesell，1995）。关于责任和问责制度一个重要的问题是：“通过谁?”“针对谁?”“为什么?”在标准的预算格式中（比如南非实施的预算制度），对这些问题的答案显然是不清晰的（在具体预算文件中没有提及具体的责任归属）。如果这种关系确实存在，第三个问题的答案总是会反映出对控制的强调，而非对绩效的强调。在预算中对支出的强调是大多数国家的答案。在这些例子中，因为没有人使这些个人和组织为之负责，结果目标和衡量方法对问责制度的结构只有有限的影响。

如果绩效预算能够预示一种新的问责结构的诞生，政府需要在公共部门的等级问责结构中，从对事前控制的强调转向对事后绩效的强调。这种新的强调适用于政府的等级结构。在这种结构中，官员的升迁都要和他们在生产公共产品时的绩效相联系。如表 2.4 所示，例如：

1. 负责具体项目的个人必须为该项目的具体产出负责。（比如 B 先生要为避孕套发放项目中认定的产出负责）。

2. 负责子计划的个人要为他们所照管项目的产出负责。（比如 A 夫人要为避孕套发放和母婴艾滋病传染治疗项目负责，这两个项目都属于艾滋病防治项目的子计划）。

3. 负责整个计划的个人要为他们所管理的计划集合负责（G 女士，战略医疗卫生计划的头，要为艾滋病防治项目及艾滋病治疗子计划负责）。

4. 总负责的官员（在该案例中为部长）要为所有的产出及所有产出结合起来的最终的社会结果负责（例如，在该例中，预算的最下方注明部长要对所有的产出和结果负责）。

通过确认出对结果负责的官员，在表 2.4 中的预算格式创造出一系列的底线，这些底线能够使得基于结果的问责制度成为公共组织中主导的问责形式。这种制度的确认成了外部问责制度的基础。它使得立法者和公民清楚地知道，哪个官员对哪个生产结果负责。这些底线同样成了内部问责关系的基础。它把官员和对他们在生产过程中的绩效期望联系在了一起。这种责任关系可以使得人们更好地理解个人在以绩效为中心的组织中的角色，因而非常重要。图 2.3 显示了这四个层次的关系结构。

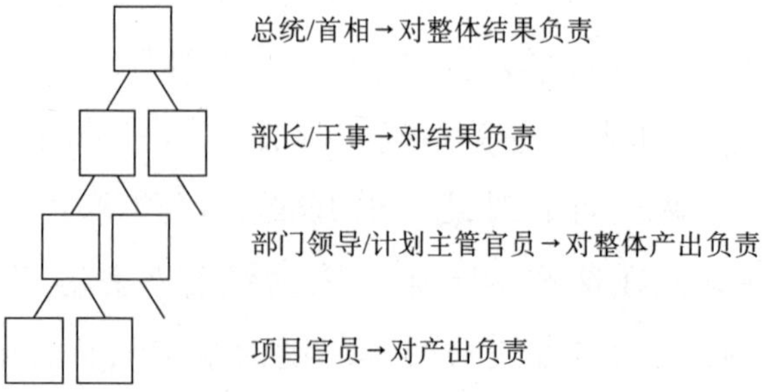

图 2.3　基于结果的问责关系管理结构

图 2.3 清楚地显示了在典型的组织中官员们之间的结果联系。如果组织层级中处于最高层的官员（政治首脑和行政领导）根据目标结果制定出政策，那么他就需要去管理那些为这些计划的实施和对目标实现负责的人。同样，计划主管官员需要管理那些被任命、雇佣或签约的活动负责人，这些人负责具体的产出。当计划官员管理项目官员，使他们为具体的产出生产负责；相应的，部长或者干事管理计划主管官员使他们为具体的结果负责；总统（或者首脑）使得部长和干事为结果产出负责，这时候，问责制度关系就形成了。在表 2.4 中，卫生部部长每年要为结果负责，例如："进行安全性生活的公民比率在 2002 年 3 月之前由 50% 上升到 60%，到 2003 年 3 月达到 70%，再到 2004 年 3 月达到 80%。"选举周期结束时，他们关于"降低艾滋病人数"的承诺要得到一定程度的兑现。

通过建立合适的制度推动问责关系的执行

确定出在生产过程中，谁应该为什么负责以及怎么负责的责任关系之后，政府有意引进有效的以结果为导向的问责制度时，需要建立责任关系实施的制度过程。特别是：

（1）内部和外部的绩效评估；

（2）绩效管理激励机制；

（3）政治结果问责的收益。

内外部绩效评估

为了确保以绩效为导向的问责制度，政府对绩效的评价就变得非常重要。这不单单要求有可以衡量的指标（Wang，2000；弗吉尼亚州规划与预算部，2002），还包括要指出谁、什么时候、如何以及用何种计算体系进行绩效考核。其目的是创造出一种激励机制，使得官员对结果目标认真负责，政治家对最终社会效益目标认真负责。如果有了这种目标，那么相应独立外部的产出和结果评估就呼之欲出。例如在表 2.4 中，产出结果都通过审计局来公布。一个由总统直接管辖的机构可以从事这种评估。当总统要检查手下这些部长的工作时（至少在这个模型下），这个机构就可以发挥作用。问题的关键是这些机构必须是通过立法手段（正式规定的）成立的，并独立于其他部门。它有自身独立的预算，这笔预算专门用来评估和报告其他部门的绩效。

另外一个要求则是，结果必须在被送审分析的时候，在每年同一时间公布，从而保证行政部门对其进行奖惩的透明性。产出应该由独立的机构评估，但同时也必须有一个可容纳评估的内部基本原则。这一基本原则简单来说就是计划主管官员的绩效依赖于项目官员的绩效（如图 2. 3）；经常性的内部评估（比如，季度性评估）可以显示出特定项目的潜在不足。因为上级官员的介入使他们的属下重新专注于在手的目标，通过这种方式，绩效评估促进了以绩效为中心的管理和组织学习。

绩效管理激励机制

这个新机制的主要观点是：制度改变所产生的激励能导致行为的变化（Poterba，1996）。在大多数政府中，公务员（包括官员和政客）并没有得到太多的激励，相反，他们是因为财政审慎、严守纪律、坚持原则而受到奖赏。要使这些官员作出一些成绩，重设奖惩结构很重要，必须重新定位官员的绩效贡献。绩效管理激励机制至少要有两个方面：刺激个人最大化他们的绩效、刺激个人处理好人际关系从而最大化组织的绩效。良好的激励机制会关注这两个方面，并采用包括金钱奖励机制、道义劝说、民众压力机制等手段。

金钱奖励机制包括使用正式的合同把个人绩效和组织奖励联系在一起。南非政府对于高级官员有这种合同，但是它并没有把这种合同引入以绩效为中心的预算体系的组织目标中去。这意味着只有在组织机构中某些层次的官员得到了这种激励而作出业绩。如果考虑公共部门生产过程的等级性质，那么这种现状就存在很多问题：如果一个项目主管有这种绩效合同，而他的上下级却没有，那么这个官员就不可能在该组织中跨过多重级别管理并实现产出目标。[9] 为了使官员（管理关系）朝着绩效方向努力，绩效合同就应该跨越整个组织结构，从部长开始由上而下全部签署。在图 2.3 中，这包括了总统和部长、干事（在美国体制下），签订以绩效为中心基于结果的合同，而这些官员要为计划主管官员设立总体目标，计划官员则要为项目官员设立产出目标。这些合同影响着整个组织的回报决策，因为管理上的福利通过结果依赖的逻辑关系而相联系（如果一个底层的官员没有实现目标，那么他将面临低回报，而他的绩效将影响到他上级的回报）。这种逻辑关系促使高层领导以合适的方式激励下属达到绩效目标（在监督绩效的同时，给予适当的自主决定权）。

这样的合同出现在美国弗吉尼亚州政府和佛罗里达州政府（OPPAGA，1997；Fuchs，1998；弗吉尼亚州规划与预算部，2002）。[10]在美国，弗吉尼亚州的经验通常被认为是最好的实践。组织的收益分享协议会强化个人合同。通过这种方式，完成绩效的部门可以把多余的一部分资金，用于改善整个组织的福利。这种奖励选择使得一方面最大化个人绩效，另一方面为积极贡献于整个组织的政策选择、生产技术等工作——所有的行为都是围绕绩效最大化。这种方式受到了那些对于预算支出非常谨慎，竭尽全力控制预算的官员的欢迎。

第二种激励机制用来处理基于绩效的预算体系（比如英国和马来西亚这样的国家）。它包括了公开结果目标承诺从而使官员们有道德上的压力。马来西亚政府各个级别的机关都必须确认出任务和目标，声明要提供什么服务，并且制定一个完成服务的时间表。这些声明都必须包括在基于结果的预算以及客户章程中，并且要求公布。这个章程被描述为："有改变官员们心态的作用，使他们去开发更多提供高效的服务来满足客户的方法"（Chiu，1997，175）。

这种心态的变化对于改进马来西亚公共部门绩效起到了很大作用，它使得官员们有足够的动力来完成他们的承诺或者去面对公众的质询和训导（Mohamad，1997）。乌干达政府虽然从未采取以绩效为中心的预算，却同样显示出用建立预算激励机制来处理公共产品方面的效率方法。每月转移支付的公共资金的数目都要在主流报纸和广播等媒体中报道……初等教育转移支付都要在每个学校和区中心的公告栏上显示（Reinikka, 1999, 3）。这些结果清晰地反映在一份 1998 年教育部预算调查上，它显示了“在资金流方面巨大的进步”。

政治结果问责带来的收益

通过奖金和道义劝说机制所执行的管理底线增强了以绩效为导向的问责制度。这种问责制度在建立了有效的政治结果责任方法之后将得到进一步的增强。表 2.4 中，包括了实施部内的底线，通过这种方式使得部长（或者同级官员）对部门绩效负责（特别是那些和结果相关的）。这些方法同样和总统绩效相关——总统要惩罚那些行政能力差的官员，并且通过同样的方式来管理下属官员（及他们产出的结果）。

地方层级政治问责制度的方法通常和地方统治立法相连。例如，南非地方政府 1993 年和 1996 年地方政府过渡法案指出了地方政府政客的责任。在某些背景下，责任仅限于遵守预算过程中的规则，但是在其他一些背景下扩展到了道德方面。这种要求在国家层次有时也很明显。在这些国家中，宪法为总统、主要行政人员和其他立法者制定出一套行为准则。这种立法（不管是宪法条文或是公务员法中从属于政客和行政人员的条文）都可以作为创造政治绩效问责收益的方法。例如，总统可以根据法律需要，根据既定合同公开评估部长年度绩效，按之奖惩相应的部长（对高绩效人员因为他们的政策和管理成就给予奖金，而低绩效人员因为他们的执政失误给予罚款甚至撤职）。立法同样要求总统在他的政策绩效方面对选民公开，从而促进以绩效为基础的选举。

结 论

问责制度是所有公共部门财政管理的主题。在基于绩效的改革中，问责制度仍然是核心。对于改革者最重要的问题是，“在将结果导向引入预算的过程中，改革的进程如何（政客和官员对他们的结果负责）？

改革者应该专注改进哪些效果?”

通过介绍南非——这个改革实践最好的发展中国家，本章介绍了通过预算改革建立以绩效为中心的问责制度的难度。确实，改革包含了一个治理（问责）方式的转变进程。在这一进程中，需要经过很多步骤，有很多新的制度需要被建立、需要培养很多能力，从而促进传统的过程和以控制为核心的问责制度，向以绩效为中心的问责制度转变。

南非的例子被认为是最好的实践，部分是由于普遍模型的成功(如 MTEF)，同时也因为在改革顺序上所显示出来的智慧。本章通过追踪中期项目预算中的确认（来回答关于谁在花钱、在哪一方面花钱这样的问题)，从而确认出预算中的产出、衡量方式和目标（从而提供关于机构被期望生产的内容)。然后，指出那些限制了在预算中建立以结果为中心的问责文化与激励政客和官员实现绩效的激励机制发展潜力的问题，以及解决这些问题所需要的方法。在南非的案例中，解决方法包括了把绩效融入预算中的需要；保证预算目标是现实的、相关的和可读的；确认出来谁为绩效负责；引入必要制度确保问责关系（官僚性的和政治性的)。

这些步骤对于其他国家也同样适用。所有打算引进以绩效为中心的预算方法的国家都需要理解引进以结果为中心治理方式所包含的顺序，同时也要知道有效改革的基本点。因为不良的以绩效为中心的改革，还不如好的分项预算体系。Bouckaert 和 Peters（2002）强调了这一点，他说：“实施这种不充分的绩效管理系统能够带来一种错误的安全感和成就感，并在过程中误导资源和活动。不充分的绩效管理将成为现代化进程的阿喀琉斯之踵（致命弱点)”（344)。这一章旨在表达以绩效为中心的问责制度在一些国家的改革正在顺利进行。但是还有很多工作要做，才能保障它能成为货真价实的资产而非负债（或公共部门管理的阿克琉斯之踵)。

本章注释

1. 这两个制度效果反映了制度主义的两个理论方向。社会学分支（政治科学方向）认为制度（特别是规范）形成文化使得特定的行为适当，而经济学分支则认为制度构成交易成本和决策制定及互动过程中的激励。

2. 投入、产出即效益的定义遵循了共同的方法（Hatry，1977；Nayyer – Stone，1999 和 Schaeffer，2000）。同样的定义影响了在弗吉尼亚联邦采用的方法（弗吉尼亚规划和预算部，2002），之后将进行更详细的分析。

3. 世界银行（1998）把南非中期支出框架（MTEF）改革作为一个最佳典范。南非财政部认为，像公共财政管理法案这样的立法，MTEF 是向预算过程中以结果为中心的问责制度改革进程的一部分。

4. 确认的产出包括更加公平地享受基本医疗卫生服务、功能全面的诊所、社区卫生中心和地方政府服务协议规定的基本医疗。

5. 最后一点是在推进改革的社区发展中经常讨论的。当 MTEF 和年度预算不在一起编制和出版时，其通常没有意义。这一过程的发展方面往往和会计、报告、控制的方面明显分离。

6. Andrews（2002）在研究南非地方政府时发现，很多地区支持按照法律要求制定地方计划，但是制定的计划却没有产生实际作用或是用来指导预算（计划制定的方向）。在这种情况下，不正确的绩效目标使得官员注重制定计划而不是提供服务。

7. 文化/激励的论点贯穿整个制度学派的文献（见 Poterba，1996，28 和 Andrews，2002）。在第一个例子中，以结果导向的规则（诸如要求部门领导设定目标）组成了预算审议基准和结构、产生某种（以结果为目标）文化包容和（例如，纯粹控制中心）文化不包容的行为的客观方法。Kaul（1997，15）在评论马来西亚的改革时说："对于质量的考虑和公众担忧的认同成为了这种新文化的组成部分。这就产生了一种可能性，即：公共服务价值系统正在凸显，在这其中质量（更传统的如正直），就被认为是道德而不是规则了。"在第二个结果导向的规则例子中，把绩效和未来的分配和回报联系起来提供了一种特定行为后果的承诺（低绩效导致低回报），这就为特定行为提供了激励（更关注绩效）。

8. 这就克服了认定的子计划和项目由中介代理，花费政府的钱却不对产出负责的问题。现行的方式偏向于说明资金是如何分配到定义特定产出的子计划中去（例如，艾滋病治疗和艾滋病防治），而不是说钱都流向了南非政府艾滋病行动计划（GAAP）、南非国家艾滋病委员会、艾滋病专项拨款、爱生命组织、肺结核——对 NGO 的资助、南非艾滋病疫苗行动等一系列组织。

9. 例如，可以考虑如下情况：一个计划主管官员签订了某一个产出的合同，却没有办法和一个项目官员签订一个相似的合同。那么计划主管没有办法保证他的下属能够高效地工作，因为计划结果和项目结果相连，而计划主管的工作将要和项目官员的工作相联系。

10. 在其他国家政府（比如美国的得克萨斯州）这些激励机制很难引入因为法律限制了政府员工得到回报的数额（法律上的限制对于改革者来说非常重要）。

本章参考文献

Ammons, David N. 2002. "Performance Measurement and Managerial Thinking." *Public Performance and Management Review* 25 (4): 344 - 47.

Andrews, Matthew. 2002. "Fiscal Institutions Adoption in South African Municipalities." Paper presented at the Center for Science and Industrial Research, Pretoria, March15, 2002.

Andrews, Matthew, and Don Moynihan. 2002. "Why Reforms Do Not Always Have to 'Work' to Succeed." *Public Performance and Management Review* 25 (3): 282 - 97.

Berman, Evan. 2002. "How Useful Is Performance Measurement?" *Public Performance and Management Review* 25 (4): 348 - 51.

Bouckaert, Geert, and B. Guy Peters. 2002. "Performance Measurement and Management: The Achilles' Heel in Administrative Modernization." *Public Performance and Management Review* 25 (4): 359 - 62.

Broom, Cheryle, and Lynne A. McGuire. 1995. "Performance - Based Government Models: Building a Track Record." *Public Budgeting and Finance* 15: 3 - 17.

Chiu, Ng Kam. 1997. "Service Targets and Methods of Redress: The Impact of Accountability in Malaysia." *Public Administration and Development* 17: 175 - 80.

Commonwealth of Australia. 2002. "Budget Measures 2002." 2002/03 Budget Paper 2.

Commonwealth of Australia, Canberra. http://www.dofa.gov.au/budget/2002-03/bp2/html/01_ BP2Prelims.html#P40-867.

Fraser-Moleketi, Geraldine. 2000. "Briefing on February 10, 2000." http://www.polity.org.za/ govdocs/speeches/2000/sp0210i.html.

Fuchs, Larry. 1998. "Florida Department of Revenue: The Sharp Side of the Leading Edge." *New Public Innovator* (May-June): 92.

Hatry, Harry P. 1977. *How Effective Are Your Community Services?* Washington, D.C.: Urban Institute.

Jones, David Seth. 1998. "Recent Budgetary Reforms in Singapore." *Journal of Public Budgeting, Accounting, and Financial Management* 10: 279-310.

Kaul, Mohan. 1997. "The New Public Administration: Management Innovations in Government." *Public Administration and Development* 17: 13-26.

Kraan, Dirk-Jan. 1996. *Budgetary Decisions: A Public Choice Approach.* Cambridge, U.K.: Cambridge University Press.

Martin, Lawrence L. 1997. "Outcome Budgeting: A New Entrepreneurial Approach to Budgeting." *Journal of Public Budgeting, Accounting, and Financial Management* 9: 108-26.

Mikesell, John L. 1995. *Fiscal Administration*, 4th ed. New York: Wadsworth.

Mohamad, Mustapha. 1997. "Public Service Management: Management Appraisal, Incentives, and Sanctions." *Asian Review of Public Administration* 1 (January-June).

National Treasury. 2002. Vote 16, Department of Health. "*In Estimates of National Expenditure*, 347-70. Pretoria: South African National Treasury." http://www.finance.gov.za/.

Nayyar-Stone, Ritu. 1999. *Budget Reference Manual for Bulgaria.* Washington, D.C.: Urban Institute. OPPAGA (Office of Program Policy Analysis and Government Accountability, State of Florida). 1997. Performance-Based Program Budgeting in Context: History and Comparison. Tallahassee: State of Florida.

Osborne, David, and Ted Gaebler. 1992. *Reinventing Government.* Reading, MA: Addison - Wesley.

Poterba, James M. 1996. "Budget Institutions and Fiscal Policy in the U. S. States." *American Economic Review* 86 (2): 395 - 408.

Reinikka, Ritva. 1999. "Using Surveys for Public Sector Reform." World Bank PREMnotes 23, World Bank, Washington, D. C..

Schaeffer, Michael. 2000. *Municipal Budgeting Toolkit.* Washington, D. C.: World Bank.

Schick, Allen, 1998. "Why Most Developing Countries Should Not Try New Zealand Reforms." *World Bank Research Observer* 13: 123 - 31.

Shah, Anwar. 2000. "Governing for Results in a Globalized and Localized World." Paper presented at the International Conference on Federalism, Monterrey, Mexico, March. http://www.federalism.ch/FTP - Mirror/summer_ university_ 03/week_ 2/ Shah - governing - for - results. pdf.

Shand, David. 1998. "Budgetary Reforms in OECD Member Countries." *Journal of Public Budgeting, Accounting, and Financial Management* 10 (1): 63 - 88.

Treasury of Malaysia. 2002. "Programme and Performance Budget Estimates Book." http://www.treasury.gov.my/englishversion/f_ 2nd_ penerbitan. htm.

Virginia Department of Planning and Budget. 2002. "Virginia's Planning and Performance Handbook." http://www.dpb.state.va.us/VAResults/HomePage/PMMaterials. html.

Wang, Xiaohu. 2000. "Performance Measurement in Budgeting: A Study of County Governments." *Public Budgeting and Finance* 20: 102 - 18.

Weist, Dana, and Graham Kerr. 1999. "Budget Execution, Monitoring, and Capacity Building." Decentralization Briefing Notes, World Bank, Washington, D. C..

World Bank. 1998. *Public Expenditure Management Handbook.* Washington D. C.: World Bank.

Xavier, John Anthony. 1998. "Budget Reform in Malaysia and Australia Compared." *Public Budgeting and Finance* 18 (1): 99 - 118.

第三章

发展中国家衡量收入绩效的简单方法

Mahesh Purohit

收入绩效是指中央政府或地方政府的税收收入和非税收入的相对变化。它考虑到这种变化的变化率、基数以及与收入来源结构有关的覆盖率，而且还包括与税收来源和非税收来源管理效率有关的问题。

衡量收入绩效的绝对和相对指标需要用到各种概念和技术。为了更清晰地理解这一点，本章首先分析与概念有关的问题。第二部分介绍了评价收入绩效而采用的概念和方法。第三部分则运用推荐的简单方法进行案例分析论证。第四部分是对方法选择及政策命令的总结。

引 言

国家级的研究组织、财政部的智囊团[1] 以及监测国家财政运行健康状况的国际性机构[2] 都致力于分析政府的收入绩效。这些组织将调查一段时间之内政府的收入绩效是否实现了有效增长，政府的税收收入增长率是否高于国内生产总值（GDP）的增长率以及该收入是否足够以支持资本形成、短期内提高经济增长率、中期内经济系统的自动稳定。

对于以上各个方面的研究可以评估一个国家的收入绩效。如果在指定的测试范围内可用收入来源提供的收入逐年增加，那么说明该收入的绩效是令人满意的。收入来源也应该根据不同税基具有收入弹性。另外，也应该促使政府提高支出水平，改善公共服务。

大多数国家政府通过各种来源来增加财力。这些来源包括税收来源和非税收入来源。税收收入来源包括所得税、财产税，以及商品服务税。非税收入来源包括公共企业（包括商业性和非商业性）的贡献、利息收入、经济及财政服务收入、外部转移支付、使用费等以及其他来源。尽管税收收入和非税收入的规模取决于各个收入来源的绩效，但是在大多数的情况下税收收入占了总收入的大部分。当然，直接税和间接税的构成结构也影响了收入绩效的整体表现，同时也揭示了国家如何通过努力把潜在税基最大潜力地开发出来。

在发达国家，生产结构特点取决于大的企业特别是跨国公司。政府可以通过直接税的形式来获得其大部分的税收收入。在众多的税收中，所得税占了很大一部分，一部分原因是这些国家的平均收入很高，另外是因为广泛工资雇佣使得对工资所得税的征收可以通过薪金扣缴所得税，这一制度使得征税成本最小化。正相反，发展中国家更依赖于对商品和服务的征税，国家的税收收入主要来源于这类税种。对收入贡献的大小取决于现有的不同销售税或流转税。在短期内，级联型销售税可以带来较多的收入，而他们对经济的不利影响体现在中期内会降低收入绩效。同时，在大多数情况下，国有企业对自然资源的垄断所带来的盈余也是发展中国家收入的重要来源。

概念和方法

收入绩效可以通过各种各样的方法来衡量。最简单的方法是找出相对于前一年的收入变化，算出相对于基年或者连续多年的百分比。

这种方法可以帮助我们了解收入的增长率。另外一种衡量与税基相关的增长的方法是增长趋势系数或收入弹性系数。该方法考虑了由于税基变化而引起的收入变化。第三种方法是收入努力，有关鉴定政府为了调动资源的努力，比如使税率结构合理化，消除一些多余的、误用的或是令税收结构管理复杂化的规定。最后一种方法是准备建立一个涉及所有相关政府部门收入绩效的综合指数。以上提及的各种方法运用了各种或低级或高级的技术，我们以下将提供详细的结果解释。

增长率法

衡量增长率是衡量收入绩效的最常用，而且也是最重要的一种方法。这种衡量方法需要参照上年或者前一段时间的收入绩效。当参照上年衡量的时候，需要计算相对于上年的变化百分比。采用公式$\Delta R/R$，其中Δ代表与上年相比收入的变化，R 代表收入。本方法就是计算当年收入变化值与上一年总收入的百分比。

在对一段时间的增长率作出统计之后，我们通过以下的回归方程来计算趋势增长率：

$$R = ab^{t} \tag{3.1}$$

其中，$b = (1 + r)$；r 是 R 的增长率，t 的变化范围是 1 – n。通过回归法计算出的增长率用来估计复合增长率。

这是衡量收入绩效的最简单的方法。它可以衡量全部收入也可以用来衡量收入中的某一个部分。但是，它仅仅局限于分析因果关系，即哪些变量影响了增长。这种方法特别适用于价格波动、征税努力、GDP 变动对增长率的影响。

收入增长趋势法

另外一种衡量相对收入增长的办法是计算在 GDP 变化 1% 的情况下收入的百分比变化。这种方法就是我们所说的增长趋势系数或收入弹性。增长趋势是对基础（比如收入）改变，包括税收结构变化产生影响的反应度的衡量。收入弹性是指在税率、税基，以及税收结构范围没有任何自由变化的情况下收入的变化。假设税基为常量（Sahota，1961；Purohit，1978）。

用增长率的方法衡量收入绩效忽略了其他可能影响增长的因素。而收入增长趋势则是相对独立的可量化经济变量，比如国民收入或GDP。收入增长趋势将收入增长率与收入来源基础的增长（通常是指GDP）相联系。本方法把收入增长率归因于对收入税基的反应度（也就是说，收入的正常自动增长归因于税基的增长）。在税基中收入来源的趋势表现了在税基中的相对变化率。它计算在GDP（或者是收入的基础）变化1%的情况下收入的百分比变化。我们可以通过公式$\triangle R/R \div \triangle Y/Y$来表示。如果该系数大于基数，那么我们就说收入有增长趋势。政府部门的收入绩效应当是高产的，产出应该比GDP增长得要快。

收入增长趋势可以通过以下函数形式衡量：

$$R = aY^b \qquad (3.2)$$

将指数形式转化成对数形式，得到：

$$\log R = \log a + b \cdot \log y$$

其中，R表示收入；Y表示GDP；b是收入增长趋势系数。本等式反映了随着GDP百分比变化的收入百分比变化。

相对收入努力法

尽管较高的收入增长趋势系数代表了收入的生产相对增长较好，但是确认此增长是否是由于政府加大力度调度资源引起的非常重要。如果一个国家对于给定的资源投入了更大的努力，收入绩效通常会比较好。

通过相对努力的序数概念来衡量收入努力。在给予影响政府部门努力的因素变量的变化适当的津贴之后，本方法通过与政府部门相应的其他国家部门平均绩效相比，来衡量一个政府部门的收入绩效。衡量收入努力涉及把政府在提高收入中的实际绩效和政府对提高收入绩效的预期作比较。当然，一个国家的收入努力很大程度上决定了提高政府某一个特定部门收入水平增长的幅度。

相对收入努力可以通过两种方法来衡量，即随机方法和非随机方法。随机方法是收入率分析的导数，其中收入率（R_y）是指实际收入（R）和GDP（Y）的比率。在某一个时间，各个国家的收入努力和影响它们税收能力的因素密切相关。也就是：

$$R/Y = f(X_1, X_2, X_3, \cdots X_n) \quad (3.3)$$

其中，X_1 是影响收入创造能力的因素。

这些因素不一定就是税基。建立在收入创造能力和收入努力的基础上的收入努力指数（E）是实际和预期收入率的一部分。如下所示：

$$E = R_y/R_y^* \quad (3.4)$$

其中，R_y = 实际收入；R_y^* = 预期收入。如上计算出的收入努力指数反映了一个国家对该国家收入创造能力的利用程度。

一种衡量收入努力的方法是估计不同国家收入率和他们的创收能力关系的平均值。本方法可以通过回归方法来实现。由此而生的收入率表示了一个国家如果对其能力的应用达到了平均水平时的收入率。实际收入率和预期收入率的对比反映了一个国家的努力程度，是平均水平，还是高于或低于平均水平。

从等式（3.4）中可以看出，收入努力指数可以看做是实际收入收集和潜在收入（一个国家在提高收入平均能力条件下应达到的收入）的比率。为了实现这一等式，以下有许多先验因素是收入创造能力的重要指标：

- 国内生产总值；
- 人口总数；
- 国内生产总值中来自工业和商业部门的收入比重；
- 城市化程度。

这些因素可以用以下关系表示：

$$R/Y = \alpha + b_1 Y/P + b_2 U_i \quad (3.5)$$

其中，Y/P 是人均收入；U 是城市化程度；b 是系数估值。事实研究表明当总收入率由所有的能力因素回归时，人均收入和城市化率是非常重要的因素。它们是许多变化产生的原因。

另一种衡量相对努力的方法建立在衡量国家收入潜力的基础上，

当然也可以通过税收或非税收入的征收实际比率。通过本方法可以把平均实际比率应用于每个国家的潜在税基，从而得到收入潜力。

绩效指数法

尽管增长率、收入增长趋势以及收入努力等参数都反映了一个国家政府或者是下一级政府的收入绩效，但是把不同方法同化非常困难。某些情况下从增长率得出的效果和从收入增长趋势或收入努力中得出的效果不同。所以，准备一个综合指数来衡量一个国家的收入绩效是非常重要的。为了准备这样一个指数，需要用到许多变量，比如以下各项的变化：

- 国内生产总值；
- 人口总数；
- 实际人均税收收入；
- 税收收入；
- 税收构成；
- 非税收入；
- 实际人均收入；
- 税收结构中直接税和间接税的变化；
- 最高个人所得税税率；
- 经济开放程度；
- 最高公司所得税税率；
- 最高营业税或增值税税率。

采用以上各项，菲沙研究所（Fraser Institute）尝试给加拿大各省衡量财政绩效指数（Emes，1999）。收入分指数由 10 个变量组成。这种方法是美国加图研究所（Cato Institute）对美国 46 位长官进行了财政绩效研究得出的（Moore 和 Stansel，1998）。

在以上列出的变量基础上的指数需要考虑各个不同变量的不同权重。该比重是主观性的，任何对权重的改变都会引起指数的变化。

主要因素法

在我们应用这个变量的过程中，我们可以通过采用主要因素法来避免对各个因素的主观判断和权重的主观性。本方法考虑了所有和收入绩效相关的指示变量。

为了检验收入实现和影响收入增长因素之间的因果关系，收入绩效模式可以通过以下关系来表示：

$$Rp = f(x) \tag{3.6}$$

其中，Rp 表示收入绩效；x 表示原因变量的矢量合成。

在以上方法中，很明显，收入绩效是一个由多种因素组成的组合变量。例如，营业税收入受到与贸易和制造业相关的 GNP 的影响。同理可知，农业收入税直接依赖于 GDP 中的农业组成，每个国家注册的机动车辆数直接影响到商品和乘客税额，同时也影响到向机动车辆征收的税额。

另外，一个国家可以通过收入努力改变税率，税基以及对税收的管理。以上这些因素之间都存在着紧密的联系，同时为收入绩效作出了很大的贡献。将各个变量对收入绩效的影响分开是不可能的。这一矛盾令整个系统十分复杂。当一个国家想要提高其收入时，它会调整和调用资源的政策来协调每个变量，因此保持各个独立变量的一致性十分重要。

在研究变量的综合影响时，主要因素法可以起到很大的帮助作用，是普通因素分析法中的特例（Koutsoyiannis，1979）。目的是构造出一系列变量 $x_j s$（j = 1，2，…，k），一些称为主要因素的新变量（P_i）是 xs 的线性组合：

$$Z_j = a_{j1}x_1 + a_{j2}x_2 + \cdots + a_{jx}X_x \tag{3.7}$$

其中，i = 1，2，…p，$p \leqslant k_6$

本方法通过用 x_j 的原始值或其与平均值的离差（载荷）$X_j = x_j - \bar{x}_j$ 或者是标准变量（通过 $z_j = X_j/s_{xj}$ 来计算）。为了方便起见，我们采用后一种方法，这种方法更为普遍（其数字不带单位），可以适用于各种不同单位的变量。

数据库和实证分析

通过列举国家政府和下一级政府的收入绩效实例，本章列举了1992～1998年基于GDP、贸易差额以及人口总数数据基础上，衡量了34个发展中国家的收入绩效。该数据来源于IMF的国际金融统计（IMF，1999a）。有关税收总收入和非征税总收入的数据来自于IMF的政府财政统计年鉴（IMF，1999b），普通定义及分类系统来自IMF适用于各国的政府财政统计指南（IMF，1985）。

衡量这些国家的收入绩效采用了我们以上部分提到过的各种方法，例如，增长率法、增长趋势法，以及主要因素法（MPC），结果如表3.1所示。

表3.1　　选定发展中国家收入绩效（1992～1998年）

国　家	增长率法	增长趋势法	MPC
玻利维亚	19.1	1.22	88.7
博茨瓦纳	11.8	0.84	77.9
布隆迪	3.2	0.34	86.4
喀麦隆	-4.0	0.30	74.6
智利	17.9	1.06	81.4
中国	31.1	1.08	96.5
哥伦比亚	29.3	0.94	95.1
刚果	11.1	0.10	79.0
哥斯达黎加	26.3	1.08	72.4
克罗地亚	33.7	0.82	67.4
多米尼加共和国	18.4	1.16	96.1
埃及	17.6	1.13	92.5
爱沙尼亚	29.7	1.08	75.5
匈牙利	18.4	0.82	80.8
印度尼西亚	18.5	1.03	89.1

续表

国 家	增长率法	增长趋势法	MPC
伊朗	42.9	1.25	57.3
约旦	12.4	1.26	72.1
肯尼亚	21.7	1.17	93.8
马达加斯加	17.5	0.81	75.5
马来西亚	9.9	0.89	95.6
毛里求斯	10.3	0.83	91.8
墨西哥	22.1	0.97	73.1
摩洛哥	9.3	1.39	84.1
尼泊尔	19.8	1.46	82.8
巴拿马	5.1	1.12	76.7
巴基斯坦	14.5	0.35	77.3
秘鲁	33.7	0.53	96.6
菲律宾	15.0	1.19	77.4
塞拉利昂	24.7	1.34	95.3
南非	13.5	0.90	75.0
斯里兰卡	13.3	0.25	87.9
叙利亚	17.3	1.03	87.9
泰国	12.0	1.10	89.4
突尼斯	9.9	0.99	74.2

资料来源：IMF1985，1999a，1999b。

备注：MPC 指的是主要因素法。

从表 3.1 中可以看出，发展中国家的收入增长率可以分为三组。有 6 个国家的增长率低于 10%，18 个国家的增长率在 10% ~20% 之间，另外有 10 个国家已经多于 20%。这说明大部分的发展中国家绩效良好。同时，增长趋势的结果表明增长趋势系数在其中的 19 个国家比较一致。实际上是在增长趋势系数略高的国家和增长趋势系数略低的国家平均分布。主要因素法——通过运用总收入、人口总数、国内生产总值，以及贸易差额（反映一个国家的经济开放程度）等变量表明在大多数的国家变量是通过其中的第一个因素来解释的。

结论和政策建议

收入绩效阐释了通过税收和非税来源收入的相对变化，包括了税率的变化，税基的变化以及管理收入措施的改变。尽管收入幅值取决于每一个收入来源的绩效，直接税和间接税的构成结构也影响了收入绩效的整体表现，如果所给定的收入来源提供的收入逐年增长，那么我们就说收入绩效令人满意。同时也揭示了国家通过努力把潜在税基最大潜力开发利用出来的好坏程度。

衡量收入绩效的方法有很多种。其中一种很重要的衡量方法就是衡量收入增长率。这种方法可以衡量总收入或者是收入中的某个组成部分。计算相对增长最直接的方法就是计算在收入基础变化1%的情况下收入的百分比变化。这种方法就是我们所说的收入增长趋势或收入弹性。总而言之，增长趋势就是指相对于税基（由于税基的增长而产生的收入自然增长）的收入增长率（或反映度）。

另外一种衡量收入绩效的方法是计算一个国家的相对收入努力。衡量收入努力涉及把政府在提高收入中的实际绩效和政府对提高收入绩效的预期能力作比较。一种衡量收入努力的方法是衡量不同政府部门的收入率和他们生产资源能力的关系的平均程度。当然，也可以采用通过税收和非税收征收有效比率的方法来衡量。

还有一种衡量政府绩效的方法是计算综合指数。可以采用如下变量：收入变化、人口总数、实际人均税收收入、税收收入、税收构成、非税收入、实际人均收入、税收结构中直接税和间接税的变化、最高个人所得税税率、最高公司所得税税率、销售税率、天然气税率和城市化程度。在以上变量的基础上，我们可以准备一个综合指数。但是，我们需要注意给予不同的变量以不同的权重。因为该权重的主观性比较大，改变了权重也就改变了指数。

在我们应用这个变量的过程中，我们可以通过采用主要因素法来避免对各个因素的主观判断和权重的主观性。本方法考虑了所有和收入绩效相关的指示变量。在以上方法中，收入绩效是一个由多种因素组成的组合变量。当一国政府想要提高其收入时，它会调整和调用资源的政策来协调每个变量，因此，保持各个独立变量的一致性十分重要。

在研究变量的综合影响时，主要因素法可以起到很大的帮助作用，为了方便起见，我们采用后一种方法，这种方法更为普遍（其数字不带单位），可以适用于各种不同单位的变量。

本章中的结论基于对 34 个发展中国家的收入绩效所作的研究。该结论说明，我们可以用同样的方法来衡量任何单个国家或者是下级政府的收入绩效。同时，也说明我们可以采用一系列变量来为衡量国家的收入绩效构建指数。

本章注释

1. 这种组织在许多国家存在，这些组织有：东京财政货币政策研究所、新德里的国家公共财政政策研究所、加拿大英属哥伦比亚温哥华的菲沙研究所。

2. 这些国际机构包括国际货币基金组织、世界银行、亚洲发展银行等。

本章参考文献

Chelliah, Raja J., and Narain Sinha. 1982. *Measurement of Tax Effort of State Governments* 1973－76. Mumbai：Somaiya Publications.

Dalvi, M. Q., and M. M. Ansari. "Measuring Fiscal Performance of the Central and the State Governments in India：A Study in Resource Mobilisation." *Indian Economic Journal* 33 (4)：106－22.

Emes, Joel. 1999. *Fiscal Performance Index*, 1999. Vancouver：Fraser Institute.

——. 2000. *The Budget Performance Index* 2000：*Comparing the Recent Fiscal Conduct of Canadian Governments.* Vancouver：Fraser Institute.

Hinrichs, Harley H. 1966. *A General Theory of Tax Structure Change during*

Economic Development. Cambridge, MA: Law School of Harvard University.

IMF (International Monetary Fund). 1985. *Manual on Government Finance Statistics.* Washington, D. C.: International Monetary Fund.

——. 1999a. *International Financial Statistics.* Washington, D. C.: International Monetary Fund.

——. 1999b. *Government Finance Statistics Yearbook.* Washington, D. C.: IMF.

Koutsoyiannis, Anna. 1979. *Theory of Econometrics.* London: Macmillan.

Krishnaji, N. 1989. "Measuring Tax Potential—A Note on Ninth Finance Commission's Approach." *Economic and Political Weekly* 24 (February 4): 265 - 67.

Legler, John B., and Perry Shapiro. 1968. "The Responsiveness of State Tax Revenue to Economic Growth." *National Tax Journal* 21 (1): 46 - 56.

Mansfield, Charles Y. 1972. "Elasticity and Buoyancy of a Tax System: A Method Applied to Paraguay." *IMF Staff Papers* 19 (2): 425 - 43.

Moore, Stephen, and Dean Stansel. 1998. "A Fiscal Policy Report Card on America's Governors: 1998." Cato Policy Analysis 315, Cato Institute, Washington, D. C..

Purohit, Mahesh C. 1978. "Buoyancy and Income Elasticity of State Taxes in India." *Artha Vijnana* 20: 244 - 87.

Raghbendra, Jha, M. S. Mohanty, and Somnath Chatterjee. 1995. "Fiscal Efficiency in the Indian Federation." Department of Economic Analysis and Policy, Reserve Bank of India, Bombay, June 19.

Sahota, G. S. 1961. *Indian Tax Structure and Economic Development.* Delhi: Institute of Economic Growth.

第四章

公共支出的评价：公共支出的资助方式重要吗？

Richard M. Bird

经济分析和民众意见经常发生冲突。一个例子是公共部门的收入和支出之间的联系。通常认为预算的这两方面之间应该有一个强力的逻辑联系。例如，如果问到任何国家的一个普通公民，他或她对某项特定的支出增加的可取性的看法，答案通常与他或她认为的支出增加的资助方式有关。同样，虽然大多数人不喜欢税收增加，但是他们的态度又似乎或至少在某种程度上，与他们认为增加税收后资助的对象有关。[1]

民众是正确的。收入和支出有着密不可分的联系。事实上，正如Musgrave（1969a）长期以来强调的，“如果不包括财政过程的收入和支出这两个方面，公共财政理论是不能令人信服的”（797）。然而，尽管存在这种告诫，尽管有上述常理，可是大多数对税收或者支出改变的正式经济分析，传统上仍然假设预算的两方面（收入和支出）发生的改变之间没有联系。本章探讨了在评价公共支出的同时，认真考虑了预算的两个方面可能出现的几个问题。

当然，经济学家们这样做，也是有原因的。生活是复杂的。人们开始理解复杂事物的唯一途径，就是以某种逻辑的形式将其拆解，然后逐一进行分析。例如在分析增加所得税的归宿时，同时也考虑用新收入来源来弥补支出的分配效应，就太混乱了。税收和支出改变的联合归宿（预算平衡归宿）显然是根据支出资金的性质不同而变化，如果我们主要关注税收改变，那就基本不能发现单独税收改变的归宿[2]。如果还考虑到预算改变对宏观经济变量诸如通货膨胀率（具体归宿）的归宿，那就更加复杂了。由于这些原因，在 Musgrave（1959）以后，关注财政归宿的经济学家现在一般分析所谓的税收（和支出）改变的差别归宿——也就是说，假设某个税种改变的同时，也改变某些其他税种，以保持收入和支出的实际水平和实际总需求水平的稳定时，税收和支出改变对收入分配的影响。

在现实中，这种精确的替换几乎从未发生。因此现实世界中的税收改变可能影响支出的水平（和组成），也可能影响宏观经济。分析问题的性质，在分析税收（或者支出）改变的影响时，与上述的三个归宿概念都可能有关。例如，具体归宿分析用于税收增加的同时不增加支出或者不采取措施抵消对总需求的影响时，有关的分配影响问题。同样，平衡预算归宿分析通过增加税收弥补特定的支出增加时，税收增加的分配影响问题（Break，1974）。尽管如此，差别归宿概念是我们直接处理单独税收（或者支出）的分配影响的唯一工具。因此，差别归宿分析在有关税收影响的学术文献中占据主导地位也就不奇怪了。

然而，即使在这种情况下，也没有唯一的答案，因为根据定义，差别归宿是把特定改变的分配影响与其他改变比较，所以结果就取决于相比较的改变的性质。人们可能想到把任何税收改变与平等收益恰好抵消的改变的既不影响分配又不影响拨款决定的完全中性税收（所谓的总额税）相比较。但是因为不可能存在这种税收，所以在实践中，差别归宿分析通常是把建议的税收（或转移支付）改变与全面比例所得税［或偶尔如 Shoup（1969）中其他一般税收，例如统一的增值税］

中的平等收益改变相比较。尽管差别归宿分析有许多概念性和实践性问题，但这仍是我们所能做的最好做法，所以我们还是如此做。

在分析弥补公共支出的其他方式对资源配置效率的影响时，也会出现类似问题。自然地，在传统的经济学文献中，也是以类似的方式尽可能地解决这些问题。虽然这种情况不同于归宿分析，大多数研究者似乎对存在另一种“完全有效”的税收制度的主张少有怀疑。我首先简单提及在评价公共支出时对融资的传统论述，接着提到这种方法在概念和经验应用中出现的几个问题。然后在本章的其余部分，我评论了对特定的公共支出是否和如何获得资助应该考虑的几个问题。虽然这个评论没能得出明确的通行准则，但是很明显在许多情况下，这些问题是关键和不容忽视的，在公共政策领域以及其他领域，更明晰地考虑有关财政制度通常能提高分析的质量。这在本章的最后部分将做简要论述。

主流的传统

对公共资金边际成本的正式分析始于 Pigou（1928），他表示“公共支出的监管应当顾及筹集这些资金所带来的负担”。他在一个非常有功利精神的著名引文中接着说道，“如果把社会比喻为单一个体，政府作为其大脑，那么就应该向所有的方向推动支出，直到最后支出资金获得的满足等于征召政府服务资金而失去的满足”。当然，正如 Pigou 认为的，在这个意义上，没有社会是单一的个体。因此，在实践中政府必须强制性通过税收汲取资源。他认为在确定公共支出的适当水平时，应该明确考虑到这样做的成本——管理和遵从成本以及税收的超额负担或者无谓损失。

人们早就明白，一项特定支出是否值得部分取决于其融资方式。特别是，因为一般来说，征收公共资金的经济成本大于征收到的税款，公共预算的最佳规模小于一个更有效的税收制度下应有的预算规模。这个信息在许多有关公共财政的现代文章中都能找到。例如，Cullis 和

Jones（1992）表示“决策者不理解税收的全部成本……将导致‘过度’政府支出”。Stiglitz（2000）也持赞同观点：“当征税扭曲时，获得公共产品就变得更加昂贵，通常这将意味着公共产品提供的有效水平小于非扭曲性税收时应有的有效水平。”“的确，看来大部分对公共产品供给的理想水平的辩论都围绕着这个问题。有些人认为与税制有关的扭曲不是好事，而另一些人则声称为公共产品而征收额外税收的成本是好事。”[3]

确定征税成本的实证研究始于 Harberger（1964），随后 Browning（1976）和其他人也进行了扩展研究。虽然很难确定这些年来不同作者研究出的许多估计结果之间的确切关系，但是 Ballard 和 Fullerton（1992）还是有效区分了两种相关却截然不同的方法。他们称第一种方法为庇古—哈伯格—布朗宁方法（Pigou Harberger - Browning，PHB），用来估计资金的边际成本（MCF）。另一种方法是被偏重于理论的研究者所青睐的，由 Stiglitz 和 Dasgupta（1971）推出，Atkinson 和 Stern（1974）进一步发展的。正如 Ballard 和 Fullerton（1992）表示的，虽然每种方法使用的术语不同，但是每种方法都基本上估计了同样的事情，可实际上却假设资助的是不同类型的公共支出。传统的 PHB 方法假设供给的公共产品将补偿消费者，因此只有替代效应依然存在，而较现代的方法——使用 Brent（1996，第 9 章）的术语，考虑到公共产品对收入的影响，则假定公共产品并没有对劳动力供给产生影响。当然，现实中，收入效应和劳动力供给的影响通常都伴随着财政变化，所以原则上“MCF 最终不仅取决于税收，也取决于在考虑中政府支出的性质”（Ballard 和 Fullerton，1992）。

尽管有这样的观察结果，公认的惯例还是只注重征税的额外负担。此外，MCF 研究报告的数字往往随着时间的推移而增长。例如，Ballard、Shoven 和 Whalley（1985）提出美国每 1 美元征税，估计的 MCF 范围从 1.17 美元到 1.56 美元不等。使用一种不同的方法，Browning（1987）提出，每 1 美元边际收益估计的 MCF 范围是从 1.10 美元到 4.00 美元。最近，Feldstein（1997）综述和总结了估计美国税收扭曲成本的广泛文献得出结论，“增加每1美元政府支出的总成本，包括收入和超额负担，高达2.65美元。等量地，意味着每1美元收入的边际扭曲成本是1.65美元”。在另一项最近的调查中，Diewert、Lawrence和Thompson（1998）较为谨慎地提出，对税收融资的政府支出，其货币成本中至少应该加上23%的MCF。

在某种程度上，这项工作的初始推动力主要是按照Pigou最初的观察，为评价某项支出增加是否值得提供依据。有趣的是，随着时间的推移，估计税收的边际社会成本主要成了在税收政策改革的范围内考虑的事项（例如Myles，1995）。例如，对发展中国家税收的超额负担的最详细的研究，就几乎完全是在税收政策改革的范围内进行的（Newbery和Stern，1987；Ahmad和Stern，1991）。[4]或许是由于这个原因，大部分公共资金的边际成本估计没有明确地被计入成本—效益或者项目评价工作中。相反，在大多数的对成本—效益分析的处理中（例如，Dinwiddy和Teal，1996），注意力都集中在相关但是不同的资本的社会机会成本问题。这种方法的重点不在于MCF，而在于分别从私人消费和从投资中汲取资源的跨时间后果。[5]

如果资本市场是完美的，政府和私人面对的贴现率是一样的，那么资金来源就是无关紧要的，因为无论如何用于任何项目的资源的机会成本都是一样的。但是如果贴现率不同，正如许多人认为的（也是应该的）那样，抑或如果资本市场不完美，正如发展中国家那样的无一例外，这就是不正确的。因此，一般来说，用于公共产品的资源如若用于投资，那么资金的成本就有可能更高。此外，这些成本的变化取决于被替代的精确投资和支出的性质。从这个角度来看，正如Musgrave（1969a）表示的，贷款融资的项目似乎通常要比税收融资的项目更昂贵，因为贷款融资的项目更有可能替代私人投资。在任何情况下，明确支出的融资方式——通过贷款或者税收（及何种税收），将在某种程度上决定私人消费或者投资是否被替代和被替代的程度。

虽然本书没有综述这个复杂问题，[6]但是对这个问题的不同见解致使不同专家提倡确定公共投资的机会成本和贴现率的不同准则。至少从这个意义上说，在项目分析中，传统上考虑到了收入的性质和支出的可取性之间的联系。不过，总体上似乎可以公平地说，在实践中，支出分析中常用的假设只是把收入方面当作既定的。特别是，尽管这个争论大部分起源于 Pigou 的早期论述，尽管有在公共资金边际成本的情况下作的许多估计，但通常在评估支出时还是不会明确考虑 Pigou（1928）说的，“筹集资金弥补支出所涉及的负担”。

在传统的支出分析中，对这一论点主要的具体认识可能在于普遍假设的，投资项目应该通过贷款融资。[7] 正如 Musgrave（1997）认为的，如果人们要作合理的财政决策，那么就需要能够比较这些决定的收益和成本，这意味着人们必须兼顾要做的支出及其融资方式。如果要做的支出将产生一连串未来的收益，也就是说，在物力或者人力资本方面的投资，那么私人借贷融资的支出就是合理的。对社会而言也是如此。因此，通过贷款融资的公共资本形成与资本预算编制等程序一起，使支出和收益的联系更清楚，这是一种很有用的手段，确保提供公共产品的政治过程能产生预期时间路径的总消费（公共消费加上私人消费）。

如同许多好建议一样，这种单独预算编制的实际做法存在许多不足之处。但是，其原则似乎是合理的：通过税收弥补公共消费，通过贷款弥补公共投资，并且保持这两者各自独立。然而，独立的资本预算早就不被预算专家看好了。正如 Premchand（1993）所说的，多数专家认为资本预算编制早就“过时了”。不过最近他们又表示，即使“以前批判资本预算的国家和政府，现在也看到了资本预算的优点”（Premchand，1998，336），提出“独立资本预算的存在可以被证明是一种有益的制度”。虽然现行的主流观念仍然非常反对这种预算（World Bank，1998），但是这个争论还是有很多值得商榷的地方。同样的，尽管可以适当地把分析的支出项目当作“投资”的组成部分，但是在传统的成本—效益分析过程中将资金来源看作贷款仍然是有争议的——即使是许多发展中国家有从国外来源贷款的情况。

但是，最近 Devarajan、Squire 和 Suthiwart – Narueput（1996、1997）

在传统的组合中引入了一个新的要素，强烈主张在评价需要预算资金净流入的项目时，明确考虑公共资金的边际社会成本。他们为了说明了这一点，引用了最小校正的 Ballard、Shoven 和 Whalley（1985）对美国 MCF 的最低估计——1.17 美元，表示这个成本对有着更局限，通常更扭曲的税收制度的发展中国家，可能会更高。[8] 他们认为，在公共支出项目的评价中如果不明确包括这个“公共财政的影子价格”（Squire，1989），那么就会系统地高估这些支出项目的净现值。因此，正如上文引用的教科书中的判断，公共部门将会不适当地扩张。他们在这个论点上的结论值得全文引用如下：

当……财政成本由于公共产品供给的扩张超出了如果由私人部门供给带来的产出而攀升。财政成本代表了社会为了从政府干预中获益而必须支付价格的逻辑。如果政府没有收取私人部门愿意支付的最高数额的税收，那么就会产生额外的财政成本——转移支付。扩张和转移支付都构成了预算的额外负担。政府在一定程度上必须依赖于（扭曲的）税收，收税就必然伴有实际成本。这些成本，以及公共资金的边际成本，需要尽可能纳入项目评估中。（Devarajan、Squire 和 Suthiwart－Narueput，1997）。

这个结论至少有四点值得指出：

1. 公共支出可能有很好的逻辑，带来无法从私人部门得来的利益，但是公共支出仍然会带来财政成本的增加。

2. 如果不按正确的用户价格收费，那么这个财政成本将更高。

3. 征收额外的资金本身就很昂贵。

4. 评价公共支出时，必须考虑这些成本以及扭曲性税收带来的成本。

所有这些论点都能在 Pigou（1928）的文中找到，如此看来，在某种意义上，我们兜了一圈，又一次明确地回到了公共支出的评价及其融资方式。但是，关于这个方法最近再度流行，特别有趣的是，Harberger（1997）长期倡导的标准惯例，即假定资金的边际来源是在资本市场借贷——这意味着在实践中，这个问题基本上是用贴现率处理的，现在也已经明确接受了经过政府的所有现金流量，至少适用于财政资金的最小影子价格。因此，看来现在项目评价的主要业界人士都广泛接受 Boadway 和 Bruce（1984）说的，“融资的超额负担……应该被列为引进项目的成本之一”。现在看来理论和实践一致了。

但是，在进一步探讨这个明显的一致意见之前，值得提出的是，至少某些世界银行资助的对这个问题的分析，这些年来是在不断演进的。在早前规划的鼎盛时期，如 Kirkpatrick 和 Weiss（1996）说的，政府仍然被看作“发展的引擎”。例如，Adler（1964）实际上主张完全相反的修正，在这个意义上是格外偏重那些能促进公共收入增加的支出。虽然这种被他称作“公共财政的产出原则”主要是就增加产出而论的，他也明确表示优先考虑那些产生较大收入回报的项目，当然前提是正如他似乎已经假定的，把这些额外收入用于进一步提高生产率的公共支出。[9] 换句话说，公共收入很重要，因为认为有一个公共储蓄约束，使得额外的公共收入比额外的私人消费更有价值。照此类推，Squire 和 van der Tak（1975）明确假定额外的政府收入与额外的私人储蓄有同样的价值。在有限的程度上，这种论点有时出现在宏观层面上——例如，对约束公共储蓄的论述。但是，在 Musgrave（1997）强调的公共财政的宏观和微观论述之间不和谐的另一个实例中，这种论点似乎很久以前就已经从传统支出评价方法中消失了。[10]

在承认最近项目分析中 MCF 因子的复兴前，几个重要问题需要进一步讨论：

■ 公共资金的社会边际成本中确切地包括什么？是只包括超额负担吗（Feldstein，1997）？应该也包括管理成本吗（Pigou，1928；Devarajan、Squire 和 Suthiwart－Narueput，1997）？应该进一步扩展到包括征收公共收入中涉及的各式各样的其他成本吗（Usher，1991）？

■ 无论 MCF 是如何定义的，MCF 显然不是一个固定的数字，MCF 也不能独立于特定项目的融资方式。如果税收实现最优化，那么所有税收来源的 MCF 就都是相同的。事实上，正如 Ahmad 和 Stern（1987、1991）在印度和巴基斯坦详细论证的，不同税收的 MCF 有很大不同，甚至有可能小于 1（不论是否使用分配性加权）。因此，正如 Brent

(1996) 表示的，有必要假定边际支出的融资方式与现在一般支出的融资方式相同——正如 Devarajan、Squire 和 Suthiwart - Narueput (1997) 表示的那样，或者对资金来源做一些其他明确的假定 [例如与 Harberger (1972) 有关的传统资金是借来的假设]。

■ 如果正在考虑的支出是由非扭曲的税收资助的 (Ng，2000a)，或者是由收取使用费资助的 (Devarajan、Squire 和 Suthiwart - Narueput，1997)，或者是由负债资助的 (Feldstein，1972)，或者是由专项税款 (Drèze 和 Stern，1987；Squire，1989) 或者其他由地方政府征收的特定税收 (Stiglitz，1994) 资助的，即使除了这些具体情况，最近讨论的要旨明确是如 Brent (1996) 所说的传统观点 (Devarajan、Squire 和 Suthiwart - Narueput，1997) 通过征税获得公共资金的影子价格——即 MCF，"必须大于 1；而在现代方法中可以小于 1"。Ballard 和 Fullerton (1992) 同样总结如下："经济学家应该抛弃税收融资公共产品的边际收益必定超出其成本这个明显的假定"。

■ 最后，把公共收入的效率成本看作成本，而不考虑可能与这些成本有关的任何分配性收益是否正确 (Kaplow，1996)？

本章综合考虑了以上及相关论点。在本章结尾中，简短论述了联系支出和收入的财政制度在确定财政效率时的重要性。

公共资金的边际成本

大多数现实世界的税收制度必然伴有扭曲性成本。正如 Feldstein (1997) 说的，税收可能：(1) 减少劳动力供给；(2) 减少资金供应；(3) 促使用不纳税的附加福利代替现金收入；(4) 引致更多可抵免税项目上的支出，例如慈善和医疗保健支出。Usher (1991) 扩展了这些影响，增加了其他"隐性成本"，例如：征税和提供服务的管理费用，征税导致的隐含成本，和处理这些问题和制约腐败的执行成本。[11] 正如 Usher 表示的，所有这些后面的成本在公共管理欠发达的国家可能更高。但是，正如 Diewert、Lawrence 和 Thompson (1998) 指出，在行为反应最激烈时，税收的超额负担当然也就最高。这可能意味着，在发展中国家更为典型的分散市场中，尽管这些国家的税收制度普遍更加扭曲（非一般结论），其 MCF 亦可能比原本预期的要低。但是，正如 Ahmad 和 Stern（1987，1991）在印度和巴基斯坦详细论证的，MCF 在发展中国家仍然可能要高得多。

对 MCF 的大多数研究，例如 Feldstein（1997），主要或者完全集中在扭曲性税收的超额负担上。有时，正如 Pigou（1928）原来的论述和 Devarajan、Squire 和 Suthiwart - Narueput（1997）在最近的论文中表示的，也提到了管理和遵从成本，但只是点到为止。Alm（1999），如同 Usher（1986，1991）一样，强调了包括逃税成本在内的重要性，Das - Gupta 和 Mookherjee（1998）详细考虑了遵从和执行问题。但是，整体而言，人们很少尝试包含这些成本及其相关的额外过重负担（Collard，1989）到任何正式分析中。然而，这些遗漏并没有一开始看上去那样令人惊讶，因为对这些成本的实证研究非常少（Sandford，1995），在发展中国家除了 Das - Gupta 和 Mookherjee（1998）的研究以外，几乎就没有这方面的研究。

正如 Ballard 和 Fullerton（1992）主张的，原则上，有关的 MCF 既取决于征收的特定税收，又取决于支出的融资方式。例如，Atkinson 和 Stern（1974）论证，正常商品的消费税总有一个净扭曲效应（因为收入和替代效应彼此加强），但是工资税（通过其收入效应促使人们工作更努力）实际上降低了公共资金的边际成本。同样，如果融资的公共支出与征税的活动是互补的，例如公共交通，就也有可能增加劳动力供给，从而减少 MCF，而如果只是替代的（例如，公园），就有可能会降低人们的工作努力，从而增加 MCF。正如 Kaplow（1996）表示的，虽然这些可能重要的影响在评价特定支出时应该考虑到，但是他们似乎不是对支出分析中使用的 MCF 作全面调整的理由。

公共资金总是昂贵吗?

其实，有些人认为对公共收入使用任何统一的 MCF——或者如 Devarajan、Squire 和 Suthiwart－Narueput（1996）所称的“纠正溢价”——都是严重简化的。例如，有三种收入可能具有无负担的神奇特性。第一种是总额税，在理论上以无成本而著称，在实践中通常认为是不存在的。但这显然言过其实。正如 Ng（1987）认为的，有些税种没有替代效应，从而不会伴有超额负担——其实 Henry George（1879）早就表示过。对经济租金或者纯利润的税收有这个特性，人头税（或其他总额税）也是如此。这些税收不可能总被认为是公平的，但却通常更为被认可。例如，某种程度上的土地税（Tideman，1994），在欠完美的市场的对租金利润的征税（Mintz 和 Seade，1991）。而且，从任何特定国家的角度，外国人承担的税收，无论是通过垄断生产者输出，还是对外国所有者征收的级差地租——同样是无负担的（Bruce，1992）[12]。

更重要的是，至少从 Pigou（1920）以来，经济学家早就认为有些税收迫使经济代理人考虑社会成本，从而纠正市场扭曲，提高市场效率。例如，Ballard 和 Medema（1993）在关于污染的模型中，估计了将外部性内在化的庇古税，只有 0.73 美元的 MCF。也就是说，每 1 美元的收入将产生 0.27 美元的额外效益。最近，环境税收方面的文献加强了对这种矫正性税收的“双重红利”形式的认识，即，矫正性税收不但直接提高了资源分配效率，而且也间接地因其产生的收入使更多的扭曲性税收能够被削减（Goulder，1995）。在这种情况，因为通过矫正性税收征收的公共资金的边际社会成本不是正的，而是负的。根据 Pigouvian 起初提出的原则，其隐藏的含义是，公共部门活动的扩大是有道理的。Ng（2000a）由此得出结论，“估计公共支出最优水平的常用方法（不管考虑或者不考虑税收的扭曲成本，将单个边际评价的总和等同于边际成本），有可能会导致一个次优的结果水平”。[13]

最后，因为现在世界上没有哪个国家的税收制度是最优的，因此在任何国家都有许多可能的税制调整减少扭曲，从而降低 MCF。例如，Ahmad 和 Stern（1987、1991）提供了在印度和巴基斯坦改革税收制度带来的潜在效率提高的详细定量估计。在许多国家，能够既产生收入又减少效率损失的税制调整，通常是取消或者减少扭曲投资和储蓄选择的税收优惠。例如 Fullerton 和 Henderson（1989）估计，在美国减少投资税收抵免，将仅有 0.62 美元的 MCF。正如 Kaplow（1998）所说："如果我们通过消除低效的税收漏洞或者通过减少低效的补贴，来为公共产品融资，那么总扭曲效应甚至有可能低于我们使用总额税的情况。"诸如此类的考虑导致 Ballard 和 Fullerton（1992）得出结论："经济学家应该抛开'税收融资的公共产品的边际收益必定超出其成本'这个明显假定。"

即使那些持相反论调的人，例如 Devarajan、Squire 和 Suthiwart－Narueput（1997），似乎也同意了如下观点：当公共部门活动的扩大是通过正确配置的使用费融资时，任何 MCF 调整应该只适用于来自公共预算资助的那部分的净负担。这种从影子价格的世界中排除通过使用费融资的支出是可以理解的。正如人们经常说的，正确设计的使用费，如同任何有效价格一样，从定义上就不会导致超额负担或者扭曲。如 Brent（1996）论述的，"当税收招致的超额负担超过了税收产生的收入，使用费就是替代的资金来源，这可以减少税收的无效率。因此人们可以预期，使用费在 MCF 高时是十分重要的"。

事实上，谨慎地承认类似的幸事甚至可以扩大到其他资金来源，即那些近乎在任何公共服务的受益者及其支付者之间建立一些有意义连接的资金来源。例如，精心设计的专项税，即使其在联系服务的精确使用上，不比精心设计的使用费严格，但其必然伴有的社会效率损失，比非专项税的小（Bird，1997）。在许多方面，好的地方税和专项受益税类似，因为纳税和受益的都是同一群人。同样的推理似乎意味着通过地方收入融资的支出必然伴有的超额负担，通常应该小于普通收入融资的类似支出必然伴有的超额负担（Kaplow，1996）。显然，专项税和地方财政的实例都没有使用费的实例有说服力，因为受影响的人群中可能有许多受益和负担的差别，因而存在一些扭曲。[14]尽管如此，仍然推定来自正确设计的地方税收和专项受益税的资金，其 MCF 必然低于普通资金的融资，正确设计的使用费意味着资金的影子价格与名义价格相等。

这个结论中的关键词是正确设计。正如最近强调的（Thirsk 和 Bird，1993；Bird，1997；Bird 和 Tsiopoulos，1997），在实践中，即使是在发达国家，大多数使用费和专项税都是远低于这个标准。例如加拿大的城市供水价格，Renzetti（1999）的研究表明，不但调查的 77 个市政公用事业中每一个的边际成本都超过价格，而且，除此之外，不出所料这个抑价的结果是显著的过度消费。产生这个结果的一个原因是住宅供水通常没有计量。另一个原因是成本会计不完整。第三个原因是应用的定价规则“与供应饮用水和处理废水的经济成本没有太大关系”（Renzetti ，1999）。结果是使用费资助的供水和废水处理服务，与其相关的超额负担估计很高，从每 1.00 加元非居民用水收费的 0.42 加元到废水处理收费的高达 6.39 加元。因为水价是公共部门使用费最完善的形式之一，加拿大又是一个高度发达的国家，所以，如果期望发展中国家的实际使用费制度能有更好的结果，就似乎过于不切实际了。

在许多国家存在的另一个严重问题是，即使是来自正确设计的使用费的收入，也通常没有通过预算过程与有关的支出明确联系。正如 Bird 和 Tsiopoulos（1997）强调的，这种联系是任何好的使用费构成的一个至关重要的制度特征。正如 Thirsk 和 Bird（1993）论证的，专项受益税也是如此。现在似乎应该反思预算专家对上文提到的有关资本预算编制，传统上不愿意容忍专项预算的原因了。过去在一些国家，这种资本预算编制做法公认地造成了许多弊病，但是不应该就此排除将来对更加明确的收入支出联系的更仔细的考虑。这些联系不但在民主环境对确定良好的政策成果是必须的，这些联系也被证明是满足人民——州政府所宣称的服务对象的偏好，使其享有更多政策决定权的重要途径。

分权是现在世界各国使用的主要方法之一，可以部分实现这个目标（Burki 和 Perry，2000）。对地方政府的决策分权并不稀奇，这些决策由地方出钱，原则上类似于将决定权下放给收取使用费的公共企业或是收取受益税的专门机构，例如道路基金。使用费和受益税可能出现的问题与地方税可能出现的问题类似。除了土地税之外，所有其他形式的地方税都可能导致扭曲成本的产生，但是可以通过限制可能的税率变化范围等措施降低这些扭曲成本的规模（Bird，2000）。类似的论述也适用于许多受益税，甚至那些有“市场矫正”作用的燃油税。Hughes（1987）认为，虽然燃油税在发展中国家可能通常是累进的，但是也可能导致效率损失。尽管较高的燃油税有减少机动车在拥挤的城市地区使用的矫正效应，但是类似的减少机动车在农村地区的使用就有可能产生负面效应。

效率与公平

最后，几乎所有对 MCF 问题的研究都忽视了分配性问题。这些研究要么是在不存在分配问题的单一消费者（或者代表性消费者）框架下进行的，要么就是如 Ballard 和 Fullerton（1992）明确假定，所有纳税人都平等，也是被同样对待的。虽然由此简化现实的必要在分析上是可以理解的，但是世界不是这样运转的。必须认真考虑得到分析结论所使用的假定的真实性，如果有必要，对结论作调整，然后才能把结论适用于现实世界中的政策问题。

最近 Kaplow（1996）在一篇重要论文中提出的一种截然不同的方法得出了一个完全不同的结论。他辩称，事实上在评价公共支出时，对待税收扭曲成本的最好的一般方法就是忽略它—也就是说，平等对待公共资金的社会边际成本和公共资金的名义成本。换句话说，即征收额外公共收入的经济成本。在他的分析中，这一经济成本恰好等于收入。他论述中的关键是他假定税收的扭曲成本，在大多数情况下，是反映了通过税收制度再分配收入的意图。[15] Kaplow（1996）论述在这种情况下：

众所周知，对公共产品和税收调整的总体改革导致扭曲，从而不能提供指导，因为扭曲的存在与更大的再分配相关。净效应的好坏取决于先前存在的再分配的程度和决策者对再分配最优化程度的判断。

这个论述随后被 Browning 和 Liu（1998）强烈批判为过分低估了税收的扭曲成本。无论如何，这显然都是夸大其词了—尤其是对发展中国家，因为许多扭曲不可能与任何分配性项目的相关。尽管如此，正如 Ng（2000a）论证的，这个论述不仅有说服力，而且即使是 Feldstein（1997）和其他人提到的那样高的成本也完全兼容。

虽然解释的恰当程度主要取决于要分析的具体情况，但如下这个显然自相矛盾的结果可以被简单解释：即可能有一个税收有高边际超额负担，但是不必要也不应该在支出分析中被考虑。本质上 Kaplow（1996）论述的是通常最好的程序—与 Devarajan、Squire 和 Suthiwart - Narueput（1997）最近提出的，Harberger（1997）接受的立场正相反，是对 MCF 不作任何调整。相反，Kaplow 假定资金的来源是个人所得税调整，从而大致抵消每个收入水平的个人从公共产品的受益。他认为，当征收这种受益税时，就没有必要调整扭曲成本了，因为根据定义就不会有任何扭曲。

至此，这只不过是上文提到的更具体的受益税论述的变形（也被类似的限定条件约束）。但是，Kaplow（1996）继续说道，要实现这个结果，需要的不是调整为单个人偏好的纯受益税，而是更可行的根据收入水平的受益税。虽然在这样一个制度下仍然存在再分配，但这是在同一个收入群体内根据个人偏好的再分配，因此，他认为，不可能对劳动力供给有显著的扭曲效应。[16]他进一步论述，因为似乎有理由相信，任何国家在任何时期内实行的税收制度，反映了某种相对稳定的分配均衡，所以有理由假定，总体来说，税收的边际变化相对分配性中立。

当然，由于不同程度地使用了其他的融资形式，因而可能出现效率损失。即使如此，Kaplow 认为，在许多情况下这些成本将被再分配性收益抵消。正如他在其他地方写的："如果一种确认的融资方法涉及更大的扭曲……这正是因为那种融资方法涉及更大的再分配"（Kaplow，1998，124）。这种论述最适用于累进的所得税，因此在这些税种不那么重要的国家中就似乎不大可行。尽管如此，Kaplow（1998）的观点"完全专注于所得税的扭曲成本，而忽略再分配性税收存在的理由是实现收入再分配"的做法是错误的结论，可以确信完全正确（P. 124）。[17]正如没有扭曲成本的合理总额税，例如人头税—可能就分配来说被认为是不可取的。由此累进所得税的增加，即使明显增加了扭曲，也可能被认为是值得的。当然，这种推理也表明，如果资金的来源既造成了效率损失，又对穷人造成了不利影响，例如多种特许权税，[18]那就是加倍的不可取了。

理解这里论述的问题十分重要。问题不在于征收公共资金是否伴有真实的、有时很大的效率成本。但是这些成本产生的事实，并不意味着就应该使用财政资金的影子价格计算一个可以接受的项目的成本效率。正如 Kaplow（1996）论证的，如果资金来自（好的）受益税，那么根据定义影子价格和名义价格是相同的。如果资金来自其他税种，那么只要这些税种的分配效应被认为是可取的，这些税收就仍然可能被认为是值得的。但是正如 Ng（2000a）正确指出的，Kaplow 的分析没有论及前面提到的扭曲性成本。如 Feldstein（1997）提到的导致低效的支出选择，或者 Usher（1991）提到的导致逃税和由此带来的实施成本。尤其在发展中国家，后一种形式的扭曲看来仍然非常重要。况且这些国家的税收制度无论是在意愿上还是在结果上，都更不可能被认为有很强的再分配性（Chu、Davoodi 和 Gupta，2000），这种考虑表明在这种环境中，对 Kaplow 的分析应该谨慎看待。

最后，Ng（2000b）引出的一个额外论述值得简要提及。从人类幸福的角度—这个角度，虽然看来和大多数经济学家的日常工作不沾边，但其实是经济分析的基础，经常有人指出，相对收入通常和绝对收入同样重要（如果不是更重要）。许多支出都可能影响相对收入，例如，通过供给"地位性商品"（Hirsch，1976）如教育（公共支出）和汽车

（私人支出）。从逻辑上讲，支出的边际收益应该包括这些或正或负的相对收入效应。正如 Galbraith（1958）早就指出的，总的来说，不这样做就倾向于使得私人支出在福利方面看起来比实际上相对更有益，公共支出相应地更缺乏吸引力。虽然在项目分析中，考虑这些相对收入效应似乎不太可行或者不太可取，但是这个考虑又使得人们怀疑把任何一般 MCF 原则适用于这种项目分析中的合理性。

维克塞尔（Wicksellian）关联

本章探讨了在公共支出评价中如何处理融资问题的广泛见解。本章考虑了三个问题。第一，在支出评价中应该明确考虑公共财政的影子价格吗？第二，如果应该，如何估计这个影子价格？第三，不管对第一个问题如何回答，在多大程度上需要注意支出和收入之间的制度联系？—Breton（1996）称之为在有效公共部门治理中占据核心地位的维克塞尔关联。

正如上文所讨论的，对第一个和第二个问题的回答决不简单，不会轻易依从简单原则。例如，当一个项目的资助可以牢固地连接到一个正确设计的受益费用（使用费，专项受益税，或者在一些情况下的贷款融资）或者连接到一些其他形式的无负担财政调整（例如土地税、庇古税，或者减少扭曲的税收“激励”），采用 MCF，即财政资源的影子价格纠正，似乎是不恰当的。即使预算资金的可能来源于明显扭曲的税收制度，适用的确切纠正水平须对该税收制度的性质、预期的税收调整的性质及融资支出的性质敏感。至少在某种程度上，与税收融资有关的扭曲可能反映了社会的分配目标。可以这样说，其在现实中不应该用来不适当地限制公共部门活动的范围和水平。

尽管所有这些考虑，Devarajan、Squire 和 Suthiwart - Narueput（1997）的建议实际来看也许是对的，即至少一个最低的 MCF 纠正可能通常是需要的，除非有某个非常好的理由不做这样的纠正。一个有用的类比可以是把例行或习惯性决定与非例行或独特决定比较。我们大多数人在生活中使用经验法则和传统习惯来应对日常事务，正如 Simon（1959）认为的，鉴于获取和处理信息的成本，我们如此做通常是有效率的。因为大多数支出有可能是通过一般收入融资的，MCF 纠正大约 20% 的幅度，不会有任何害处，还可能稍微制衡一些不可避免地夸大具体项目好处的趋势。当情况明显不同时，我们可以也应当区别对待。例如，当支出是由精心设计的专项收入来源融资时。

更根本的，可能最重要的教训出现在简短回顾与上文提到的第三个问题有关的一些复杂问题时。这里，答案似乎很清楚：在公共部门的应用经济分析中，应该更加注意支出和收入之间的联系，而不是规则和时间。在前面讨论的过程中已经提到了这样几种联系：（1）用于公共服务的使用费或者价格费用；（2）专项受益税；（3）用于地方公共服务的地方税收；（4）用于一般公共产品的所得税；（5）投资项目的债务融资；（6）适当的预算编制程序（例如，有关资本预算和专项基金）。这里没有进一步阐述这些论点，结论中我评论了本次讨论中基础的一般规范性框架，及其对实证政策的影响。

第一，融资很重要。其重要性在于两个不同的原因。首先，一个项目如何融资，可能并且应当影响其预期的净收益的现值，由此我们才知道这个项目是否值得做。实际上这也是经济分析家们主要关注的，正如上文所述，经济分析家们面对的一项艰巨任务，是确定不同来源的融资成本—更不用说是否和如何在进行定量分析中考虑这些成本。

第二个关注公共支出融资的原因是更基本的，触及了公共经济学的核心问题的实质：政府应该做什么？正如 Devarajan、Squire 和 Suthiwart - Narueput（1997）正确强调的，确定政府该干什么密不可分地与政府的工作如何融资相纠缠。但没有被充分强调的是：（1）正确处理效率成本是与分配问题密切相关的；（2）确定政府该干什么，对确保支出和收入决定之间的联系，并尽可能明确地建立在预算和政治进程中，是至关紧要的。正如 Musgrave（2000，pp82～83）所说：

确定最佳结果很简单，如何实现这个结果才是关键问题。这种规范和操作分析之间的联系是 Wicksellian 模型的核心。因此它既不同于把已知边际收益和成本等同的庇古预算编制方法（Pigou，1928，chapter VII），也不同于通过一个无所不知的仲裁者决定资源的最佳分配的萨缪尔森构想（Samuelson，1954）。

分配问题的讨论见上文 Kaplow（1996）讨论的有关不做 MCF 纠正的论述，他认为不做 MCF 纠正的理由是这些扭曲只是为实现政治体的分配目标而付出的成本。在许多发展中国家普遍存在很不完善的民主和高度扭曲的税收制度下，Kaplow（1996）的论述是否有意义，我持怀疑态度。尽管如此，其论述的思路还是值得注意的。毕竟，正如 Wicksell（1896）在一百年前就论述了的，从历史的角度来看，Kaplow（1996）实际上论述的只是说，公共部门如果得到了有效资助，那么公共部门就一定能作出有效的分配决定—也就是说，通过受益税［或通常沿袭 Wicksell 的学生提出的“林达尔价格”Lindahl（1919）］。但是 Wicksell 进一步表示，只有当社会已经调整收入和财富的分配到了符合政治上可以接受的公正的收入分配时，这种融资模式才可能在规范性和政治上被接受。Kaplow（1996）做了一个很类似的论述，他不无道理地主张，有理由认为任何建议的新支出都将通过基本分配中立的方式融资，在这个意义上，公共财政体系中的既定分配妥协，将不会受到很大干扰。[19]

在许多方面，融资问题的核心是如何做才能使维克塞尔关联可操作。顾及公共支出的融资问题，把融资问题计入到项目评估中，这不可能也不应该简单地由一个（不存在的）无所不知的观察者，基于对现状的公正权衡，决定什么对社会最有利，尤其不能对其他人的社会最有利。倒不如说，这是在任何社会要作出良好预算决定过程中的一个重要组分，以反映人们真实偏好且切实可行的决定。“良好”分权的大部分理由在 Bird（1993、2001）的文中早就做了准确论述—即，增加权力链问责的分权。

这对于上文讨论的用于更紧密连接融资和支出决定的所有其他措施也是正确的。例如，使用费融资或者资本预算并不总是优于一般资金融资和预算。确实，正如 Devarajan、Squire 和 Suthiwart – Narueput

（1997）所描述的，在许多情况下，这种做法产生的结果，可能还不如那些认真构思和执行的全面预算制度，以及一个统一适用的支出评价体系产生的结果。但是，正如分权化的某些措施经常被错误执行，毫无疑问的是，这些措施如能被正确执行，这些措施产生的结果就与社会的意愿和资源更协调。

对这个最后的论点的另一种说法是，Devarajan、Squire 和 Suthiwart - Narueput（1997）正确地强调了认真指出"适当逆向"对好的支出分析的重要性，并且认为这决不是一件容易的任务。事实上，我认为：（1）指出公共部门融资适当逆向的重要性和难度是同样大的；（2）在某些（可能是许多）情况下，逆向分析可能表明不适合在预算流中自动适用 MCF 纠正；（3）在许多方面最重要的是，正确地思考支出和收入之间的联系，不只对好的项目分析至关重要，而且更是好的政府的根本。

产生好结果的关键不在于任何具体的预算或融资程序，而在于实施的公共财政体制，最大程度地连接具体的支出和收入决定，以及尽可能公开透明。也许有些奇怪的是，在评价附加支出建议时，是否考虑公共资金的影子价格，这个考虑让我得出结论—除非是准备采用站不住脚的萨缪尔森主义道德观察者的方法，应该做什么的最终决定者应该是那些最直接受影响的人们，因为确保相关决策者作出正确决定的最好途径就是确保决策者和所有那些受影响者都尽可能意识到所有的相关后果。

本章注释

1. 当然，政治家是充分意识到这个联系的，证据就是这些年征收的许多税都被加上"好"名称的标签，如医疗、教育、国防。

2. 借鉴以前的思想，一个有力的论述是，事实上我们应该主要关注税收调整和相关的支出变化的组合效应，见 Black（1939，第 10 章）。

3. 有趣的是，尽管显然 Stiglitz（2000）很重视这个问题，但是在他 800 页的教科书中没有提到对美国的这些扭曲成本的定量研究。

4. 最近的文献综述，见 Auriol 和 Warlters（2001）指出的估计的极端多变性。

5. 例如，Drèze 和 Stern（1987）明确说"当项目是一般收入融资……就不必分开考虑单个项目是如何融资的"。但是，他们继续说到如果有专项税，那么模型中就应该引入明确的"边际限制"。

6. 例如，最近的有用的综述见于 Layard 和 Glaister（1994）、Boardman 和 Greenberg（1998）。

7. 当然这个论述是在 Barro（1974）推广的所谓的李嘉图等价观点之前，断言理性的人们不会在乎税收融资和债务融资的差别，因为债务融资下债务负担的现值恰好等于他们被估定将要征的税。实现这种等价所需的苛刻假设在任何发展中国家，或者任何国家都是不现实的。

8. 例如，正如 Dasgupta 和 Stiglitz（1974）早就论述的，在许多小的发展中国家占收入系统主要地位的贸易税，通常是高度扭曲的。在早期的一篇文章中，Devarajan、Squire 和 Suthiwart – Narueput（1996）引用了 Browning（1987）的估计。他们在后期的文章中引用了另一种方法得到的估计，不清楚这种改变是否反映了对某种估计 MCF 方法的偏好。

9. 正如 Brent（1996）指出的，常用的方法忽略了收入反馈，因为假定的是—有时明确地，如 Mayshar（1990），没有收入反馈。但是这种假定未必符合现实。正如 Brent 继续指出的，在一定程度上某些收益累积为政府的额外收入，这可以说是通过允许降低税率产生了"超额收益"，从而减少了扭曲成本。当然这个论点类似于 Devarajan、Squire 和 Suthiwart – Narueput（1996）提到的使用费。

10. 尽管如此，Devarajan、Squire 和 Suthiwart – Narueput（1996）有些奇怪地使用了公共收入溢价的旧术语，虽然他们清楚地提出这个溢价只适用于来自（正确设计的）价格的收入，对溢价的衡量是没有考虑扭曲税收成本。Devarajan、Squire 和 Suthiwar – Narueput（1997）为避免造成混乱而强调了 MCF，见 Kirkpatrick 和 Weiss（1996，10）的评论。

11. 可能应该指出在考虑逃税者福利——或者有时是避税者，如 Musgrave（1992），更不要说腐败官员福利的有限文献中，关于是否应该在总结政策行动净社会效益时顾及这些人的福利有很大分歧。在这个环境中，简单区分金钱转移和实际资源成本是不够的，因为问题在于结果的社会评价，如后面指出的，分配公平是社会关注的问题。

12. 例如 Starrett（1988，188）指出，如果政府能输出税收，MCF 就可能小于 1。

13. 但是，正如 Sandmo（2001）指出的，还远不清楚“环保税”是否能使得 MCF 小于 1，即使他们是资金的唯一来源。Sandmo 正确论述道，通常 MCF 的纠正外部性税收的含义关键取决于市场的相互作用的性质。但是，应该指出，他的有趣论述中明确关注的是，定义 MCF 使之对所有从一般税收融资的项目（有公共产品性质的）都是同样的。这不是本章选取的角度。

14. Kaplow（1996）断言这实际上是一个“横向不平等”（519）问题，但是似乎不对，因为明显不能假定，例如，所有在同一地方的人在政策调整前后都有平等的收入（或公用事业水平）[最近对横向不平等意义的有趣讨论，见 Kaplow（1989、1992）和 Musgrave（1990、1993）之间的争论]。

15. 其他对 MCF 效应的论述应该包括一些抵消分配收益的措施，见 Sandmo（1998）和 Dahlby（1998）。

16. Ng（1984）在相关文献中做了一个有些类似的论述。

17. Stiglitz（2000）做了一个同样精辟的评论：“由于我们处在一个政府只能观察到不完美的个人特征的世界中（533），因此使用扭曲税收是我们要实现收入再分配的一个不可避免的结果”。

18. Hughes（1987）分析了煤油税的一个例子。

19. 以同样的方式，Head 和 Bird（1983）指出了税收制度的准宪法性质。更广泛地，这个论述可能是与 Musgrave（1969b）的长期立场有关，即分离公共部门决定的资源配置和收入分配层面，对于理清思路是必要的。

本章参考文献

Adler, John H. 1964. “Fiscal Policy in a Developing Economy.” In *Readings on Taxation in Developing Countries*, ed. Richard M. Bird and Oliver Oldman, 31 – 58. Baltimore: Johns Hopkins.

Ahmad, Ehtisham, and Nicholas Stern. 1987. “Alternative Sources of Government Revenue: Illustrations from India, 1979 – 80.” In *The Theory of Taxation for Developing Countries*, ed. David Newbery and Nicholas Stern, 281 – 332. New York: Oxford University Press.

——. 1991. *The Theory and Practice of Tax Reform in Developing Countries.* Cambridge, U. K. : Cambridge University Press.

Alm, James. 1999. "What Is an 'Optimal' Tax System?" In *Tax Policy in the Real World*, ed. Joel Slemrod, 363 - 80. Cambridge, U. K. : Cambridge University Press.

Atkinson, Anthony B. , and Nicholas H. Stern. 1974. "Pigou, Taxation, and Public Goods." *Review of Economic Studies* 41: 119 - 28.

Auriol, Emmanuelle, and Michael Warlters. 2001. "Taxation in Developing Countries: Theory and Evidence." Draft paper for the International Seminar in Public Economics, Cornell University, Ithaca, New York, September.

Ballard, Charles L. , and Don Fullerton. 1992. "Distortionary Taxes and the Provision of Public Goods." *Journal of Economic Perspectives* 6: 116 - 31.

Ballard, Charles L. , and Steven G. Medema. 1993. "The Marginal Efficiency Effects of Taxes and Subsidies in the Presence of Externalities: A Computational General Equilibrium Approach." *Journal of Public Economics* 52 (2) : 199 - 216.

Ballard, Charles L. , John B. Shoven, and John Whalley. 1985. "General Equilibrium Computations of the Marginal Welfare Costs of Taxes in the United States." *American Economic Review* 75: 128 - 38.

Barro, Robert J. 1974. "Are Government Bonds Net Wealth?" *Journal of Political Economy* 82: 1095 - 1117.

Bird, Richard M. 1993. "Threading the Fiscal Labyrinth: Some Issues in Fiscal Decentralization." National Tax Journal 46: 207 - 27.

——. 1997. "Analysis of Earmarked Taxes." *Tax Notes International* 23 (June) : 2095 - 116.

——. 2000. "Subnational Revenues: Realities and Prospects." In *Decentralization and Accountability of the Public Sector*, ed. S. J. Burki and G. Perry, 319 - 38. Proceedings of the Annual World Bank Conference on Development in Latin America and the Caribbean 1999. Washington, D. C. : World Bank.

——. 2001. *Intergovernmental Fiscal Relations in Latin America: Policy Designs and Policy Outcomes.* Washington, D. C. : Inter - American Development Bank.

Bird, Richard M. , and Thomas Tsiopoulos. 1997. "User Charges for Public

Services: Potentials and Problems." *Canadian Tax Journal* 45: 25 – 86.

Black, Duncan. 1939. *The Incidence of Income Taxes.* London: Macmillan.

Boadway, Robin W., and Neil Bruce. 1984. *Welfare Economics.* Oxford, U. K.: Basil Blackwell.

Boardman, Anthony E., and David H. Greenberg. 1998. "Discounting and the Social Discount Rate." In *Handbook of Public Finance*, ed. Fred Thompson and Mark T. Green, 269 – 319. New York: Marcel Dekker.

Break, George F. 1974. "The Incidence and Economic Effects of Taxation." In *The Economics of Public Finance*, ed. Alan S. Blinder, Robert M. Solow, George F. Break, Peter O. Steiner, and Dick Netzer, 119 – 237. Washington, D. C.: Brookings Institution.

Brent, Robert J. 1996. *Applied Cost – Benefit Analysis.* Cheltenham, U. K.: Edward Elgar.

Breton, Albert. 1996. *Competitive Governments.* Cambridge, U. K.: Cambridge University Press.

Browning, Edgar K. 1976. "The Marginal Cost of Public Funds." *Journal of Political Economy* 84: 283 – 98.

——. 1987. "On the Marginal Welfare Cost of Taxation." *American Economic Review* 72: 11 – 23.

Browning, Edgar K., and Liqun Liu. 1998. "The Optimal Supply of Public Goods and the Distortionary Cost of Taxation: Comment." *National Tax Journal* 51: 103 – 16.

Bruce, Neil. 1992. "A Note on the Taxation of International Capital Income Flows." *Economic Record* 68: 217 – 21.

Burki, Shahid Javed, and Guillermo Perry, eds. 2000. *Decentralization and Accountability of the Public Sector.* Proceedings of the Annual World Bank Conference on Development in Latin America and the Caribbean 1999. Washington, D. C.: World Bank.

Chu, Ke – young, Hamid Davoodi, and Sanjeev Gupta. 2000. "Income Distribution and Tax and Government Social Spending Policies in Developing Countries." IMF Working Paper WP/00/62, International Monetary Fund,

Washington, D. C..

Collard, David. 1989. "Compliance Costs and Efficiency Costs of Taxation." In *Administrative and Compliance Costs of Taxation*, ed. Cedric Sandford, Michael Godwin, and Peter Hardwick, 273 - 77. Bath, U. K.: Fiscal Publications.

Cullis, John, and Philip Jones. 1992. *Public Finance and Public Choice.* London: McGraw - Hill.

Dahlby, Bev. 1998. "Progressive Taxation and the Social Marginal Cost of Public Funds." *Journal of Public Economics* 67: 105 - 22.

Das - Gupta, Arindam, and Dilip Mookherjee. 1998. *Incentives and Institutional Reform in Tax Enforcement.* Oxford, U. K.: Oxford University Press.

Dasgupta, Partha, and Joseph E. Stiglitz. 1974. "Benefit - Cost Analysis and Trade Policies." *Journal of Political Economy* 82: 1 - 33.

Devarajan, Shanta, Lyn Squire, and Sethaput Suthiwart - Narueput. 1996. "Project Appraisal at the World Bank." In *Cost - Benefit Analysis and Project Appraisal in Developing Countries*, ed. Colin Kirkpatrick and John Weiss, 35 - 53. Cheltenham, U. K.: Edward Elgar.

——. 1997. "Beyond Rate of Return: Reorienting Project Appraisal." *World Bank Research Observer* 12: 35 - 46.

Diewert, W. Erwin, Denis A. Lawrence, and Fred Thompson. 1998. "The Marginal Cost of Taxation and Regulation." In *Handbook of Public Finance*, ed. Fred Thompson and Mark T. Green, 135 - 71. New York: Marcel Dekker.

Dinwiddy, Caroline, and Francis Teal. 1996. *Principles of Cost - Benefit Analysis for Developing Countries.* Cambridge, U. K.: Cambridge University Press.

Drèze, Jean, and Nicholas Stern. 1987. "The Theory of Cost - Benefit Analysis." In *Handbook of Public Economics*, vol. 2, ed. Alan J. Auerbach and Martin Feldstein, 909 - 89. Amsterdam: North - Holland.

Feldstein, Martin. 1972. "The Inadequacy of Weighted Discount Rates." In *Cost - Benefit Analysis*, ed. Richard Layard, 245 - 69. Harmondsworth, U. K.: Penguin Books.

——. 1997. "How Big Should Government Be?" *National Tax Journal* 50: 197 - 213.

Fullerton, Don, and Yolanda K. Henderson. 1989. "The Marginal Excess Burden of Different Capital Tax Instruments." Review of Economics and Statistics 71: 435 - 42.

Galbraith, John Kenneth. 1958. *The Affluent Society.* London: Hamish Hamilton.

George, Henry. 1879. *Progress and Poverty.* Reprint, New York: Robert Schalkenbach Foundation, 1979.

Goulder, Lawrence. 1995. "Environmental Taxation and the 'Double Dividend': A Reader's Guide." *International Tax and Public Finance* 2: 157 - 83.

Harberger, Arnold C. 1964. "The Measurement of Waste." *American Economic Review* 54: 58 - 76.

——. 1972. *Project Evaluation: Collected Papers.* London: Macmillan.

——. 1997. "New Frontiers in Project Evaluation: A Comment on Devarajan, Squire, and Suthiwart - Narueput." *World Bank Research Observer* 12: 73 - 79.

Head, John G., and Richard M. Bird. 1983. "Tax Policy Options in the 1980s." In *Comparative Tax Studies*, ed. *Sjibren Cnossen*, 3 - 29. Amsterdam: North - Holland.

Hirsch, Fred. 1976. *Social Limits to Growth.* Cambridge, MA: Harvard University Press.

Hughes, Gordon. 1987. "The Incidence of Fuel Taxes: A Comparative Study of Three Countries." In *The Theory of Taxation for Developing Countries*, ed. David Newbery and Nicholas Stern, 533 - 59. New York: Oxford University Press.

Kaplow, Louis. 1989. "Horizontal Equity: Measures in Search of a Principle." *National Tax Journal* 42: 139 - 54.

——. 1992. "A Note on Horizontal Equity." *Florida Law Review* 1: 191 - 96.

——. 1996. "The Optimal Supply of Public Goods and the Distortionary Cost of Taxation." *National Tax Journal* 49: 513 - 33.

——. 1998. "A Note on the Optimal Supply of Public Goods and the Distortionary Cost of Taxation." *National Tax Journal* 51: 117 - 25.

Kirkpatrick, Colin, and John Weiss. 1996. "Cost - Benefit Analysis for Developing Countries." In *Cost - Benefit Analysis and Project Appraisal in Developing*

Countries, ed. Colin Kirkpatrick and John Weiss, 3 – 23. Cheltenham, U. K. : Edward Elgar.

Layard, Richard, and Stephen Glaister, eds. 1994. *Cost – Benefit Analysis*, 2nd ed. Cambridge, U. K. : Cambridge University Press.

Lindahl, Erik. 1919. "Just Taxation—A Positive Solution." In *Classics in the Theory of Public Finance*, ed. Richard A. Musgrave and Alan T. Peacock, 168 – 76. Reprint, London: Macmillan, 1958.

Mayshar, Joram. 1990. "On Measures of Excess Burden and Their Application." *Journal of Public Economics* 43: 263 – 89.

Mintz, Jack, and Jesus Seade. 1991. "Cash Flow or Income?" *World Bank Research Observer* 6: 177 – 90.

Musgrave, Richard A. 1959. *The Theory of Public Finance.* New York: McGraw – Hill.

——. 1969a. "Cost – Benefit Analysis and the Theory of Public Finance." *Journal of Economic Literature* 7: 797 – 806.

——. 1969b. "Provision for Social Goods." In *Public Economics*, ed. Julius Margolis and Henri Guitton, 124 – 44. London: Macmillan.

——. 1990. "Horizontal Equity, Once More." *National Tax Journal* 43: 113 – 22.

——. 1992. "Social Contract, Taxation and the Standing of Deadweight Loss." *Journal of Public Economics* 49: 369 – 81.

——. 1993. "Horizontal Equity: A Further Note." *Florida Tax Review* 1: 354 – 59.

——. 1997. "Micro and Macro Aspects of Fiscal Policy." In *Macroeconomic Dimensions of Public Finance*, ed. Mario Blejer and Teresa Ter – Minassian, 13 – 26. London: Routledge.

——. 2000. The *Foundations of Taxation and Expenditure.* Vol. III of *Public Finance in a Democratic Society.* Cheltenham, U. K. : Edward Elgar.

Myles, Gareth D. 1995. *Public Economics.* Cambridge, U. K. : Cambridge University Press.

Newbery, David, and Nicholas Stern, eds. 1987. *The Theory of Taxation for*

Developing Countries. New York: Oxford University Press.

Ng, Yew - Kwang. 1984. "Quasi Pareto Social Improvements." *American Economic Review* 74: 1033 - 50.

——. 1987. "Diamonds Are a Government's Best Friend: Burden - Free Taxes on Goods Valued for their Values." *American Economic Review* 77: 186 - 91.

——. 2000a. "The Optimal Size of Public Spending and the Distortionary Cost of Taxation." *National Tax Journal* 53: 253 - 72.

——. 2000b. *From Preference to Happiness: Towards a More Complete Welfare Economics.* Working paper. Monash University, Victoria, Australia.

Pigou, Arthur C. 1920. *Welfare Economics*, 4th ed. London: Macmillan.

——. 1928. *A Study in Public Finance*, 3rd ed. Reprint, London: Macmillan, 1947.

Premchand, A. 1993. *Government Budgeting and Expenditure Controls.* Washington, D. C.: International Monetary Fund.

——. 1998. *Control of Public Money.* Washington, D. C.: International Monetary Fund.

Renzetti, Steven. 1999. "Municipal Water Supply and Sewage Treatment: Costs, Prices, and Distortions." *Canadian Journal of Economics* 32: 688 704.

Samuelson, Paul A. 1954. "The Pure Theory of Public Expenditures." *Review of Economics and Statistics* 36: 350 - 56.

Sandford, Cedric, ed. 1995. *Tax Compliance Costs: Measurement and Policy.* *Bath*, U. K.: Fiscal Publications.

Sandmo, Agnar. 1998. "Redistribution and the Marginal Cost of Public Funds." *Journal of Public Economics* 70: 365 - 82.

——. 2001. *Bridging the Tax - Expenditure Gap: Green Taxes and the Marginal Cost of Funds.* Working Paper 579, CESifo, Munich.

Shoup, Carl S. 1969. *Public Finance.* Chicago: Aldine.

Simon, Herbert A. 1959. "Theories of Decision Making in Economics and Behavioral Science." *American Economic Review* 49: 253 - 83.

Squire, Lyn. 1989. "Project Evaluation in Theory and Practice." In *Handbook of Development Economics*, vol. 2, ed. Hollis Chenery and T. N. Srinivasan, 1093 -

137. Amsterdam: North – Holland.

Squire, Lyn, and Herman G. van der Tak. 1975. *Economic Analysis of Projects.* Baltimore: Johns Hopkins.

Starrett, David A. 1988. *Foundations of Public Economics.* Cambridge, U. K.: Cambridge University Press.

Stiglitz, Joseph E. 1994. "Discount Rates." In *Cost – Benefit Analysis*, 2nd ed., ed. Richard Layard and Stephen Glaister, 116 – 59. Cambridge, U. K.: Cambridge University Press.

——. 2000. *Economics of the Public Sector*, 3rd ed. New York: W. W. Norton.

Stiglitz, Joseph E., and Partha Dasgupta. 1971. "Differential Taxation, Public Goods, and Economic Efficiency." *Review of Economic Studies* 38: 151 – 74.

Thirsk, Wayne R., and Richard M. Bird. 1993. "Earmarked Taxes in Ontario: Solution or Problem?" In *Taxing and Spending*, ed. Allan M. Maslove, 129 – 84. Toronto, ON: University of Toronto Press.

Tideman, Nicolaus, ed. 1994. *Land and Taxation.* London: Shepheard – Walwyn.

Usher, Dan. 1986. "Tax Evasion and the Marginal Cost of Public Funds." *Economic Inquiry* 24: 563 – 86.

——. 1991. "Hidden Costs of Public Expenditure." In *More Taxing than Taxes?*, ed. Richard M. Bird, 11 – 65. San Francisco: ICS Press.

Wicksell, Knut. 1896. "A New Principle of Just Taxation." In *Classics in the Theory of Public Finance*, ed. Richard A. Musgrave and Alan T. Peacock, 72 – 118. London: Macmillan, 1958.

World Bank. 1998. *Public Expenditure Management Handbook.* Washington, D. C.: World Bank.

第五章

公共债务管理指南[①]

IMF 和 WB 人员

公共债务管理的定义及重要性

主权债务管理是制定政府债务管理战略的过程，通过该程序可募集所需资金，控制风险及成本，实现政府制定的其他主权债务管理目标，例如发展和维护有效的政府债券市场。

对于宏观经济背景下的国家政策而言，政府要确保政府公共债务水平及增长率的基本持续性，在控制成本及风险的同时，能够在复杂背景下偿还债务。财政政策顾问关注的是，要保持债务的可持续性，为减少过度负债建立一种可靠战略，主权债务管理者对此也不能忽视。债务管理者要确保财政机关人员了解政府融资需求及债务水平对借贷成本的影响。[1] 应对债务可持续问题的指标包括公共债务偿债率及公共债务占国内生产总值（GDP）及税收收入的比率。

---

① 译者注：文中公共债务、政府债务、主权债务、国债依原文直译，实际含义可以通用。

纵观历史，债务期限、货币或利率组成等结构不良的债务和大量未确认的或有债务在许多国家扮演了诱发或传播经济危机的角色。例如，不考虑汇率制度或是否有国内外货币债务参与，危机的爆发常常源于政府过度关注节约成本而借入大量短期或浮动利率债务。这使得政府预算严重暴露于不断变化的金融市场环境和债务滚动时不断变化的国家信用中。外币债务同样也有特殊的风险，如果投资者不愿再为政府外币债务提供资金，那么过度依赖外币债务可能产生汇率或货币压力。通过减少风险，政府自身的投资组合管理将成为私有部门不稳定来源的始作俑者，谨慎的债务管理可以使得国家少受金融危机传染及风险的影响。

政府债务组合往往是一国最大的金融投资组合。它通常包含复杂、有风险的金融结构，并对政府资产负债表及一国的金融稳定带来巨大的风险。在金融稳定论坛中，资本流动工作小组认为，“最近的经验表明政府要限制流动性的暴露及控制其他使国家经济陷入动荡的外部冲击的风险”（金融稳定论坛，2000）。因此，公共部门良好的风险管理对私有部门经济的风险管理必不可少，因为主权债务风险管理不足导致流动性危机，这时私有部门中的单独实体将面临诸多问题。良好的债务结构有助于政府减少利率、货币及其他风险的暴露。许多政府通过建立与货币组成、期限及债务的期限结构方面有关的投资组合基准（如果可行）来稳定上述债务结构。

几次债务市场危机进一步突显了良好的债务管理实践的重要性及建立有效、良好的资本市场的必要性。政府债务管理政策或许不是造成这些危机的唯一或主要原因，但政府投资组合的期限结构、利率及货币组成，加之或有债务的义务，都加剧了危机的严重性。即使在良好宏观经济的背景下，冒险的债务管理实践也使得经济更易受经济危机及金融危机的影响。有时上述风险可以通过相对直接的措施迎刃而解，如通过延长借贷期限、支付较高的相关偿债成本（假设收益率曲线向上倾斜），方法如下：调整外汇储备的数量、期限及组成，评审与或有债务相关的标准及管理安排。

风险债务结构通常源于不当的经济政策（财政、货币及汇率），但毫无疑问，两端的反馈效应将消失殆尽。但良好债务管理政策的作用也是有限的，它不是良好财政、货币管理的灵丹妙药或替代品。如果宏观经济环境糟糕，良好债务管理自身也无法解决任何危机。良好债务管理政策能在更广的金融市场发展及金融深化过程中起到催化剂的作用，可以减少金融危机及风险的影响。最近的经验证实了这一点，例如，在银行资金匮乏时，国内债卷市场可代替银行进行融资（反之亦然），帮助经济体平安渡过/熬过金融危机（参见 Greenspan，1999）。

公共债务管理指南的目的

公共债务管理指南旨在帮助政策制定者进行改革，以提高公共债务管理质量，减少国际金融危机对一国的影响。小国或新兴市场国家更为脆弱，因为其经济多元化程度较低，国内金融储蓄基础较薄弱，金融体制尚不发达，通过一定程度的资本流动更容易患上金融传染病。因此，就需要在诸多影响政府流动资产及资产负债表因素和力量的广阔背景下考虑公共债务管理指南。政府时常管理着大量的外汇储备投资组合，其财政地位经常取决于实体和货币冲击情况，且在私有部门中经常处于或有债务及糟糕资产负债表管理的影响之下。不考虑金融危机产生于国内银行部门或全球金融传染病，谨慎的政府债务管理政策加之良好的宏观经济和法规政策对于控制与该冲击有关的人工及产出成本有十分重要的意义。

指南包括国内及国外公共债务及一系列针对政府的要求，并确定了构成良好公共管理实践的广泛协议。指南主要围绕适用于不同发展阶段国家及各种国债管理组织结构展开，且不应被视为一套既定实践或强制性标准或法规，也不能盲目认为指南的发行就说明存在一套良好管理实践或处理办法，且在任何条件下适用于所有国家。主权债务管理能力的构建可能需要几年，且国情需求也大不相同。指南旨在帮助政策制定者宣传成员国在其债务管理战略及操作中使用的良好管理实践。执行情况视国情而异，如金融发展情况。

各国在主权债务管理方面的能力构建需求各不相同，但其需求均受所面临的资本市场限制、外汇管理体制、宏观经济和法规政策质量、设计执行改革的制度能力、信用状况及公共债务管理目标的影响。但是，该指南却提出了与所有国家相关的公共政策问题。因此，在承认现有政策制定、机构框架、技术、人力、及财力资源的前提下，要不断改变能力构建及技术支持以满足既定国家政策目标。由于提出的公共政策问题关系到所有国家，该指南应在债务管理改革上对政策建议者及决策者起到帮助作用。尽管采取的具体措施因各国国情而异，问题在于，公共债务是否包含可售债务或双边及多边官方来源？

各国政府在债务管理目标、偏好的风险承受能力、主权债务管理人应负责哪方面的政府收支平衡框架、如何管理或有债务及如何建立良好公平债务管理方法方面都面临着政策选择。这些问题中的许多在减少金融传染和冲击的谨慎国债管理实践方面都存在越来越多的共同点。这些实践包括：认清发现债务管理拥有清晰目标的好处，权衡成本考虑的风险，分清并协调债务及货币管理目标和责任，限制债务扩张，认真管理再融资、市场风险及债务负担的利率成本，建立良好的制度结构及减少运作风险的政策，上述责任及相关职责均要清晰明确地分给债务管理方面的各类政府机构。

债务管理需与清晰的宏观经济框架相连，在此情况下，政府要确保公共债务的水平及增长率具有持续性。由于政策制定者忽视了谨慎债务管理战略的好处及宏观经济管理无力的成本，于是公共债务管理的问题便出现了。第一种情况下，有关当局应该对谨慎债务管理战略、框架结构及与良好宏观政策框架相协调的政策予以高度重视。第二种情况下，不当的财政、货币或外汇政策可能使以本币为主的投资的未来收益产生不确定性，诱使投资者追求更高的风险溢价。尤其在发展中及新兴市场国家，借贷双方尽量避免签订长期协议，这可能限制国内金融市场的发展，严重阻碍债务管理人为使政府免受过多延期付款及外汇风险所做的努力。建立完善的良好宏观政策追查记录有利于减少不确定性，该记录还要与适当的技术基础设施（例如集中登记、支付及结算系统）相连接以促进国内金融市场的发展。

公共债务管理指南总结

债务管理目标及协调

目　标

中长期来看，公共债务管理的主要目标是，在尽可能低成本、符合谨慎风险程度的情况下确保政府融资需求得到满足、支付义务得以履行。

范　围

债务管理应包括中央政府控制的主要金融责任。

与货币政策和财政政策相协调

考虑到不同政策工具间的相互依赖性，债务管理人、财政政策顾问及央行行长应在理解债务管理目标、财政货币政策时保持一致。

在金融发展水平许可的情况下，需要把债务管理、货币政策目标及责任加以区分。

债务管理、财政及货币部门应分享政府目前及将来流动性需求方面的信息。

债务管理人在债务可持续性出现问题时应及时通知政府。

透明度及问责

对债务管理负责的金融机构的角色、责任及目标需清晰

财政部、央行或独立债务管理机构之间的责任分配应该公开披露，包括对债务管理政策提出意见、承担主要的债券发行、安排二级市场事宜、存放设施及政府债券交易的登记与结算。

债务管理的目标应清晰定义，并公之于众，并对成本及风险的衡量给予解释。

债务管理政策的制定及报告的公开程序

债务管理操作的重要方面要公之于众。

债务管理政策方面的信息公开

应向公众提供过去、现在和将来预算活动的信息，包括政府融资及综合财务状况。政府应定期公布其现有债务及金融资产方面的组成信息，包括货币、期限及利率结构。

负责债务管理代理机构的责任及诚实保证

债务管理活动应每年由外部审计员审计。

制度框架

治　理

法律框架应明确政府借贷、发行新债券、投资及进行交易的权力。

债务管理的组织机构应具体说明，并确保授权及任务清楚表达。

内部运作及法律文件的管理

由于业务管理不足造成的政府损失风险应根据良好商业惯例进行管理，包括规定清晰的员工责任、明确的监督政策及报告安排。

债务管理活动应由精确的综合信息管理系统（有适当的安保措施）予以支持。

债务管理员工应遵守行为准则，及涉及个人财产的利益冲突指南。

建立良好的业务恢复程序，减少因自然灾害、社会动荡或恐怖活动产生的严重破坏债务管理活动的风险。

债务管理人需确保已收到法律建议，其进行的交易符合健全法律特征。

债务管理战略

严格监督评估政府债务结构本身存在的风险。通过改变债务结构，充分考虑这样做的成本，最大限度地减少风险。

为了指导借贷决定，减少政府风险，债务管理人应考虑政府现金流特有的金融及其他风险。

债务管理人需认真评估管理外汇风险及短期或浮动利率债务风险。

应制定节约成本的现金管理政策以在债务偿还期限达到时能够更有把握履行责任。

风险管理框架

应建立一种框架，使债务管理人能够确认管理政府债务投资组合中的预期成本及风险的权衡。

为了评估风险，债务管理人应定期根据可能影响政府及国家的经济金融危机情况，对债务投资组合进行压力测试。

积极管理的范围

那些积极管理债务投资组合以期从不同于现行市价的变化规律的利率及汇率的变动中获利的管理人应该了解其中风险，并对其行为负责。

或有债务

债务管理人在作出借贷决定时需考虑或有债务对政府金融地位的影响，包括总体流动资金。

有效政府债券市场的发展和维护

为了从中长期最大限度减少成本及风险，债务管理人应确保其政策经营符合有效政府债券市场的发展要求。

分散投资及投资工具

政府应努力为其内债及外债建立广泛的投资者基地，并对成本风险予以充分考虑，公正对待投资者。

一级市场

一级市场的债务管理操作应具有透明性及可预见性。

发行债券应尽可能地使用市场机制，包括竞争性拍卖和联合组织。

二级市场

政府及央行应促进有弹性、可以在各种市场条件下有效运行的二级市场的发展。

用于金融市场交易，包括政府债券交易的登记结算系统必须体现良好操作规范。

公共债务管理指南讨论

债务管理目标及协调

目 标

公共债务管理的主要目标是，在中长期内尽可能降低成本和符合谨慎风险程度的情况下，确保政府融资需求得到满足、支付义务得以履行。鉴于主权债务拖欠及随后产出损失的程度，用于规避危险债务结构及战略的谨慎风险管理十分关键（包括政府债务的货币融资）。成本主要包括企业及银行无力偿还，长期资信变差，及政府动用国内外储备的能力。专栏 5.1 提供了一系列在主权债务管理中遇到的主要风险。

在中长期，政府在其可接受的风险范围之内，应尽力把预期偿债成本及持有流动资产的成本降至最低。[2] 单方面把成本降至最低，而忽视风险不应成为管理人的目标。对政府而言，表面上看能够降低偿债成本的交易本身就包含很大的风险并且限制政府偿债能力。发达国家政府的债券通常拥有深度的流动性市场，主要关注市场风险及压力测试，且使用复杂的投资组合模型衡量风险。相反，新兴市场国家接触外资的渠道较窄，且国内债务市场尚未发展，因此，应高度关注风险。如果合适，促进国内债务市场发展的债务管理政策应被视为一项重要的政府目标。对那些市场限制严格的国家而言，短期债、浮动利率债及外币债是货币融资唯一可行的选择，至少在短期内重要。

范　围

债务管理应包含中央政府控制的主要金融债务。这些债务主要包括市场与非市场债务。例如，通过双边或多边官方来源获得的融资优惠。近几年，一些国家的债务管理人的管辖权有所扩大。公共债务管理是否受控于中央政府因国而异，主要取决于政治及制度框架的性质。[3]

专栏 5.1　公共债务管理中的风险

市场风险是指与市场价格变动有关的风险，例如，利率、汇率及政府偿债成本的商品价格。对于本币及外币债务而言，利率的变化将会影响固定利率债务再融资和浮动利率债务在利率重置日期的新发行债券的偿债成本。因此，短期债券（短期或浮动利率）比长期、固定利率债券的风险要大（过度投资于超长期债券风险也很大，因为未来的融资需求不确定）。由于汇率变动，以本币计价的外币债券或外汇指数债券同样增加了债务偿还成本的不稳定性。拥有正确期权的债券将加剧市场及展期风险。

展期风险是指以不寻常的高成本进行展期的债券，极端情况下，不能展期。展期风险仅限于在高利率条件下，包括信用差价的变化，此时展期风险就是一种市场风险。如果债券未能展期或政府融资成本异常增大时，便会导致或加剧债务危机，造成实际经济损失，此外，还将带来高利率的单纯金融方面的影响，因此，通常分开处理。管理这种风险对新兴市场国家至关重要。

流动性风险有两种类型。第一种是投资者在试图退出某种投资时面临的成本或处罚，因为交易者数量已明显减少或某个市场缺乏深度。当债务管理包含流动性资产管理或使用衍生合同时，上述风险尤其重要。另一种类型的流动性风险是对于借贷者而言的，是指在某种情况下流动性资产数量在面临始料不及的现金支出义务时迅速减少或在短期内出现的现金融资困难。

信贷风险是指借贷者不予还债或其他金融资产，合约对方不履行财务合约。当债务管理包含流动性资产管理时，上述风险尤其重要，此外，还关系政府债券在拍卖中的受盘，和或有债务及债务管理人签署的衍生合同。

结算风险是指合约方出于违约之外的其他原因，未能对政府债券进行结算而造成的损失。

运作风险包括一系列不同类型的风险，包括在执行及记录交易各个阶段出现的妨碍商业活动的失误，内部控制或体制、服务方面的不足或失效，信誉风险，法律风险，安全漏洞或自然灾害。

目前本外币的借贷通常是协调一致的。债务管理通常包括流动金融资产的监管及对中央政府进行的资产负债表方面的索赔，包括或有债务，如国家担保。在制定及实施中央政府债务管理战略时，为了实现成本及风险目标及其他国债管理目标，中央政府应尽可能的监督可能源于下级政府及私营企业的政府担保方面的潜在暴露。同时应了解私营企业借贷人的总体财务状况。

中央及地方政府的借贷日期应合理协调，以确保新发行债券的拍卖。

与财政货币政策相协调

考虑到其不同政策工具间的相互依赖性，债务管理人、财政政策顾问及央行行长应在理解债务管理目标、财政货币政策时保持一致。政策制定者应充分了解各种不同政策工具的运用情况及相互强化的潜力，政策张力产生的原因。[4] 审慎的债务管理及财政货币政策可能在长期利率方面降低彼此的风险溢价。货币机构应通知财政机构政府债券水平对货币目标的达成产生的影响。借款限额及良好的风险管理实践有助于保护政府资产负债表免受偿债冲击的影响。一般情况下，由于目标不同—债务管理政策主要集中在成本风险之间的权衡，而货币政策通常是为达到价格稳定，因此债务管理与货币政策之间会产生冲突。例如，一些国家央行更倾向于政府发行通胀指数债券或借入外汇以增强货币政策的公信力。债务管理人或许认为上述市场尚未得到充分发展，外币债券给政府资产负债表带来更大的风险。债券经理人与财政当局之间也可能存在冲突，例如既定债务结构内在的现金流（如，发行零利息债券向后代转移债务负担）。为此，在清晰宏观经济框架的背景下进行有效协调十分重要。

在财政发展水平允许的情况下，债务管理的目标和责任及货币政策应加以区分。债务管理及货币政策之间角色与目标的清晰把两者的潜在冲突降至最低。在金融市场充分发展的国家，借贷制度建立在政府预算的经济财政计划之上，且货币政策的实施独立于债务管理。这有助于确保债务管理决定不受利率决定等内部信息的影响，避免市场运作方面利益的冲突。长期以来，政府债券成本最小化的目标取决于对风险的审慎等级，不应被视为一种降低利率或影响国内货币政策条件的命令。风险成本最小化目标不能作为向政府延长低成本央行信贷的辩护理由，同时，货币政策决定也不能受债务管理事项的影响。

债务管理、财政及货币当局应分享政府目前及将来流动性需求方面的信息。由于货币运作通常使用政府债及市场这两个工具，货币工具及运作程序的选择可能对政府债市场运行及该过程中的中间商的财政状况产生影响。同时，有效的货币管理政策需要对政府短期及长期资金流量有充分的理解。结果，债务管理及财政货币官员通常开会商讨一系列政策问题。在执行层面，债务管理、财政及货币当局应分享政府目前及将来流动性需求方面的信息。他们经常协调市场方面的运作以确保其不同时在同样的市场细分中操作。但是，在金融市场不发达的国家对债务管理政策及货币政策加以区分难度更大，因为债务管理运作可能对利率水平及当地资本市场的运行产生影响。因此要考虑改革的顺序问题以实现区分。

任何新发行债券出现持续性问题时，债务管理人应及时通知政府。尽管财政部门对债券水平持谨慎态度，[5]债务管理人对债券投资组合的成本和风险的分析应包含对财政部门债券进行持续性分析的有用信息（反之亦然）。[6]此外，债务管理人代表政府在资本市场从事借贷活动确立债务组成方面的作用十分重要。这就使得其直接接触市场参与者，对一、二级市场投资者的观察及与市场参与者的商讨，将为投资者继续持有债券提供有益的见解。投资者的观点也对财政当局评估债券持续性提供有用的投入参考，帮助政策制定者确认任何新兴债券持续性情况。因此，债务管理人应从债券投资组合的成本风险分析中提取相关指标，系统搜集分析资本市场参与者对政府债持续性的观点。同时还应配备适当的沟通渠道以便及时与财政当局进行信息共享。

透明度及问责[7]

如国际货币基金组织（1999a）的《财政货币政策中的有关透明原则的良好规范》原则声明（财政货币政策透明法），债务管理操作中的透明度建立在两个前提之上。第一，如果政策目的及工具公之于众（金融市场）且有关当局能作出可信的承诺，则该操作的有效性可得到加强。第二，通过对债务管理中的银行、财政部门及其他公共机构的加强问责，提升透明度可以提高政府管理水平。负责债务管理的金融机构的角色、责任及目的的明确。

财政部、央行或独立债务管理机构之间就债务管理政策建议及一级债券发行、二级市场债券安排、存放设施、政府债券交易的结算及交收安排，应该公开披露。[8]央行、财政部运作中规则程序的清晰明确和命令透明有助于解决冲突，加强管理，促进政策连续性。债务管理操作及债券工具的设计中的透明性和简洁同样有助于发行者减少交易成本，实现投资组合目标。同样，还可以减少投资者间的不确定性，降低投资者成本，实现投资组合目标，鼓励投资者参与。总之，有助于政府长期降低偿债成本。

债务管理政策的目标应明确规定并公之于众，采取的成本风险措施要予以解释。[9] 一些主权债务管理人同样公布投资组合的成本风险基准，尽管该实践尚未普及。经验显示，上述披露能够加强债务管理项目的可信度，帮助实现债务管理目标。辅助性目标如国内资本市场的发展，也应予以公布，其与主要目标的关系应清晰定义。

清晰的债务管理目标对于减少政府在权衡成本风险方面的不确定性十分必要。不清晰的目标通常导致以下方面的错误决策：如何管理现有债券及发行何种债券，尤其在市场不稳定情况下，可能造成政府债券投资组合的风险及高成本，且容易受危机影响。目标不清晰同样在金融界制造不确定性。这就加大了政府偿债成本，因为投资者会因试图监督、理解政府目标使政策框架方面增加成本，他们可能因为不确定性而提出更高的风险溢价。

制定及报告债务管理政策的公开程序

IMF（2001）的《财政透明的良好操作实践原则声明》（财政透明法）重点强调了债务管理拥有清晰法律及行政框架的重要性及必要性，包括协调机制，预算管理及预算外的活动。

政府债券初次分配的法规及程序，包括参与、竞标及分配的拍卖程序及规则，应明确告知所有参与者。批准一级交易商及政府债券其他官方制定中间商的规则，包括其选择及权利义务的标准，同样应公布于众。[10]政府债券二级市场的法规程序应公布，包括任何央行作为政府债务管理运行代理机构的干预。[11]

公众对债务管理政策信息的可知性

应向公众提供过去、现在和未来预算活动的信息，包括政府融资及综合财政状况。政府债务持有及交易的信息公布十分重要（如果在收付实现及权责发生制的基础上）。自由资本市场对新信息及变化反应迅速，在这些市场中最有效的是，参与者不论信息是否公布都将作出反应。市场参与者将试图猜测和解析未公布的信息，长期看来重大信息不予公布对于发行人来说没有好处。例如，对于新发行债券规模及时间的估计。因此，债务管理人总是定期公布国内借贷项目。一些管理人固守既定新发债券的模式，同时对于在拍卖前1~2周的债券数量及期限采取灵活方式。

政府应定期公布其现有债务及金融资产方面的组成信息，包括币种、期限及利率结构。[13]公共部门的财务状况应定期公开。[14]或有债务存在的情况下（例如，通过政府赞助的明确的存款保险计划），成本风险方面的信息应在公共账目上予以公布。[15]同样重要的是，在公共证券首次发行时，有必要将其税收待遇清晰公布。如果存在政府证券税收优惠，其目标及财政成本应予公布。

透明性及良好的政策均可被视为一种补充。IMF（1999a）的财政货币政策中的有关透明原则认为在很多情况下都要对透明度原则进行限制。[16]例如，政府在购回债券前可能不愿公布定价战略，以防产生对其不利的价格变动。但这些限制仅仅局限于债务管理操作的部分情况。

负责债务管理代理机构的问责及诚实保证

债务管理活动应每年由外部审计员审计。债务管理的责任框架可以通过公布债务管理操作的审计评估来加强。[17]对政府财政状况声明的审计已经能够定期执行，并预先公布，包括经营成本及收入。[18]国家审计机构，如负责政府审计工作的机构，应及时报告中央政府账目的审计情况。此外，同时还应定期审计债务管理人的绩效、体制及控制程序。

制度框架

治 理

法定框架应澄清新债券借贷及发行、投资及代表政府进行交易的授权情况。借贷授权应在立法中予以公布。[19]鉴于政府债券投资组合的规模，良好的管理实践是主权债务管理的重要组成部分。

财政体系的良好运行及公信力是通过政府债券投资组合谨慎有效管理的方式予以支持。此外，反方需要主权债务管理人保证其有法定权利代表政府，政府需要对每笔主权债务交易予以支持。法定框架一个重要的特征是发行新债券的权力，通常都以带有预先设定的限制的借贷权力立法或债务限额的形式来规定。

债务管理的组织机构应详细列明，并保证其授权、角色明确规定。[20]法定安排应通过适当向债务管理人下放权力对其予以支持。经验显示，主权债务投资管理有多种机构选择，包括以下机构中的一种或几种：财政部、央行、自动债务管理机构及中央存管处。[21]不论选择何种方式，基本要求是确保债务管理周围的组织机构有明确规定，且有充分的协调及信息分享，各参与者的授权清晰。[22]

许多债务管理人提交年度债务管理报告，即：评审上年活动并根据年度预算计划提供一份对本年度接待计划的广泛概述。该报告增加了政府债务管理人的责任，同时也通过披露标准协助资本市场，这些标准用于指导债券项目、既定标准背后的假设及权衡、为了满足标准管理人的绩效表现。

内部运作及法律文件的管理

政府因运作控制不足导致的损失风险应根据良好商业实践予以管理，包括清晰的员工责任、监督控制政策及报告安排。因控制不足及政策缺口导致的运作风险可造成政府的巨大损失并有损债务管理人的声誉。良好的监督控制实践对减少运作风险十分必要。

债务管理的运作风险可分为管理室及结算室，彼此功能责任不同，报告方式相异。管理室通常负责执行资本市场中的交易，包括拍卖管理、其他形式的借贷及所有基金运作。必须确保执行市场交易的人员与负责进入会计系统进行交易是不同的人。结算部门负责处理交易的结算及财务记录的维护。很多情况下，设立独立的中间机构或风险管理机构进行投资组合风险的分析、监督及报告，并对债券经理人战略基准的绩效进行评估。如此区分是为了促进对制定监督风险管理框架和绩效评估与执行市场交易人员的区分。央行为政府债务管理人提供的债务管理服务（例如，注册及拍卖服务），各方的责任、问责及服务标准的协议可以通过央行与政府债务管理人之间签订一份代理协议的方式对其进行规范。

政府债务管理需要一位既懂资本市场技术（如，投资组合管理及风险分析）又懂公共政策的人员。不论结构组织如何，吸引并留住有技能的债务管理人员对减少运作风险起着关键作用。这在许多国家都是一种挑战，尤其是在私企急需或技能人员缺乏的情况下。加强投资培训能缓解这些问题，但公私企业之间工资的巨大差距使得政府债务管理人很难保留这些有技能的人员。

债务管理活动应有精确、全面的信息管理系统，同时加之适当的安全防护作为支持。那些刚刚开始在政府债务管理中培养建设能力的政府应在建立精确债权记录及汇报体制方面予以优先考虑。要求精确不仅是为了制作债权数据及确保债务的及时支付，还为提高预算汇报质量及政府财务体制的透明度。信息管理系统应包含相关现金流，并充分整合到政府会计系统中。尽管该系统对债务管理及风险分析十分关键，但从费用及管理时间角度来看其引入经常会给债务管理人带来巨大挑战。但该体制的成本及复杂性要确保符合组织需要。

参与债务管理的人在个人财务管理事宜中应当遵守行为规范和利益冲突指南的约束。这将缓解员工个人财务利益可能破坏良好操作实践的担忧。

制定良好商业复苏程序以减少债务管理活动中的风险，这些风险主要由自然灾害、社会动荡或恐怖活动造成。鉴于国债的发行是建立在有效安全的电子簿记基础上，进入系统、综合商业恢复程序，包括备份系统及控制，对确保国债的持续运作、维护完整的所有权记录及提供全面信心以确保债权持有者投资安全方面必不可少。

债务管理人需确保已收到法律咨询，其进行的交易包含良好法律特征。法律咨询及良好法律文件指导下的交易对债务管理人尤为重要，因此，债务管理人才能帮助政府澄清其在相关司法权范围内的权利和义务。以下事项需要特别关注：包括债券工具条款的制定，如明确的违约事项，尤其在某些义务下，该事项延伸至违约支付情况之外（例如，连带违约及提前到期）；消极担保条款的尺度；放弃主权豁免权的范围。相关市场信息披露义务应予以详细分析，因为市场之间存在差异。

近年来备受关注的一个问题是集体行动条款（CACs）的制定并将其并入国际债券条款之中。如果一国政府在危机中必须进行债务重组，这些条款将允许绝对多数制在同一事项中从重组的金融条款限制所有债券持有者，并限制少数股东在拖欠之后借强制索赔之名破坏重组程序。

在债务重组过程中存在一种风险，即少数持股投资者将延缓或阻碍绝对多数投资者支持的协议。为了消除这些风险，CACs 可以为主权债务更有序、迅速的运动作出贡献。当发行由外国法律管理的主权债券时，债务管理人在与其财政法律顾问商讨时考虑把这些条款加入新的借贷之中。[23]专栏 5.2 描述了集体行动条款的主要特征。

专栏 5.2　集体行动条款（CACs）

尽管在债券文件中加入的集体行动条款在一些地区是长期存在的事实（尤其是包括债券管制的英国法律），2003 年纽约法律也规定使用 CACs（代表一大部分新兴市场的政府发行债券）。例如，新兴市场国家巴西、墨西哥、韩国及南非都把适用于纽约法律的 CACs 加入到其国际债券的发行之中。此外，许多发达国家也致力于把该条款加入其国际债券发行中，以此鼓励其成为市场标准规范。这些条款使得大多数债券持有人作出对所有投资者都有法律效力的决定，以此帮助建立一个更有序、更迅速的重组。如果未能将不可持续的债券有序、按照既定预测进行重组，那么上述措施则可以帮助政府避免随后产生的巨大宏观经济成本。尽管有人表示包含上述条款可能增加借贷成本，但对一些政府来说，至今仍没有任何证据表明，2003 年发行的债券因使用上述条款而产生溢价。

CACs 的一个重要特征是绝大多数重组条款，不论在违约之前或之后[a]，都使得有资格的绝大多数债券持股人在同一发行的债券中对所有债券持有者产生约束，绝大多数重组条款主要适用于英国、日本及卢森堡法律，而纽约法律直到最近才包含这些条款。在德国，CACs 虽然在理论上可行，但正在计划做进一步的法律声明以促进该条款在外国主权债券发行中得到更广泛的应用。

CACs的另一类型是多数执行条款，这主要是为了限制少数债券持有人在违约之后重组协议签订前借索赔的名义破坏重组程序。上述两类条款都能在适用于英国与纽约法律的债券中找到：(a) 在违约后，为了加快索赔速度要求债权人投赞成票的最低比例（主要代表25%的未偿还本金）；(b) 但在上述违约支付之后，有资格的绝大多数债权人便可以改变上述加速支付。另一类更为有效的多数执行条款可在委托书中发现，这些适用于英国法律但也可在其他国家应用。其主要特征之一是根据相关限制因素，受托人有权启动代表所有债权人的法律诉讼。

更多有关CACs的信息参见IMF（2002a、b、2003b）、第10组（2002）。

无论是在到期召开会议上提出的未偿资金或债权的索赔，修改支付条款的门槛从66.67%调至85%。

债务管理战略

政府债务结构本身存在的风险应认真监督评估。通过调整债务结构，并考虑调整成本，尽可能地减少风险。专栏5.3总结了主权债务管理过程中容易遇到的陷阱。可以通过一系列的政策及工具来管理这些风险。

专栏5.3 债务管理中的陷阱

1. 尽管在短期内可以降低成本和减少赤字，但由于风险增加，加剧了政府财政状况的脆弱性。尽管概率很低，债务管理人还是应避免把投资组合暴露于巨大损失或灾难性损失的风险之中，以获得风险较低的边际成本收益。

■ 期限结构。政府面临着应审慎管理的短期和长期成本之间的跨时期权衡。例如，如果利率增加，政府根本无法展期付款，对短期或浮动利率的过度依赖以利用其低利率，这种做法使得政府更容易受变动及高偿债成本的影响。同时也能影响央行货币目标的实现。

■ 过度的无对冲外汇暴露。形式很多，最主要的是直接发行大量的外币债券及外币指数债券。但如果本币贬值，政府将极易面临上升的偿债成本及不能展期情况下违约的风险。

■ 看跌期权的债券。如管理不当，也将增加债券发行人的不确定性，缩短投资组合的有效期限，使债券更大地暴露于市场及展期风险中。

■ 隐含的或有债务。如向金融机构提供的隐性担保。如管理不当，这将造成严重道德风险。

2. 债务管理实践扭曲公私部门的决策及低估真实的利率成本。

■ 国企股份或其他资产作为抵押的债券。此外，低估其中的真实利率成本，可能将扭曲资产管理方面的决定。

■ 以未来税收收入的特定来源作为抵押的债券。如果用未来收入作具体债券支付，那么政府可能不愿意进行影响收入的改变，即使该改变可能改善税收体制。

■ 免税或减税债券。这种措施用来激励政府债券的分配。其对赤字的影响很模糊，因为它取决于竞争性资产的税收，以及应税或免税政府债券的税后收益率是否均等。

3. 或有债务或担保债务的误报。这将低估实际政府债务水平。

■ 下级政府在借贷方面的协调或程序不足，或许由中央政府或国企担保。

■ 屡次豁免下级政府或国企的债务。

■ 为高可能性被点名的贷款担保（没有适当的预算拨款）。

4. 使用非市场融资渠道。一些情况下这种做法可能被毫不含糊地曲解。

■ 通过央行的特别安排以获得优惠信贷，包括零利率或低利率透支或特别短期国库券。

■ 来自供应者的强制性借贷，通过拖欠经费或发行本票并与借贷安排相关联。这一做法往往提高了政府支出的价格。

■ 为政府债券建立垄断市场。例如，在一些国家，养老金计划必须购买政府债券。另一些情况，要求银行的储备购买一定比例的政府债券。尽管该流动资产比率可能成为管理流动资产的审慎工具，但其对偿债成本及资本市场的发展产生扭曲性影响。

5. 对债务合同、支付及债权人的监管或记录不力。政府对税基或未偿债务供应的控制减少。

■ 未记录零利率长期国债的内在利息。尽管此做法有助于提高政府的现金状况，如果内在利率未作记录，真实赤字也将被低估。

■ 承担债务的主体范围太广。这可能源于议会对债券报告要求的缺失所致，或是由于借贷限制或债务限额的缺失。但当局必须确保承担现有偿债义务。

■ 对未偿债务的控制不足。在一些国家，内部运作的问题及记录不当导致发行了比官方授权更多的债务。

■ 某些借贷产生的繁重的法律要求。在一些国家，长期借贷提出了更加繁重的法律要求（相对于短期借贷来说），这导致了对短期借贷的不恰当依赖，展期风险也变得更加复杂。

对市场风险的确认和管理，包括检查收入及其他能够用于政府偿债的现金流的金融特征，并选择一组符合这些特征的债务投资组合。在可得的情况下，套期工具可用于拉近债务投资组合与优选投资组合的距离。

一些新兴市场政府更倾向于接受高流动性溢价，并控制展期风险，因为把基准发行的债券放置于收益曲线的关键点可能增加展期风险。但是，重新开放之前发行的债券用于基准发行可能提高市场流动性，因此，可以减少政府债券收益的流动性风险溢价，降低政府偿债成本。寻求建立发行基准的政府通常持有流动性的金融资产，使债券组合的期限边界穿过收益曲线，通过使用国内债券回购、转化及与新旧债券的掉期方式管理相关展期风险。

一些债务管理人同时也有金库管理的责任。[24]在一些债务管理人管理流动性资产的国家，债务管理人采取了多元化方式管理其投资的流动性金融资产及金融衍生品交易的信用风险。[25]在信用评级广泛使用的国家，债务管理人应将投资局限于那些满足预定最低要求的独立评级机构得出的信用评级结果。所有国家政府应为个人方设定风险限值，必须考虑政府的实际及或有、统一的源自债务及与外汇储备有关的管理操作方面的金融风险。信用风险可通过持有多样可接受的金融伙伴的投资组合的方式及抵押协议来实现。结算风险可通过建立清晰的记录结算程序、责任体制及限制通过结算银行流动的支付规模来控制。

为了指导借贷决定及减少政府风险，债务管理人应考虑政府现金流方面的金融风险及其他风险。不能单独地检查债券结构，几国政府已发现要在政府资产负债表框架考虑更广的债务管理，及收入性质与现金流。无论政府是否公布资产负债表，理论上所有政府都有资产负债表，考虑政府资产的金融风险及其他风险将为债务管理人管理政府债务组合时提供重要的见解参考。例如，对政府资产负债表的概念分析可为债务管理人提供一些有用的见解，该见解主要是有关债券货币结构与政府偿债的收入及现金流的一致性程度。在大多数国家，这些收入主要由本币为主导的税收收入组成。这种情况下，只要通过重点发行长期、固定汇率及国内货币债券便可降低政府资产负债表的风险。对于国内债券市场不发达的国家来说，这可能行不通，政府要在发行短期或指数型国内债券及外币债券之间作出选择。

同样应该考虑私有部门以外的债券发行及在高度美元化的经济体内发行本币债券的困难。但是政府收入及现金流的财政分析为政府债务组合的可行性战略方面的成本风险分析提供了良好基础。资产债务管理（ALM）方式在专栏 5.4 中有总结。

专栏 5.4　资产及债务管理（ALM）

一些国家政府正试图从其他成功管理核心业务及财务风险的公司学习。考虑到其核心业务目标，财务中间机构可通过对比其债务与资产的财务特征来寻求管理业务与财务风险（既可以在资产负债表上，也可不在）。这种方式就是著名的资产负债管理（ALM）。例如，人寿保险公司竭力推销其相对稳定的长期支付结构保单，这种支持由预期寿命的保险统计决定。为了最大程度减少金融风险，这种公司将投资其长期资产中的保单销售收益，以与保单的预期收益相匹配。

某种程度上，政府就像一个公司。从纳税人及其他渠道获得收入，并用其支付运行费用、进行转移性支付、购买外汇、投资公共基础设施及国有企业、抵消偿债成本。政府可以放贷并提供显性或是隐性担保。政府的这些运作将实现一系列宏观经济、法规、国防及社会政策方面的目标。但是这个过程也引致了政府财政及信用风险，不过风险可以通过考虑资产负债之间的风险类型进行管理。

但政府与私营部门之间的作用是有重大区别的。一些政府试图制定对资产负债进行定量的资产负债表，更多的政府可能在未来尝试这种做法，但资产负债管理并不需要这样做。相反，资产负债管理方式的目标是考虑政府管理的各种类型的资产负债，并研究资产方面的财务特征是否能为政府的债务方面的成本风险管理提供见解。分析包括检查资产现金流的财务特征，尽可能地选择与之相符合的债务以减少预算对偿债成本预算的冲击。如不能完全满足或者成本太高，现金流的分析也能为债务投资组合的风险分析及成本风险之间的权衡进行检验。

ALM 框架理念是债务管理问题的一种有用方式，原因如下：至少在政府用于偿债的收入分析中，政府投资组合的成本风险分析大多数情况下由政府税收收入决定。它使得政府债务管理人考虑其他类型的政府管理的资产负债投资组合，以及税收收入和直接债券投资组合。分析这些组合周围的主要任务可以帮助政府设计一种综合战略以减少资产负债表中的总体风险。资产负债管理还可以为政府资产负债表的管理提供有益的框架。例如，可以决定政府是否应该在提供某种商品生产或服务时维护所有权收益，及其想保留的最好的资产管理的组织结构。

用于管理政府金融风险暴露问题的 ALM 方式在 Wheeler 和 Jensen 即将出版的书中将做进一步讨论。

一些国家扩展了这种方式以把其他政府资产及债务包括进来。例如，对一些外汇储备由借来的外汇组成的国家来说，债务管理人在考虑衍生产品及其他对冲交易的同时，通过确保支持储备的债券货币组成来减少政府资产负债表风险，这反映了储备的组成。但其他国家尚未接受这种实践，因为这些国家出于对汇率目标的考虑及包括政府干预、央行的角色及独立性方面的问题在内的制度框架因素的影响。

债务管理人应认真评估与管理外汇及短期或浮动利率有关的风险问题。那些对外币或外币指数型的债券及短期或浮动利率债券过度依赖的债务管理战略风险很高。例如，尽管外币债券比同期限的本币债券便宜（假设后者的货币风险及流动性溢价较高），在动荡的资本市场或一旦汇率下行，成本将会很高。债务管理人应知道汇率体制的选择将影响债务管理及货币政策之间的关联性。例如，外币债券在固定汇率体制下可能相对便宜，因为体制会对汇率的不稳定性进行限制。但是，在汇率体制不稳定的情况下，该债券的风险将非常高。

长期来看，短期或浮动利率债券（不论是本币还是外币主导的）可能在收益曲线向上倾斜的条件下相对便宜，但可能给政府带来巨大的展期风险。出于短期债券对政府财政状况影响的考虑，它可能限制央行提高利率以应对通胀或支持汇率，但是，这种行为从宏观经济的角度看可能是合适的，通过降低风险溢价，能够从长期实现降低利率的目标。如果出现市场情绪的突然转变，怀疑政府的支付能力或从别国的传染效应导致显著的高利率，那么宏观脆弱性就会加剧。许多新兴国家政府持有太多的短期及浮动利率债券。但是，过度依赖长期固定汇率融资方式也存在很大风险，一些情况下，它诱使政府通过启动通货膨胀方式贬低该债券的价值。任何担心都体现在目前及将来的借贷成本。同样，始料未及的通货紧缩可能在事后增加偿债的实际负担。这可能造成一些国家的紧张，因为这些国家已经拥有沉重的负担，却又需要支付高风险溢价。

如果一国缺少发展较好的本币债券市场，则不能在合理成本水平发行长期、固定汇率的本币债券，因此，必须在有风险的短期或浮动利率本币的债券与长期、同样有风险的外币债券之间作出选择。即便如此，鉴于规模经济损失的潜力，如果政府不能把债券展期，则应给予展期更重要的关注，可通过延长新债券的期限减少此风险。延长期限的选择包括发行浮动利率债券、外币或外币指数型债券、通胀指数型债券。[26]中期来看，发展本币债券市场可减少限制，应允许发行低风险结构的债券。这要在总体债务管理战略中有所体现。在此背景下，新发行固定汇率、本币债券期限的逐渐延长短期内可能会增加成本，但会减少展期风险，且成为发展国内债券市场的重要组成部分。但要尽量避免那些需要“块状”现金流的债券结构。

必须有成本节约型的现金管理政策，以使有关当局能够在债务到期时高度确保资金偿付。成本节约型现金管理的必要性认为，发行新债券的机会不一定与预计费用的时机相符。尤其是政府缺乏进入资本市场的安全通道，流动性金融资产及或有债务的信用额度在临时资本市场失调时提供债券及现金管理运作的灵活性也缺乏。这使得政府能够履行偿债义务，且在资本市场的借贷出现暂时性缩减或高成本时，政府可以从容应对。但是流动性资产相对于无限制的或有债务信用额度来说更为安全，因为用来提供该额度的金融机构可能试图通过撤出政府额度的方式预防债券扩张风险。但是，另一些能够安全进入资本市场的政府则更倾向于最大限度地减持流动性资产，会更依赖短期借贷与透支贷款管理日常收入波动及现金流。良好的现金管理需要有效的支付结算基础设施作为支撑，这些设施主要建立在无纸化证券和统一的账面划拨注册的基础上。

本质上，良好的现金管理综合了债务管理及货币市场操作。在一些对现金管理不重视的发展中国家，现金管理的糟糕或不足将妨碍有效债务管理的运作及货币政策的实施。[27]但是，对于债务管理与货币政策与职责之间加以区分的愿望及对流动性资产的追求给现金管理人带来了不小的挑战。因为，在债券与现金管理职能在同一金融机构共同管理或密切合作时，管理将变得简单。[28]在上述两者分别由央行、国库或财政部分开管理时，两者之间的密切协调及信息流动对于避免短期债券与货币操作之间的短期不一致情况来说尤为重要。央行、财政部及债务管理官员之间签订的正式服务协议所支持的清晰的制度责任轮廓能够进一步促进良好现金管理实践。

适当的官方外汇储备政策在政府面临经济金融冲击时增加其偿债能力方面起着极其重要的作用。表 5.1 总结了一些可用于评估一国外部脆弱性的宏观经济因素。[29]更广泛地说，一国外汇储备的水平应与政府在以下几个方面的渠道相一致：利用资本市场的能力、汇率体制、该国经济的基本面、对经济金融冲击的脆弱程度、持有外汇储备的成本，及短期外币未偿债务。不论债券持有人是居民还是非居民，没有安全国际资本市场渠道的国家可以考虑持有与国家短期外债有关的储备。此外，债务管理人还需要考虑一些针对国债状况的指标。例如，与公共债务管理有密切关系的债务占 GDP 及税收收入的比例，包括债务偿还比率、平均利率、多种期限指标及债务组成指标等其他因素。

表 5.1　　外部脆弱性指标综述

储备充足性指标	描述
储备与短期外债的比率	是拥有显著但不确定的资本市场的唯一、最重要的指标 对储备的衡量应建立在符合国际收支手册，第 5 版（IMF 1993），及特殊数据发布标准——官方储备模板的运作指南，在持续基础上对公私部门短期债务的综合估量（Kester 2001）
储备与进口的比率	有助于衡量资本市场渠道有限的国家的储备需求；有效衡量与经济开放度及规模相关的储备水平
储备与广义货币的比率	估量对本币丧失信心，导致资本外逃的潜在影响。尤其在银行业发展不足或汇率体制的信誉亟待建立（也存在其他潜在的资本外逃原因）时
债券有关的指标	一般应与中期投资相一致，允许在一系列替代性假设的情况下对债券持续性进行分析
外债与出口的比率	一种与一国支付能力有关的有用债务指标
外债与 GDP 的比率	一种与资源基础相关的有用债务指标（体现了把国内生产转向出口或进口替代以增强支付能力的潜力）
外债的平均利率	借贷条款的有用指标。与债务/GDP 及债务/出口比率及经济增长前景，评估债券持续性的关键指标
平均到期时间	适用于同类别的，追踪期限缩减或降低未来脆弱性的努力，例如，非减免型公共部门债务
外汇外债在总外债中的份额	外汇汇率变化影响债务的有用指标（平衡表效应），尤其指与那些改变有效货币组成的衍生产品信息相结合

资料来源：IMF，2000a。

* 特殊数据发布标准是一个网站的电子公告栏，包含各种经济金融数据标准的信息和模板。http：//dsdd. imf. org/Applications/web/sddshome/.

风险管理构架

应研发一种框架以使得债务管理人可以辨别并控制政府债务组合中风险和预期成本之间的平衡。政府债务的成本由两部分组成：(1) 财务成本，从中长期的观点来看财务成本通常被认定为偿还债务时所产生的成本（也可能测量其对于政府财政状况的影响）；(2) 政府在展期还债上存在困难或拖欠债务时，由于财务危机所导致的实际经济损失的潜在成本。[30]根据管理投资组合的特殊战略而计算债务的预期成本时，可以假定未来利率与汇率及未来借贷需求为基础，从中长期的观点来预测债务偿还成本。为了使选择不同战略时产生的偏离最小化，一些政府还会使用关于未来利率和汇率的“市场中立”假设，例如，以远期汇率的市场措施为基础而进行的假设、利率将会保持不变的简单假设等等。可以根据财务规划对于政府预算所产生的影响或者关于政府财政状况的其他措施来评估预期成本，如果因为对于未来税率或政府计划的影响而导致可能无法按照规划来偿还债务时、或者存在拖欠债务的可能性时，可根据可能的实际成本来评估预期成本。

之后可根据与预期成本相关的利率及汇率的变化而导致的债务偿还成本的潜在增加值，来测定市场风险。同时还应考虑由于成本的增加、或者因政府无法展期偿还其债务而产生的潜在实际经济损失。如专栏 5.1 中所总结的那样，国家债务管理人将会管理几种典型类型的风险。债务管理人的一个重要职能便是区分这些风险，尽可能使用这些风险的量值，为控制风险与成本之间的平衡研发首选战略。根据政府规定，债务管理人同时还要负责投资组合管理和风险管理战略的落实工作。债务管理人应在一系列的金融与宏观经济项目中行使这些职能。如有需要债务管理人应以权责发生制或现金收付实现制为基础来管理政府的资产与负债账目。同时，他们还需要关于未来债券利息及还本支出计划、政府债务义务的其他性质、以及未来借贷需求的预算项目的全部信息。

为了评估风险，债务管理人应定期进行债务组合压力测试。压力测试应基于以那些在各国政府，或更频繁地发生于国家内的潜在经济和金融冲击风险。债务管理人通常会使用从以情境为基础的简单模型到包含高度精细数据和模拟技术的较为复杂的财务模型来进行评估。[31]在进行评估工作时，债务管理人需要考虑一些导致政府无法展期偿还或迫使其必须拖欠债务的风险因素——一种成本超出对于政府预算影响的更为广泛的风险。更进一步来说，债务管理人应考虑压力时期政府财政状况，及金融和非金融部门内财务状况之间的相互作用，以确保政府的债务管理行为不会使私营部门内的风险趋向恶化。[32]一般而言，债务管理人通过使用模型可以完成以下类型的风险分析工作：

1. 以基于会影响债务偿还能力的因素假设，如新融资需求、债券的到期情况、利率和新债务的货币特征、对于未来利率与汇率的猜测，以及相关的非金融参数的行为（例如，一些国家的商品价格）等因素，从中长期的角度来预测未来债务的偿还成本。

2. 生成一个债务参数文件，由现有以及预测角度预测债务组合的主要风险指标组成。[33]

3. 通过总结那些存在潜在风险的国家和政府的基于经济和金融冲击的压力测试结果，来计算未来存在的资本项目和经常项目偿债成本风险。通常情况下，风险通常用风险环境中债务还本付息、成本的潜在增加与债务预期成本之比来衡量。

4. 归纳用以管理政府债务组合的备用战略的成本和风险，以作为制定关于未来融资选择的明智决定的基础。

战略的适宜程度取决于政府对于风险的容忍程度。一个政府愿意去承担的风险等级可能会随着时间的推移而升高，这取决于政府债务组合的规模，以及政府在面对金融与经济冲击方面的脆弱性。一般来说，债务组合规模越大、国家对于经济冲击的脆弱性越高，由于经济危机和政府债务违约而产生的损失的潜在风险越高，越应该着重于降低风险而不是降低成本。这一类战略包括选择到期日、货币、利率期限以降低风险，以及使财政机构在债务发行方面设置更加严格的规定。后一方法可能是国家可以用来限制使用以市场为基础的债券的唯一选项，如那些主要依赖于两个或多个债权人提供的优惠融资的债券。

发展良好的金融市场中的债务管理人主要遵循两种程序中的一种：（1）周期性地确定理想债务结构，以指导下一期新的债务发行工作；（2）设置战略性基准以指导政府债务组合的日常管理。通常情况下将基准表示为组合主要风险指标的数值目标，如短期至长期债务的份额、理想货币组成，以及债务的利率期间。这两种方法之间的主要区别为在金融市场中进行操作的债务管理人经常性地坚持基准原则的程度。然而，战略基准并不是特别适用于那些市场发展并不完善的国家以管理其债务，因为市场流动性的缺乏将会限制其定期发行带有理想特征债务的机遇。许多新兴国家发现，建立新的债务所需的期限、利率结构、货币组合方面不太严格的指导方针是有益的。通常情况下，这些指导准则中将会吸收政府发展国内债务市场所使用的战略。

对于那些频繁调整债券的政府来讲，战略组合基准可以成为一种强大的管理工具，因为它们代表政府想要拥有的组合结构，是以其对于预期成本与风险的偏好为基础的。就这点而论，它们可以帮助指导国家债务管理人在投资组合与风险管理决策方面的工作，例如，要求遵守债务管理决策以使得实际投资组合与战略基准投资组合更为接近。[34]政府应尽力确保他们的战略组合基准为风险管理构架所支持，而风险管理构架则用于保证可以较为方便地确定并管理风险，且保证债务组合的整体风险在可接受的忍耐范围之内。在那些市场得到良好发展的国家，债务管理人应尝试尽力保证他们的理想债务结构或战略基准都是非常清晰的，与债务管理的目标相一致，且应公之于众并进行解释。

积极管理的范围

那些试图通过积极管理债务组合，从与那些隐含在当前的市场价格不同的利率和汇率的预期变动中获利的债务经理人，应该知道其中存在的风险，并为他们自己的行为负责。这些风险包括潜在财务损失、利益冲突、与货币和财政政策相关的不利信号。通过建立市场观念，在降低借贷成本的同时而不增加风险，债务管理人需要拥有优于其他市场参与者的信息与判断能力，且必须能够以一种具有经济效率的方式进行市场交易。

因为政府拥有一些职能特权，债务管理人可能会拥有一些国内市场资金流量与市场参与者财务状况方面的更具价值的信息，如作为金融系统中的监督与管理者。然而，绝大多数的政府认为尝试去充分利用这一类内部信息是不明智且不道德的，尤其是国内市场中的内部信息。特别是债务管理人和政策制定者，他们不应该去参与一些与未来财政、货币政策行为相关的、以内部信息为基础的战略交易，因为，在通常情况下政府是国内市场主要的债券发行人，而且如果政府去售出或买入自己的证券、或者使用衍生工具意图创造额外收入时，市场将被认为有被操纵的风险。更进一步讲，如果债务管理人采用利率或者货币市场的地位，他们的行为也将被解释为一种信号，即政府对未来利率与汇率的期望方向的看法，而由此使得中央银行的工作变得更加难以进行。

在国外的资本市场中，债务管理人在通常情况下只有少部分或者根本不拥有超过市场可用的关于资金流量性质的信息。即使如此，一些政府仍然会去积极地管理他们的外币债务，以希望创造风险调整之后的回报，或者希望他们的组合管理人去积累更加丰富的市场知识，以试图降低主要借贷中产生的成本。许多国家的政府不认为他们适合去进行这类战略交易。而在一些允许进行此类交易的情况中，这一过程将会在与地位及损失限制相关的、拥有清晰定义的组合、遵守程序和绩效报告指导下进行。在那些政府债务管理人可以进行战略交易的国家中，这一过程仅由政府组合管理行为这一小部分组成。

或有债务

债务管理人应考虑或有债务对于政府财政状况所产生的影响，包括作出借贷决策时的整体流动性的影响。或有债务代表了向政府提出的潜在财务索赔，它虽然并未实现，但是在特定的环境下会触发而形成最终的财政义务或负债。这种债务可能是显性的（例如，政府通过指定的国内借款人作出关于外币借贷的担保，关于谷物歉收或自然灾害的政府保障计划，以及一些如政府证券售卖选择权的工具），也可能是隐性的（政府不存在契约性义务以提供援助，但是却决定这么做，因为政府认为不予以干预的成本是它无法接受的）。例如，可能包括金融部门、国有企业或地方政府的潜在援助措施。然而，与绝大多数的政府财务义务不同，或有债务存在一定程度的不确定性。它们只有在指定的事件发生之后才会被执行，而且财政支付的数量取决于承担的结构。经验表明，在包含由糟糕的政府资产私有化设计方案而引起的通过政府或政府义务进行的银行系统的重新资本化的情况下，这些或有债务可能非常庞大。如果在构造过程中不存在适当的奖励措施或管理行为，那么或有债务一般会与政府道德风险相关，因为允许这些潜在义务的存在便会增加这些义务变为现实的可能性。因此，政府需要平衡带来的好处和或有债务带来的道德风险后果。

政府应该通过线性或有债务以监管其造成的风险敞口，而且政府应该确保他们已经非常了解这些义务的相关风险。他们同时还应该知道将会触发显性或有债务的条件，如可以导致银行业不良资产和债务管理行为的政策扭曲。一些政府已经发现集中监管职能非常有效。在所有情况下，债务管理人都应意识到政府已经产生的或有债务。

财政机关也应考虑制定预算以囊括来自于显性或有债务的预期损失。在不可能准确估算成本的情况下，可以将或有债务的成本和风险、或者资产流动性丧失的相关信息总结在预算表的注释内、或政府的财务账目中，因为或有债务可能代表政府资产负债表中的一个重要风险。

政府还可以通过加强审慎监督和管理、进行大量工作以降低或有债务的相关风险，包括适当的存款保障计划、在公共部门企业中进行合理的政府改革，以及改进宏观经济管理与其他监管政策的质量。

有效政府证券市场的发展与维护

为了在中长期内最小化成本和风险，债务管理人应保证他们的政策与操作应与有效的政府证券市场的发展相一致。一个有效的证券市场应为政府提供一种机制以资助其支出，来改变政府需要依靠中央银行支持其预算赤字的情况。而且，通过促进深度及流动的证券市场的发展，债务管理人将与金融机构的监督和管理者，以及市场参与者一起合作，可以从中期甚至长期降低债务偿还成本以作为政府债务缩减之后取得收益的流动性风险溢价。[35]另外，在仅存在较低信贷风险的情况下，政府证券取得的收益将作为定价其他金融资产的基准，因此作为发展有深度及流动的货币与债券交易市场的催化剂。这样可以通过为借款人提供可轻易得到的国内融资，帮助减缓国内以及国际上受到的经济冲击。这在全球金融不稳定时期尤其有价值，当信用评级不高时将会发现若想要获得国外的资金是一件非常困难的事情。政府应在外部市场的借贷中格外谨慎。

经验表明，不存在发展有效政府证券市场的唯一最优方法。例如，经济合作与发展组织（OECD）国家，已使用多种不同的方法建立政府证券市场，其中包括不同顺序的改革与不同的放松管制加速。然而，许多国家发展这种市场的经验已证明，拥有合理的宏观经济政策框架、采用并发展以市场为基础的货币政策工具改革的精心设计，以及在顺序上谨慎解除对资本账目监管等方面的重要性。

组合多元化与工具

政府应该努力地为履行其国内或国外义务而打下广泛的投资者基础，且应适当地考虑成本与风险，并公正地对待每一位投资者。债券发行人可以透过收益曲线或通过一系列市场措施以多样化债券来支持此目标。尤其是在那些正在试图最小化展期风险的新兴市场国家中，这些行为可以取得可观收益。同时，发行人应该注意这样做的成本以及可能会产生的市场扭曲，因为投资者可能偏好收益曲线中的某一特殊部分以及一些特定类型的工具。而在一些发展程度较低的国家中，当名义收益曲线可能会延长到短期证券，试图快速地延伸收益曲线以超过该点是不切实际的或不可行的，这将导致一些新兴市场国家去发行大量的长期通货膨胀指数债券或浮动利率债券，因为这些债券可以吸引大量投资者进入那些政府债务较高且货币机构信用较低的国家。

专栏 5.5 发展有效政府证券市场的相关条件

在绝大多数国家，政府证券市场的发展在建立一个流动且有效的国内债券市场方面所起到的作用已经变得至关重要。国家已采用不同的方法以掌握实施措施的时机和顺序以建立这些市场；这些项目的许多元素中的主要部分已被总结如下：建立投资者信心的一个重要的前提条件是对健全的宏观经济环境的追踪记录。其中，包括实施适宜的财政及货币政策，并结合汇率体制与支付状况的可行平衡。另外，在发展初期阶段发展国内证券市场，包括解决定位证券市场监管、市场基础设施，以及证券需求和证券供给。

发展证券市场监管以支持政府证券的发行与交易的早期阶段工作包括：

■ 建立证券发行的法律框架。

■ 完善监管环境以促进市场发展，并强制执行合理的监管措施。

■ 为向财政部报告而引进适当的会计、审计以及信息披露措施。

随着时间的推移以发展市场基础设施来帮助建立市场流动性，并降低系统风险的措施包括：

■ 引进适合于市场规模的交易安排，包括有效和安全的监管、清理与清算程序。

■ 鼓励发展市场做市商制度，使得买卖双方可以用反映公允价值的价格进行有效交易。

■ 清除可能妨碍政府证券交易的所有税费和其他监管阻碍。

■ 在一个更大的平台上，扩展其他货币交易与风险管理工具的范围，例如回购、利率预期、掉期交易。

■ 通过中央银行的操作管理市场的流动性。

通过以下措施增加政府证券的需求，在广泛战线上采取行动奠定潜在的投资者基础：

■ 清除将会阻碍机构投资者发展的监管与财政扭曲（例如养老金制度改革）。

■ 通过抓住投资者资源以消除低于市场利率的基金。

■ 实施适当规则和监管体制，影响国内市场中的境外投资者参与。

在扩大政府证券供应的过程中，建立一个有效的一级市场的关键要素包括：

■ 为证券发行及债务管理设定清晰的目标。

■ 发展关于政府流动性需求的基本预测。

■ 创建一个安全且有效的证券分配渠道（例如拍卖、企业联合组织，以及一级交易商的潜在使用），以定向满足投资者需求并降低交易成本。

■ 逐步延长政府证券的到期日。

■ 整合债券发行数量，并建立带有常规到期日的标准证券，以最终提供市场基准。

■ 向可预测并透明的债务管理运作方式靠近，例如，预先公布发行日程表，并披露关于融资需求与拍卖结果的更多信息。

关于政府证券市场发展的更多细节 World Bank 与 IMF 会继续进行讨论。

因为一些投资者试图通过购买一系列证券或者进行一系列投资来分散其承担的风险，所以债务管理人应该通过沿着收益曲线上的不同坐标点发行证券（不同的到期日），在一年间的不同时期发行证券（而不是一次性发行大量证券），发行含有不同现金流量特征的证券（例如，固定票息或浮动利率，名义的或指数挂钩的），以及发行以特定的投资者（例如，大客户、散户投资者、特定的情况、境内或境外的投资者）为目标的证券等措施，以试图分散其债务组合中存在的风险。[36]在此过程中，债务管理人应公平对待每一位投资人，如有可能，应发挥其债务工具的综合流动性。这将会增加他们对于投资者的吸引力，并降低投资所要求的流动性风险溢价，同时，降低政府债券定价过程受到小部分市场参与者行为的严重影响的风险。当意识到建立流动性基准发债的优点时，以拓展基础投资者和分散展期风险为目标的均衡方法，会有助于达到降低长期债务成本的目标。

在国内市场发行一系列带有标准功能的债务管理工具，将会帮助金融市场变得更加完善。这可以使得所有参与者更好地规避其金融义务和风险敞口，因此通常有助于降低风险溢价以及经济脆弱性。

发行带有嵌入式期权的工具（如储蓄债券、为可根据债券持有人要求而赎回的债券）也可能会有助于工具多样化。然而，甚至在可发行这类证券存在合理原因的情况下，债务管理人也应十分谨慎以确保嵌入式期权中的固定风险以及其他衍生工具已被整合到风险管理框架中，而且发行人与其他市场参与者已经非常了解这些工具与相关风险。

一级市场

在一级市场中，债务管理人的操作应当是透明且可预测的。先不论募集资金的机制，经验表明当政府的操作透明时，例如，在发行新证券时提前公布借贷计划，且当政府创建一个供投资者现场操作的平台时，一般情况下借贷成本都将最小化，且市场的功能将会得到最大程度的发挥。债务管理人应对新证券发行的期限与条件进行公示，且投资者应对情况有所了解。用于管理新证券发行的规则应当对于每一位投资者而言都是公平的。而且，债务管理人应与市场参与者保持对话且在同时监督市场发展，以使他们处于一种良好的状态，当情况需要时快速地作出反应。

在债券发行时，应尽可能地使用以市场为基础的机制，包括竞争性拍卖以及企业联合组织。在政府证券的一级市场中，最好的做法表明如果可行，政府应努力地使用以市场为基础的机制募集更多的资金。尽管那些没有需要去定期募集资金的借款人已经可以成功地使用企业联合组织，而国内的货币借贷，仍然主要为政府证券的拍卖形式，或者为市场引进新的工具。[37]政府应根据市场环境取消少数拍卖，或者将参与竞拍的人员数量降到预先声明的投标人数量以下，以达到短期债务偿还成本的目标。经验表明这类行为会影响到拍卖的信誉、并损害拍卖过程的完整性、导致产生风险溢价、阻碍市场发展，并使长期债务偿还成本升高。

二级市场

政府与中央银行应促进在大多数市场环境下都能有效作用的弹性二级市场的发展。在许多国家，债务管理人与中央银行都会在这一方面与财政部门监管机构以及市场参与者紧密合作。其中，包括支持市场参与者去努力发展关于指导交易参与者进行交易的准则，并与他们一起合作以确保交易行为与系统不断改进并反映最佳实践。同时还包括促进积极的回购市场的发展，以加强基础债券中的流动性，并通过交易担保最小化信用风险（国际结算银行，1999）。

政府可以通过取消有损投资者证券交易意愿的税收以及监管障碍，来促进有效债券二级市场的发展与维护。其中，包括取消以低利率向政府提供来自于金融中介机构的限制性基金的监管，并修改扭曲金融及非金融资产的投资与交易的税收政策。另外，政府还应想办法监管那些含有大量经常性信息披露以及监管需求的金融市场以及市场参与者，以降低欺诈风险，并对参与者可能造成的风险进行控制。这些风险的产生是由于采用将导致金融系统性故障以及破产风险提高的不明智的资产负债管理行为。

通过对合理货币政策的追求，中央银行在政府证券的有效二级市场的发展与维护中起着至关重要的作用。通过以一种与其设定的货币政策目标相一致的方式来落实货币政策，中央银行已在提高市场参与者通过收益曲线进行交易的意愿方面起到了推动作用。中央银行正在使用涉及政府证券交易的间接工具逐步落实货币政策。对于这些工具的正确设计以及恰当地使用，已经在很大程度上帮助深化和增加证券市场的流动性。例如，日常的公开市场操作以落实货币政策，可以适当提高市场流动性，因此有助于完善金融市场。

用于包含政府证券在内的金融市场交易的结算和清账系统应具备良好的性能。[38]及时有效的支付、结算和清账系统可以帮助政府证券市场内的交易成本最小化，并遏制金融体系中存在的系统风险，由此来帮助降低政府的融资成本。负责金融交易支付、结算和清账系统的机构通常会与市场参与者紧密合作以确保这些系统在大多数的交易环境下都可以正常发挥作用。

本章注释

1. 可导致较高利率的过多的债务，将会对真实产出产生负面影响。参阅实例，Alesina（1992）等。

2. 除去政府对于金融危机的真实成本的关注之外，政府想要避免过高风险的债务结构的愿望反映了其损失对于对国家财政状况产生的潜在影响、资本获得，以及损失将会最终导致较高的税收负担和政治风险事实的关注。

3. 这些指导准则同时可能为其他等级的政府提供一些关于其债务管理责任的有价值的见解。

4. 关于合作事项的进一步信息，请参阅 Sunararajan、Dattels 和 Blomestein（1997）。

5. 已开发出多种分析架构，以在成员国公共债务持续性方面进行指导。例如，那些国际货币基金组织（IMF）用在其监管行为中的分析架构便可以在其网站上找到："持久性评估，"，http：//www. imf. org/external/np/dr/sus/2002/eng/052802. htm；"低收入国家中的债务持久性——向前瞻性政策看齐"，http：//www. imf. org/external/np/dr/sustain/2003/052303. htm；以及"持久性评估——应用与方法改良评论，"，http：//www. imf. org/external/np/dr/sustain/2003/061003. htm。

6. 可以在关于"债务管理策略"和"风险管理框架"的指导准则的章节中，找到关于债务组合风险与成本分析的更多信息。

7. 这一章主要引用了 IMF（2001）财政透明度良好实践标准——原则声明（后简称 FT 标准），与 IMF（1999a）货币与财政政策中透明度良好实践标准——原则声明（后简称 MFP 透明度标准）关于债务管理操作的某些方面。这一章分段落采用了 MFP 透明度标准标题。

8. 请参阅 MFP 透明度标准 1. 2、1. 3 和 5. 2（IMF，1999a）。

9. 请参阅 MFP 透明度标准 1. 3 和 5. 1（IMF，1999a）。

10. 请参阅 MFP 透明度标准 6. 1. 3（IMF，1999a）。

11. 请参阅 MFP 透明度标准 1. 3（IMF，1999a）。

12. 请参阅 FT 标准第 II 节（IMF，2001）MFP 透明度标准第 VII 节（IMF，

1999a)。

13. 请参阅 FT 标准 2.2 (IMF, 2001)。

14. 请参阅 (IMF, 2000b) 政府财政统计手册以获取怎样表达这类信息的相关细节。另外，财政统计资料的机构间特别工作小组 (TFFS) 正在发展一种框架用来提供外部债务统计资料 (请参阅 IMF, 2003a)。

15. 在这一章的“风险管理框架”部分中，将进一步讨论或有债务信息披露的相关信息。

16. 请参阅 MFP 透明度标准引言部分 (IMF, 1999a)。

17. 请参阅 MFP 透明度标准 1.2、1.3，第Ⅳ和Ⅶ节 (IMF, 1999a)。

18. 审计程序可能会因债务管理操作的制度结构不同而不同。

19. 同时请参阅 FT 标准 1.2 (IMF, 2001)。

20. 同时请参阅这一章的“透明度与问责”部分，“明晰负责债务管理的财政机构的目标、角色和责任”段落与 MFP 透明度标准 5.2 (IMF, 1999a)。

21. 少数国家通过清晰定义限制条款，而将债务管理中的一些元素私有化，例如结算功能与外币债券的管理。

22. 如果由中央银行承担债务管理的主要责任，则尤其需要保持债务管理与货币政策目标间的明晰和区分。

23. IMF 正在致力于推动 CACs 在受外国法律控制的主权债券中的使用，并通过其监督行为监管其使用。

24. 在一些国家中，债务管理人同时还需负责管理一些外汇储备资产。

25. 金融衍生工具通常为债务管理人所使用，包括利率掉期和交叉货币掉期。通过使用利率掉期，债务管理人可以调整债务组合的利率敞口，通过综合转换将固定利率义务转换为浮动利率义务。相似地，可以使用交叉货币掉期综合改变债务义务的币种敞口。另外，有一些国家已经发行嵌入看涨和看跌期权的债券。

26. 当可以通过更为成熟的工具降低展期风险时，浮动利率较短的持续时间以及指数型债务仍然会暴露债券发行者债务偿还成本中的潜在可变性。

27. 付款拖欠是现金管理不善中较为普遍的一个实例。见专栏 5.2。

28. 请参阅“债务管理目标与协调”章节，“协调财政与货币政策”段落。

29. 可在 IMF (2000a) 中找到关于持有外汇储备动机与在不同汇率体制下影响储备充足率的因素的相关信息。

30. 绝大多数国家会根据名义债务偿还成本的未来流量，从中期至长期的角度测定政府债务的财务成本与风险。然而，对于那些积极管理其债务组合，想要从那些与当前市场价格中内含的利率与汇率不同的预期变动中获取收益的政府而言，通常会根据其交易组合市场价值的变化来计算他的交易净收益，同时会通过这些变化的差异对风险进行测定。

31. 在使用较为复杂的仿真模型时应格外小心。数据限制将会显著削弱这些模型的可用性，而获得的结果可能会与模型强烈相关，且对使用的参数尤为敏感。例如，一些参数可能在极限条件下表现不同，或者受到政策响应的影响。

32. 当然，政府同时应该采取一些校正措施，如消除可能会导致私营部门承担过度风险的政策偏离。

33. 一个典型的文件，应包括这些指标：如短期至长期的债务份额、外币占国内债务中的份额、外币债务中的货币组成、债务的平均到期日，以及到期债务的参数文件。

34. 然而，债务管理人应注意与持续再平衡债务组合以反应基准相关的交易成本，以及与短期内在组合结构中作出重大转换相关的交易成本。因此，通常做法是将基准特征表示为货币组成的范围、利率持续时间，以及再融资水平。

35. 一些政府发现降低政府融资需求将导致其政府债券市场中的资金流动性降低。这将会触发一场关于迅速支付债券而取得收益的讨论。在一定程度上作为大规模债券回购的备用选择，一些政府正在考虑继续发行债券以建立和维护流动的金融市场。相似地，在一些国家中长期不存在财政赤字，已经对政府债券市场的自然发展构成了阻碍。一些国家政府已经决定发行债券以刺激国内固定收入证券市场的发展。

36. 一些国家正在考虑将再谈判条款或 CACs 引入到他们的债务工具中，例如多数投票规则。

37. 一些政府已然发现引进市场做市商网络，将成为对于发行证券非常有益的机制，并促进形成一个繁荣且具流动性的交易市场。在其他国家已在努力建立一个更加开放的金融市场的同时，另外一些国家已为发挥此项功用而使用主要交易商。在主要交易商操作的情况下，需要对奖励措施、义务以及成为主要交易商的资格标准进行定义和披露。

38. 此领域内的相关工作，包括一组关于证券清算与清理的 30 条建议，涵盖 9 个基本原则，包括如中央存管、扣除计划、付款交货系统、结算惯例，以及证券借贷等方面。参阅国际结算银行（1997、2001a、b）。

本章参考文献

Alesina, Alberto, Mark de Broeck, Alessandro Prati, and Guido Tabellini. 1992. "Default Risk on Government Debt in OECD Countries." *Economic Policy: A European Forum* October: 428 - 63.

Bank for International Settlements. 1997. "Disclosure Framework for Securities Settlement Systems." CPSS Publication 20, Committee on Payment and Settlement Systems and the International Organization of Securities Commissions, Bank for International Settlements, Basel, Switzerland.

——. 1999. "How Should We Design Deep and Liquid Markets? The Case of Government Securities." CGFS Working Group Report 13, Committee on the Global Financial System, Bank for International Settlements, Basel, Switzerland.

——. 2000. "Core Principles for Systemically Important Payment Systems: Consultative Report." CPSS Publication 34, Committee on Payment and Settlement Systems, Bank for International Settlements, Basel, Switzerland.

——. 2001a. "Core Principles for Systemically Important Payment Systems." CPSS Publication 43, Committee on Payment and Settlement Systems, Bank for International Settlements, Basel Switzerland.

——. 2001b. "Recommendations for Securities Settlement Systems." CPSS Publication 46, Committee on Payment and Settlement Systems and Technical Committee of the International Organization of Securities Commissions, Bank for International Settlements, Basel, Switzerland.

Financial Stability Forum. 2000. "Report of the Working Group on Capital Flows." Paper presented at the meeting of the Financial Stability Forum, Singapore, March 25 - 26.

Greenspan, Alan. 1999. "Remarks before the World Bank Group and the International Monetary Fund." Paper presented at the 1999 Annual Meetings Program of Seminars, Washington, D. C., September 25 - 28.

Group of 10. 2002. "Report of the G - 10 Working Group on Contractual Clauses." OECD, Paris. http://www.bis.org/publ/gten08.htm#pgtop.

Group of 30. 1989. *Clearance and Settlement Systems in the World's Security Markets*. Washington, D. C.: Group of 30.

IMF (International Monetary Fund). 1993. *Balance of Payments Manual*, Fifth edition. Washington, D. C.: IMF.

——. 1999a. *Code of Good Practices on Transparency in Monetary and Financial Policies: Declaration of Principles.* Washington, D. C.: Interim Committee of the Board of Governors of the International Monetary Fund.

——. 1999b. "Communiqué of the Interim Committee of the Board of Governors of the International Monetary Fund." IMF, Washington, D. C.. http://www.imf.org/external/np/cm/1999/092699A.HTM.

——. 2000a. "Debt - and Reserve - Related Indicators of External Vulnerability." SM/00/65. IMF, Washington, D. C..

——. 2000b. *Government Finance Statistics Manual.* 2nd edition, draft. Washington, D. C.: IMF.

——. 2000c. "Joint Ministerial Committee of the Boards of Governors of the Bank and the Fund on the Transfer of Real Resources to Developing Countries Communiqué." IMF, Washington, D. C.. http://www.imf.org/external/np/cm/2000/041700.htm.

——. 2001. *Code of Good Practices on Fiscal Transparency—Declaration of Principles.* Washington, D. C.: IMF http://www.imf.org/external/np/fad/trans/code.htm.

——. 2003a. *External Debt Statistics: Guide for Compilers and Users.* Washington, D. C.: Inter - Agency Task Force on Finance Statistics, IMF. http://www.imf.org/external/pubs/ft/eds/Eng/Guide/index.htm.

——. 2003b. *Collective Action Clauses: Recent Developments and Issues.* Washington, D. C.: International Capital Markets, Legal, and Policy Development and Review Departments, IMF. http://www.imf.org/external/np/psi/2003/032503.htm.

——. 2002a. *The Design and Effectiveness of Collective Action Clauses.* Washington, D. C.: Legal Department, IMF. http://www.imf.org/external/np/psi/2002/eng/060602.htm.

——. 2002b. *Collective Action Clauses in Sovereign Bond Contracts—Encouraging*

Greater Use. Washington, D. C.: Policy Development and Review, International Capital Markets, and Legal Departments, IMF. http://www.imf.org/external/np/psi/2002/eng/060602a.htm.

Kester, Anne. 2001. *International Reserves and Foreign Currency Liquidity: Guidelines for a Data Template.* Washington, D. C.: IMF.

Sundararajan, V., Peter Dattels, and Hans J. Blomestein, eds. 1997. *Coordinating Public Debt and Monetary Management.* Washington, D. C.: IMF.

Wheeler, Graeme, and Fred Jensen. Forthcoming. *Sound Practice in Sovereign Debt Management.* Washington, D. C.: World Bank.

World Bank and IMF. Forthcoming. *Developing Domestic Debt Markets — A Practitioner's Manual.* Washington, D. C.: World Bank and IMF.

第六章

展望预算赤字

Homi Kharas 与 Deepak Mishra

许多经济学家与决策者将预算赤字看作对政府财政状况的综合测量。预算赤字一方面是收入与支出的差额；另一方面是根据贷款额与还款额的差额计算出来的。这种计算方法貌似很简单，但是所选方法、各种测量标准、不同的评估技巧以及其他复杂因素，都会使预算赤字的实际运算变得非常复杂。我们中的绝大多数人都非常在意报告中预算赤字的数字，却很少有人去关注用于产生这一数字的会计程序。就其重要性而言，总体来看方法与测量标准并不是那么重要。

但是预算会计活动中一些敏锐的观察者则持相反态度。例如，Blejer 和 Cheasty（1991）强调，财政赤字中的常规测量标准无法正确的计算出公共机构的预算限制，且形成了误导性的经济财政态势图（同见 Eisner，1984；Eisner 和 Pieper，1984）。而致力于研究银行重组财政会计的 Daniel、Davis 和 Wolfe（1997）发现，在许多国家非现金运作都被排除在预算之外，而这些被排除在外的因素却是非常重要的。Easterly（1998）注意到一些国家正在想方设法地在保持总负债额比例不下降的情况下，无论是通过减少资产或是将支出转嫁到预算限制之外，以达到国际货币基金组织（IMF）的预算赤字目标。Brixi、Ghanem 和 Islam（1999）发现，在一些东欧国家中，包括一系列银行复兴项目方面的支出在内，政府活动中的一大部分金额，都被排除在预算体系之外。Kharas 和 Msihra（2000a）表明在许多发展中国家，预算外支出，包括反应价值变化的债券调整以及由政府承担的或有负债，其债务累积的数量已经大大高于其报告的预算赤字。

先不论预算赤字中这些实际在常规情况下对其进行估算的明显限制，为什么预算赤字仍然会继续作为政府财政健康状况的主要指标？其中一个简单的原因就是，没有人愿意系统地找出报告的预算赤字中，有多少数额是没有涵盖进去的，但却又影响了政府的总负债。

在这一章中，我们发现预算赤字严重低估了政府的财政债务，而在一些罕见的例子中，出现了高估的情况。发现实际债务与报告赤字间的差额，我们称之为隐形赤字，其在发展中国家的影响比在发达国家中的影响要大得多。而在许多发展中国家，我们发现隐形赤字竟与报告的赤字一样高。我们同样发现，出现巨大的财政赤字之后，随之而来的便是金融危机。这表明隐形赤字不是随机生成的，而是战略性预算编制工作中的一部分，在经济萧条期间报告低于实际预算赤字的数字。

我们发现许多因素都促成隐形赤字的形成。其中较为主要的是，没有囊括或仅部分囊括银行与企业重组方面的支出、对于目前以及预期未来政府授权及或有债务支出的处理、将资本收益与损失排除在预算之外、使用不同的估价方法、以及使用转移支付和援助为预算赤字融资。

而真正的问题是，当前的预算会计惯例和准则，为自由裁量留有空间并鼓励金融工程。这些活动可能帮助一个国家在短期内避免潜在的财政调整，而在长期内却可能是适得其反的，因为国家将会在金融危机或财政危机中付出高昂的代价。所以，设置适当的会计惯例与准则，并建立一个独立的预算办公室来消除测算预算赤字中的自由裁量空间是非常重要的。

在下一节中，我们发现除了传统的赤字之外，存在很多因素影响政府的总体债务。而在随后一节中，我们对隐形赤字的大小进行了评估，且发现这一数字在发展中国家尤为巨大。之后我们对隐形赤字的各种来源进行了检验，例如金融危机之后金融体系以及企业的重组，来自于当前活动的资本损益，等等。最后一节则以讨论发展中国家当前的预算会计惯例与准则的改革需求结束。

债务与赤字：初等代数

在这一章中，我们总结了一些基础的代数式以证明常规预算赤字仅仅是影响政府债务总额的众多因素之中的一个而已。政府预算可以表达为：

$$E_t\ (B_t^e - B_{t-1}^e) + (B_t^d - B_A^d) + (H_t - H_{t-1}) = D_t + X_t \tag{6.1}$$

其中，B_t^e 为外币债务（以美元表示）；B_t^d 为以本国货币单位表示的国内总债务；H_t 为以本国货币单位表示的基准货币；E_t 为与美元相关的名义汇率；D_t 为以本国货币单位表示的常规（报告）预算赤字；X_t 为发生在预算界限之外、以本国货币单位表示的支出额。

整个表达式除以 P_tY_t，（其中 P_t 为物价指数，而 Y_t 为实质国内生产总值［GDP］，之后再进行一些处理）。

$$\left(\frac{E_tB_t^e}{P_tY_t} - \frac{P_{t-1}Y_{t-1}}{P_tY_t}\frac{E_t}{E_{t-1}}\frac{E_{t-1}B_{t-1}^e}{P_{t-1}Y_{t-1}}\right) + \left(\frac{B_t^d}{P_tY_t} - \frac{P_{t-1}Y_{t-1}}{P_tY_t}\frac{B_{t-1}^d}{P_{t-1}Y_{t-1}}\right) + \left(\frac{H_t - H_{t-1}}{P_tY_t}\right) = \frac{D_t}{P_tY_t} + \frac{X_t}{P_tY_t} \tag{6.2}$$

使用小写字母来代替相应的大写字母，以 GDP 的百分比表示，即

$b_t^e = E_tB_t^e/P_tY_t$，$b_t^d = B_t^d/P_tY_t$，$d_t = D_t/P_tY_t$，$x_t = X_t/P_tY_t$，$s_t =（H_t - H_{t-1}）/P_tY_t$，用 g 代表 GDP 名义增长率，用 π 代表通货膨胀率，使用 $\in$ 代表名义折旧率，之后再进行一些处理，上述等式便可变为：

$$(b_t - b_{t-1}) = \left(\frac{-g}{1 + g^{-1} + \pi}\right)b_t + \left(\frac{\in - \pi}{1 + g^t + \pi}\right)b_{-1}^e + \left(\frac{-\pi}{1 + g + \pi}\right)b_{t-1}^e - s^t + d_t + x_t \tag{6.3}$$

其中，b_t 代表总负债（外币加上本币）；以 GDP 百分比的形式表示。因此可以将负债占 GDP 比率的变化分解为六部分：

债务对 GDP 比率的变化 = 增长的贡献（A）+真实汇率的变动（B）+国内的通货膨胀（C）+常规赤字（D）+铸币税收入（E）+超出预算范围的支出（F）

各分解部分表明，从理论上讲，常规赤字仅是组成政府债务累积额中六个组成部分中的一部分。而重要的问题是，常规赤字对于累积额的影响与其他组成部分之间的关系是怎样的？为了解决这个问题我们引进了一个新的测量标准——隐形赤字，它可以衡量常规预算赤字和铸币税之外的政府债务的变化。因此隐形赤字为以下三项之和：B + C + F

隐形赤字的大小

为了对以上定义的隐形赤字进行评估，我们将进行一个简单测试。我们预测政府已经累积假定水平的债务，其中并没有资本收益和损失影响政府的债务（由于通货膨胀、货币贬值等等），且并没有发生任何超出预算范围的支出。因此我们设定 $\Pi = 0$，$\in = 0$，$X_t = 0$，然后改写等式：

$$b_t^h = \left(\frac{1}{1+g}\right) b_{t-1}^h - s_t + d_t$$

这里的 b_t^h 是指以前的预算赤字与铸币税作为仅有的两个资金来源情况下，假定的政府债务占 GDP 之比。请注意，g 为名义 GDP 的增长率，我们可以用阶数来表述上述方程，为方程去掉了输出条件，然后通过迭代来表示 b_t^h，作为之前的赤字、基准货币的超时变化、初始的债务水平，以及所有紧缩的货币支出的加总：

$$b_t^h = \frac{1}{Y}\left[B_0 + \sum_{i=1}^{i=t} D_i - \sum_{i=1}^{i=t}(H_t - H_{t-1})\right] \qquad (6.4)$$

使用 1980～1997 年间 29 个发展中国家以及发达国家的数据，对世界发展指标表中报告的债务—产出比率，与由等式（6.4）中计算得来的假定债务—产出比率进行比较。两个比率之间的差额则代表了政府累积的隐形赤字。

表6.1表明了在取样期间的末尾阶段，7个发达国家中实际与假定的债务—产出比率，以及累积的隐形赤字。我们发现在15～18年采样期间的期末阶段，实际与假定的债务—产出比率之间的差额在22个百分点（芬兰）至2个百分点（瑞典）之间变化。而在其他国家中这两组数字间的差额具体为，西班牙和美国为6个百分点，澳大利亚为8个百分点，挪威为13个百分点，澳大利亚为15个百分点。如果通过取样期间的年数对隐形赤字的总累计额进行分割，则发现每一年发达国家的平均隐形赤字仅为0.3%。

在发达国家中，常规预算赤字与铸币税是政府总债务中两个最主要的贡献者。这在表6.1中的最后一列有所体现。在7个发达国家中，6个国家（不包括挪威）的累计总债务中65%以上都是由这两个主要来源贡献而来的。

表6.1　　选定的发达国家中累积的隐形赤字

国家（采样区间）	采样期间末尾实际的债务—产出比率	采样期间末尾假定的债务—产出比率	采样期间累积的隐形赤字	预算赤字+货币铸造对总债务的贡献
	G（1）	（2）	（3）=（1）-（2）	（4）=（2）/（1）（%）
澳大利亚（1979～1996年）	22.53	14.78	7.75	65.50
奥地利（1979～1995年）	58.38	43.23	15.15	74.05
芬兰（1979～1995年）	66.10	43.85	22.25	66.34
挪威（1979～1996年）	28.07	14.78	13.29	52.65
西班牙（1979～1994年）	52.84	46.75	6.09	88.47
瑞典（1979～1996年）	70.89	72.97	-2.08	102.9
美国（1979～1997年）	48.93	43.30	5.63	88.49

资料来源：世界发展指标数据库。

然而，发展中国家的情况却大相径庭，表 6.2 为它们报告的比率[1]。我们发现在采样期间的末尾阶段，实际与假定的债务—产出比率之间的差异，在菲律宾为 79 个百分点，在巴西为 77 个百分点（1991 年末），在印度尼西亚为 74 个百分点，在约旦为 48 个百分点，在智利为 34 个百分点，在马来西亚为 33 个百分点，在韩国与泰国为 26 个百分点等等。而智利、菲律宾与泰国三个国家的假定债务—产出比率在抽样调查期间结束时为负数，这表明这些国家拥有巨额的预算盈余（或收集了如此之多的铸币税收入），以致他们不仅可以偿还所有的债务还积累了大量的外汇资产。但是在抽样调查结束时他们的实际债务—产出比率却为正值，以致他们同样必须积累大量的隐形债务需他日偿还。

如果通过取样期间的年数对隐形赤字的总累计额进行分割，则发现每一年发达国家的平均隐形赤字为 2.6%（不包括那些拥有隐形盈余的国家）。与发达国家不同，发展中国家常规预算赤字与铸币税并不是政府债务总额中两个最主要的贡献来源。这在表 6.2 最后一列中有所体现。在 11 个国家之中的 7 个国家（不包括那些拥有隐形盈余的国家），这两部分来源对于政府总债务的贡献低于 50%。

表 6.2　　　选定的发展中国家中累积的隐形赤字

国家（采样区间）	采样期末实际的债务—产出比率	采样期末假定的债务—产出比率	采样期间累积的隐形赤字	预算赤字 + 货币铸造对总债务的贡献
	(1)	(2)	(3) = (1) - (2)	(4) = (2)/(1) (%)
阿根廷（1981 ~ 1998 年）	31.41	10.80	20.58	10.80
巴西（1981 ~ 1991 年）	149.27	72.47	76.80	48.55
智利（1988 ~ 1998 年）	11.24	-23.08	34.32	-205.3
印度尼西亚（1979 ~ 1998 年）	82.11	7.84	74.27	9.55

续表

国家（采样区间）	采样期末实际的债务—产出比率	采样期末假定的债务—产出比率	采样期间累积的隐形赤字	预算赤字+货币铸造对总债务的贡献
	(1)	(2)	(3)=(1)-(2)	(4)=(2)/(1)(%)
约旦（1979~1995年）	90.16	42.61	47.55	47.26
韩国（1979~1998年）	27.83	2.10	25.73	7.55
马来西亚（1979~1998年）	35.33	1.61	33.72	4.56
墨西哥（1979~1998年）	41.21	32.33	-8.98	127.9
菲律宾（1979~1998年）	65.84	-13.62	79.46	-20.68
南非（1979~1995年）	57.42	72.93	-15.51	127.0
泰国（1979~1998年）	12.55	-13.62	26.17	-108.5
土耳其（1979~1998年）	38.69	61.97	-23.28	160.2
乌拉圭（1979~1994年）	26.33	10.21	16.12	38.78
委内瑞拉（1979~1998年）	31.10	38.77	-7.67	124.66

资料来源：世界发展指标数据库。

发展中国家与前一组中发达国家之间的一个显著性差异为，一些国家如墨西哥、南非、土耳其、委内瑞拉，在采样期间中的特定年间其实际的债务—产出比率大部分都低于他们的隐含债务—产出比率。其中，存在很多原因形成这一违反直觉的观察结果。首先，国家可能获得大量的债务豁免。他可能使用其私有化收入来偿还债务，或者可能会收到来自于多边或双边捐赠者的大量援助与赠与物以支持其预算。由于物价出现有利的变化（高度通货膨胀或真实汇率的大幅升值）而获得的资本收益，已足够抵偿其预算外支出。

隐形赤字的来源

在发展中国家，大量的因素与事件都有助于隐形赤字的形成。其中较为主要的是，不包括银行与企业重组方面的支出、对于目前以及预期未来政府授权和或有债务支出的处理，将资本收益与损失排除在预算之外、使用不同的估价方法，以及使用转移支付、援助、私有化收入作为融资项目。我们会在下面讨论其中两种来源。

重组已破产的金融机构与企业

我们已重复地观察到无论是发达国家还是发展中国家的决策人，都无法十分令人信服地保证，其可以使大型的金融机构以及国有企业在金融危机期间仅遭受到允许范围之内的损失。在发展中国家与转型国家之中，帮助破产的机构摆脱困境变得尤为困难——在这些国家之中，金融危机发生的更为频繁且更为严重，且其监管机制也使其政府的干预程度降到最低。重组支出会促进政府债务的形成，但是是否已将其囊括在了报告的预算赤字中呢？

研究表明在财政收支平衡条件下，当前无法恰当地履行政府救助的准则与惯例，以帮助银行与企业脱离困境或对其进行重组。Daniel, Davis 与 Wolfe（1997）表示，政府并不想通过政府预算、使用准财政操作以及将非现金操作排除在预算之外等手段，来直接地向金融机构提供帮助。

在先前所作的 4 个研究的其中之一里，Kharas 与 Mishra（2000b）发现在转型国家中，银行救助操作的会计实践都遭受了相同的指责。例如在捷克，其债务—产出比率从 1994 年的 25 个百分点增加到了

1998 年的 36 个百分点。同一期间，常规赤字从 1994 年最低的 0.9 个百分点的盈余变为 1998 年最高 1 个百分点的赤字。当将钱花费在准公共机构上时，如 Konsolidacni Banka、Ceska Insasni、Ceska Financni，这些用来带动银行业复兴的机构，国家财产基金的总债务增长，而该支出几乎都被排除在预算赤字估算之外。因此捷克政府在 1994 ~ 1998 年期间存在大约为 4.98 个百分点的平均隐形财政赤字。

通过使用 Caprio 和 Klingebiel 的研究，我们可以在表 6.3 中检查各种银行业危机的财政成本是否已在各自政府的预算赤字中有所体现。阿根廷在 1980 ~ 1982 年间经历了一场银行业危机，而在这 3 年期间报告的预算赤字分别为 GDP 的 3.11%、5.43% 以及 4.22%。在同一期间，中央政府的总体债务上升为先前的 3 倍，从 90 亿美元上升到 250 亿美元。通过实际的债务—产出比率，我们可以估计这些年间阿根廷的隐含赤字。我们发现在 1981 ~ 1982 年间，隐形赤字分别为 GDP 的 14.38% 与 12.79%（由于数据的缺失，我们无法计算 1980 年的隐形赤字）。这表明在 1981 ~ 1982 年期间，在阿根廷大约占 GDP 的 9% 和 8.5% 的隐形赤字被用于帮助银行业脱离困境，而这些支出却在预算赤字中没有报告。而在表 6.3 中所列出的 5 个国家中，即智利、芬兰、匈牙利、马来西亚以及印度尼西亚，其情况也与阿根廷大致相同。在绝大多数可以预测隐含赤字的情况下，我们发现隐形赤字通常会高于报告的预算赤字。

汇率的变动和资本的损益

根据我们所展示的分解组成部分可以看出，名义或真实汇率大规模的下降或上扬都会对真实的负债总量造成明显的冲击。假设在发展中国家，真实汇率贬值的频率高于升值的频率，那么政府由于汇率变动所遭受的资本损失将大于资本收益。尤其是在与剧烈且真实汇率显著的贬值紧密相关的货币危机期间，政府所遭受的资本损失可能非常严重。

表 6.3　　　　银行危机的财政成本

国家	年度	银行业危机的估算成本（%GDP）	在此期间总债务的增加值	在此期间报告的预算赤字（%）	在此期间的隐形赤字（%）
阿根廷	1980～1982	55.3	从1980年90亿美元到1982年250亿美元	1980年：3.11 1981年：5.43 1982年：4.22	1980年：n.a 1981年：14.38 1982年：12.79
智利	1981～1983	41.2	实际数据无法获得，预测其1982年负债占GDP比例为118%	1981年：－2.59 1982年：0.98 1983年：2.63	n.a n.a n.a
芬兰	1991～1993	8.0	从1991年的220亿美元到1993年的480亿美元	1991年：6.95 1992年：14.74 1993年：13.38	1991年：6.05 1992年：15.21 1993年：8.99
匈牙利	1992～1995	10	从1992年的230亿美元到1995年的370亿美元	1992年：7.29 1993年：5.72 1994年：7.12 1995年：6.39	1992年：n.a 1993年：20.75 1994年：5.09 1995年：11.78
马来西亚	1985～1988	4.7	从1985年的240亿美元到1988年的320亿美元	1985年：5.68 1986年：10.48 1987年：7.73 1988年：3.62	1985年：3.15 1986年：11.07 1987年：14.28 1988年：5.25
印度尼西亚	1993～1994	1.8	从1993年的570亿美元到1994年的620亿美元	1993年：－0.61 1994年：－0.94	1993年：3.41 1994年：4.18

资料来源：Caprio 和 Klingebiel（1996）。n.a. 表示数据不可用。

另一个导致政府负债真实价值变动的资本损益的来源可能产生于交叉汇率变动，而它在大多数情况下都被排除在预算账户之外。根据 Cassar 和 Folkerts－Landau（1997）的研究，印度尼西亚在 1993～1995 年间，外债美元价值增加的 1/3 都是由于交叉汇率的变动，且主要是由于日元的升值。而据报道，在马来西亚，1994 年日元的急剧升值，使得其外债的美元价值上升了 6 个百分点。菲律宾在 1995 年，日元价值也同样解释了其外债中美元价值将近一半的增长原因。在接下来的 1996 年，日元的贬值也确实弥补了这些国家所遭受的部分损失，而且这也可能是在 1996 年这些国家中的一大部分预算外支出突然下降的原因。

结 论

在发达国家，公共盈余以及赤字的累积，可以给出一份真实且准确的关于公共债务如何随着时间演化的概况图。而在发展中国家，反映的情况却并不真实。在过去 20 年中，债务的实际增长已经远远高于常规赤字的累计总额。存在多种测定标准与方法是产生这种情况的原因，也是为什么发展中国家对于隐形赤字的问题的敏感度远远高于发达国家的原因。

本章注释

1. 发展中国家的数量受到了数据可用性的限制。这些国家分别为阿根廷、澳大利亚、奥地利、巴西、智利、印度尼西亚、芬兰、约旦、韩国、马来西亚、墨西哥、挪威、菲律宾、西班牙、南非、瑞典、泰国、土耳其、美国、乌拉圭以及委内瑞拉。这些数据来自于世界银行的世界发展指标数据库，且仅为中央政府的有关数据。关于基准货币 H_t 的数据则来自于 IMF 的国际金融统计数据库。

本章参考文献

Blejer, Mario I. , and Adrienne Cheasty. 1991. "The Measurement of Fiscal Deficits: Analytical and Methodological Issues." *Journal of Economic Literature* 29 (4): 1644 –78.

Brixi, Hana Polackova. 1998. "Contingent Liabilities: A Threat to Fiscal Stability." Prem – Notes Economic Policy 9, World Bank, Washington, D. C. .

Brixi, Hana Polackova, Hafez Ghanem, and Roumeen Islam. 1999. "Fiscal Adjustment and Contingent Government Liabilities: Case Studies of the Czech Republic and Macedonia." Policy Research Working Paper 2177, World Bank, Washington, D. C..

Buiter, Willem H. 1985. "A Guide to Public Sector Debt and Deficits." Economic Policy 1 (November): 13 - 79.

Caprio, Gerard, Jr., and Daniela Klingebiel. 1996. "Bank Insolvencies: Cross - Country Experience." Unpublished paper, World Bank, Washington, D. C..

Cassard, Marcel, and David Folkerts - Landau. 1997. "Risk Management and Sovereign Assets and Liabilities." IMF Working Paper 97/166, International Monetary Fund, Washington, D. C..

Daniel, James A., Jeffery M. Davis, and Andrew M. Wolfe. 1997. *Fiscal Accounting of Bank Restructuring.* IMF Paper on Policy Analysis and Assessments PPAA/97/5, International Monetary Fund, Washington, D. C..

Easterly, William. 1998. "When Is Fiscal Adjustment an Illusion?" Policy Research Working Paper 2109, World Bank, Washington, D. C..

Eisner, Robert. 1984. "Which Budget Deficit? Some Issues of Measurement and Their Implications." *American Economic Review* 74 (2): 138 - 43.

Eisner, Robert, and Paul J. Pieper. 1984. "A New View of the Federal Debt and Budget Deficits." *American Economic Review* 74 (1): 11 - 29.

Kharas, Homi, and Deepak Mishra. 2000a. "Fiscal Policy, Hidden Deficits, and Currency Crises." In Economists' *Forum* 1999, ed. Shantayanan Devarajan, F. Halsey Rogers, and Lyn Squire. Washington, D. C.: World Bank.

——. 2000b. "Hidden Deficits and Contingent Liabilities." In *European Union Accession Opportunities and Risks in Central European Finances.* Washington, D. C.: World Bank.

第七章

或有债务与财政风险的研究

Hana Polackova Brixi

经验表明，政府可能积累了在财政文件资料中既没有被记录，也没有可用于分析的大量或有债务。[1] 而只有少部分政府拥有制度框架，且有能力有效地控制与管理或有债务。也只有相对少数分析专家拥有分析由或有债务而产生的财政风险所需的信息与工具。其中，新兴市场经济最倾向于积累或有债务及相关的财政风险，原因有四。

第一，过渡与结构性改革的高成本已导致产生了包含政府或有债务的计划方案（如表 7.1 中所示，显性的与隐性的），并需将部分成本转嫁至未来。

第二，由于财政限制与功能性原因（养老金与基础设施）而带动的国家功能的私有化，要求或有的政府支持（无论是显性的或是隐性的），以诱使私人部门参与。

第三，根据发达国家和发展中国家可证实的经验，对于赤字目标的追求已刺激政府作出不需即时现金的预算外形式的政府支持，至少可允许资金周转一段时间，而因此隐藏潜在的财政成本，当然同时也

表 7.1　　目前新欧盟成员国中的或有债务与财政风险

	在所有情况下承担的直接义务	在特殊情况发生时承担的或有义务
显性的 法律或合同规定的政府义务	主权债务——中央政府的贷款合约与证券发行 ■ 塞浦路斯、马耳他与波兰（规模与投资组合的风险） ■ 匈牙利（到期风险） ■ 捷克（利率风险） 将来不可任意支配的预算支出，主要用于社会保障与健康 ■ 捷克、马耳他与斯洛文尼亚（老龄人口养老金与医疗的成本） ■ 塞浦路斯（老年人的养老金成本）继续改革所花费的转换成本 ■ 波兰（公共管理、健康医疗与社会保障的改革） ■ 立陶宛（养老金与健康医疗的改革） ■ 爱沙尼亚、匈牙利、拉脱维亚、斯洛伐克（养老金改革） 欠款 ■ 立陶宛（VAT 退税的欠款） 类似于减免等，税收优惠造成的财政收入的减少 ■ 波兰（国有公司免税） 同 EU 与 NATO 相比的支出承担	企业借款的国家保障 ■ 捷克、塞浦路斯、马耳他、波兰与斯洛文尼亚（主要针对于政府管理下的公司的信用保证） 对于不同实体的债务以及其他义务的法定担保包括金融机构（国有银行、养老基金、基础设施发展基金等等） ■ 捷克（捷克国企重组委员会，捷克集团，捷克土地基金，铁路运输基础设施管理，农业保障，信用担保基金） ■ 匈牙利（国家发展银行，进出口银行，出口保险公司，用来支付个人养老金的养老储备基金，存款保险基金，信贷担保基金，农村信贷担保基金，农业市场制度办公室，私有机构的环境保证） ■ 爱沙尼亚、拉脱维亚、立陶宛、波兰与斯洛伐克（保证金/储备金，相关的最低养老金/返还保证、存款保证、投资者保护、信贷与出口保证的相关比例） 关于服务购买契约的国家保证 ■ 波兰（过去的电力购买协议产生的相关义务） ■ 针对于私人投资者与服务供应商的其他国家保证 ■ 匈牙利（与邮政银行私有化相关的保证） 关于本地政府债务以及其他义务的国家保证国家保证计划 诉讼 ■ 波兰（就薄弱的版权保护以及 1944 ~ 1962 年财产损失，对政府提出合法要求） ■ 立陶宛（关于存款补偿和不动产补偿提出合法要求） ■ 斯洛伐克（由捷克斯洛伐克贸易银行（CSOB）与斯洛伐克天然气公司提出的合法请求）

续表

	在所有情况下承担的直接义务	在特殊情况发生时承担的或有义务
隐性的 反映公共与利益集团压力的政府的“政治”义务	公共投资项目在未来的经常性成本	通过公共部门企业的资助来支付其损失、欠款、拖延的维护、债务以及保证，以进行赔偿 ■ 波兰（国有公司的义务——一些产生于铁路与矿区整修期间、医院与国家机关的义务） ■ 匈牙利与马耳他（国有公司的义务与重组的相关成本） ■ 捷克（由国家资产基金颁布的环境保证；捷克铁路的损失、欠款与债务） 通过由本地政府进行资助以支付其的债务、保证、欠款、信誉保证书，以及其他相似事物，而进行赔偿 ■ 波兰（与地区发展相关的地方政府债务以及保证） ■ 立陶宛（市政预算欠款） ■ 捷克与医院拖延相关的应急措施 通过金融机构，如国有银行、社会保障基金、信用与保障基金进行索赔 ■ 拉脱维亚（养老基金与社会保障基金） ■ 斯洛文尼亚（小型企业发展基金，地区保障计划） 由于个人投资而产生的非契约性索赔，例如，在基础设施方面进行投资 ■ 匈牙利（由于机动车道建设特许权而可能产生的索赔要求——其中一部分由国家发展银行的道路建筑公司完成） ■ 波兰（由于高速公路建设特许权而产生的索赔要求） 其他一些可能需要尽到的义务，如为了防止一些仍然未知的损害，核与有毒废气物对环境造成污染而采取的环境保护措施 ■ 立陶宛（停止运作伊格纳林纳核电站） ■ 塞浦路斯（重新统一的成本）

资料来源：多种来源。研究框架基于 Polackova（1998）。

VAT = 增值税，EU = 欧盟，NATO = 北大西洋公约组织。

注意：这一列表中的内容，体现了中央政府（指财政机构，而不是整个公共部门）需要面对的财政风险。表所列出国家存在各个来源高风险，并且风险十分显著。表中所有记录并不全都是最新的，然而我们即将对其作出更新。

产生了或有债务。相似地，对于财政调整及赤字目标的追求会使结构性改革变得异常复杂，使长期财政风险升高。

第四，不断提高及加强地方政府的自主权，可能将与地方政府或有债务的提高相互关联。而这些地方政府的义务将会以政府的显性或隐性的或有债务形式表现出来。

国内市场仍在逐步形成，如果破产，政府的或有债务产生于因防止破产而提供的显性义务与隐性期望的帮助。这些期望也可能会导致道德风险，相应的道德风险则会使财政风险趋于恶化。

无论结果是借助财政机会主义以掩盖政府项目的真实财政成本，抑或是作出更多的努力以找到更有效的方法来达到政策目标，还是宽大处理市场代理中存在的道德危险行为，结果都证明在一般情况下或有债务的代价都是非常昂贵的。例如，担保期满，国家保险方案要求缴纳补助金，银行将被卷入政策性贷款或者遭受过度风险而希望得到政府援救甚至申请援救。国际经验表明，或有债务倾向于表面化且需要公共资源的帮助，这点在经济衰退时期表现得尤为明显。

因此，在财政分析、财政管理与财政监督工作框架中，应将或有显性债务与或有隐性债务全都考虑进来。近年来一些国家在报告、会计、预算以及整体财政管理工作中取得了不小的进步，而在一定程度上要感谢那些由国际机构领导负责的行动计划。这些国际机构包括欧盟委员会、欧盟统计局、世界银行、国际货币基金组织（IMF）、国际最高审计机构组织（INTOSAI），以及经济合作与发展组织（OECD）。然而揭露、评定并定位政府的或有债务以及相关的财政风险，仍然是一件非常困难的事情。同样地，在政府报告低预算赤字与低负债期间，政府的这一举措并不正确，且在不久的将来也不可能实现财政稳定，尤其是在新兴市场经济中。

我们所面对的挑战是，怎么样最好地去捕捉财政构架中的或有债务。世界银行、欧盟、IMF以及其他机构，已在将或有债务与相关财政风险放入到财政分析正式构架中取得了一些经验（欧盟委员会与世界银行，1998、2000；欧盟委员会，2004）。包括加拿大、哥伦比亚、捷克、荷兰与美国在内的一些国家，已经提供了一些在财政构架中捕捉最基本的选定的或有债务的优秀实例。在这一背景之下，近年来产生了几个分析性与制度性的概念并在实际中得到了应用，即财政风险矩阵；财政透明度 IMF 准则；风险会计、风险预算、风险准备金制度；以及风险管理中所使用的资产负债表（Cassard 和 Folkerts - Landau，1997；Brixi 和 Schick，2002；Irwin，2003a；IASB，2004）。而且，包括智利、土耳其及瑞典在内的一些国家，已经在通过更为精细复杂的风险评估方法的帮助下尝试去处理或有债务）。本章讲述了从扩展范围的经验中吸取的教训。

也许包括财政构架中的或有债务在内的所有问题中，最主要的便是政府是否愿意去披露相关信息。或有债务可能以多种形式产生，可能会涉及不同的政府等级，也可能一直无法将其检查出来直到期满。尽管如此，也将会是由金融机构而不是政府来策划援救措施。许多或有债务仍然是未知的，除非政府主动进行揭露。而某些或有债务政府本身也并不清楚，除非政府监管其包括地方政府与国有单位的或有债务在内的所有财政风险来源。

如果政府揭露或有债务的意愿是非常重要的一个因素的话，那么奖励与强制执行也同样重要。实际上问题变为，国家是否会关于透明度而受到奖励或惩罚？一些国家的经验表明，当他们揭露或有债务时将会受到惩罚，而不是在那些隐性的或有债务到期时才受到惩罚。例如，1997 年，捷克财政部部长自愿披露了一些以前由于所谓的转型制度[2] 以及预算外基金而引起的未知的或有债务的详细信息。同一时期，这些实体已经被废除或将要废除，使其归属于马斯特里赫特财政框架之中。然而，从捷克财政部部长公开讨论或有债务的那一刻起，许多国际机构如国家信用评级机构，以及其他一些机构都纷纷表示非常关注捷克的或有债务。他们的注意力并没有集中在捷克已最终使其或有债务得到控制的事实上。分析家们并没有称赞其为财政透明度以及纪律而作出的令人敬畏的表率，反而是敲响了警钟。

当前的风险敞口：来自于新欧盟成员国的实例

通过使用来自于新欧盟成员国（捷克、塞浦路斯、爱沙尼亚、匈牙利、拉脱维亚、立陶宛、马耳他、波兰、斯洛伐克以及斯洛文尼亚）的实例，这一部分阐述了政府暴露财政风险的类型，而这些财政风险通常产生于新兴市场经济中。

当前，或有债务的三个主要来源出现在新欧盟成员国中。

第一，一些国家已开始使用或有债务来处理金融机构与企业的重组、转型成本，以及私有化成本。例如，由政府明保或暗保的私有化基金，已在几个国家进行担保，其中包括捷克和匈牙利。这主要与隐性环境义务相关。在绝大部分新的成员国中，经济结构调整正在继续。比如，在波兰矿物开采、铁路部门，或者马耳他造船厂中正在进行的经济结构调整以及私有化，便可能产生国家的或有债务与相关的财政风险。

第二，最近新的成员国发现或有债务是一种促进国家职能转变的有效手段。所有着手进行大规模养老金制度改革的新成员国——即爱沙尼亚、匈牙利、拉脱维亚、波兰以及斯洛伐克，作出最小化养老金利益或收益的改革，作为改革方案中的一部分的相关保证。尽管我们将会在效率与公正的层面上调整这些保证，但是它们仍旧会引发财政风险。

许多新成员国已经开始考虑扩大公私合作关系（PPP）的使用范围，使其成为消除基础设施差距的一种方式。然而，公私合作却倾向于要求政府通过变相补助支持，通常采用的形式为中央政府或地方政府应履行的显性担保或合法的但约束力较小的“非正式保证函”。迄今为止世界范围内或几个新成员国内（例如匈牙利的道路部门、波兰的电力部门）的经验表明，公私合作将会导致政府承担巨额的或有债务以及财政风险。且如果政府同意承担除了与自己政策直接相关的风险之外的任何风险，那么大多数情况下这一问题都将被扩大。

第三，或有债务可能会作为地方政府在促进地区及当地发展时采取措施中的一部分而出现。为了履行日益增多的责任，地方政府则需要超过他们的预算——通过借债或积累或有债务的方式。在统一的政府账户中，我们可以很方便地捕捉到政府借入或有债务的动作，而且绝大多数的新成员国已建立了关于地方政府借入或有债务的严格的监督系统。然而由政府承担的或有债务，经常被保留在政府账户与财政监督系统之外——财政监督系统用于揭露地方政府以及最终的中央政府的财政风险。

表 7.1 提供了一个关于当前财政风险来源的缩略图。它阐述了在新成员国中，显性或隐性的直接债务与或有债务。其中的许多内容被提及，而有一些甚至是欧盟委员会根据国家的集中项目评估而来的。

虽然我们无法通过欧洲综合核算体系来明确地捕捉到或有债务，但是在一些新成员国中一些或有债务已经进入到政府的财政构架中而服从于马斯特里赫特条约，因为这些国家已经扩展了他们对于一般政府的定义。那些负责财政活动融资的预算外机构归一般政府负责，这实际上是重新定义这些机构的义务，即从对政府负有或有责任变为对政府负有直接责任。[3]

捷克与斯洛伐克已成了这一改革的领头人，它们通过国家机构与国家担保，使其政府风险敞口中的绝大部分内容归属于正式的财政构架。这两个国家已经将未完成的担保评定为危险级别，并将完全价值作为政府债务来报告。尽管这一举措在短期内会对其报告的赤字与债务产生负面影响，但是它却能够阻止这些陈旧的或有债务使将来的财政调整变得复杂而难以完成。在其他拥有大量政府担保的投资组合的国家中，即波兰、塞浦路斯和马耳他，这一情况却正好相反。

财政调整以及决策者短期内减少对赤字与债务的关注，都因获得或有形式的支持而闻名。例如在基础设施方面，在政府短期内集中管理预算赤字与债务的同时，它更愿意去鼓励国家下属的金融机构与非国家性质的参与方来为基础设施融资或负责其运营。因此，基础设施中的私人参与并不是努力去提高效率的结果，而是与显性补贴和资本支出（政府的直接债务）转化为显性或隐性担保（政府的或有债务）的努力相关。一些新成员国（尤其是塞浦路斯、捷克、匈牙利、马耳他、波兰和斯洛伐克）都将面对在未来进行财政调整的需要，也许除了斯洛伐克之外，情况还会因他们人口老龄化显著升高的财政成本变得非常复杂。因此，他们可能需要通过转换为或有形式的政府支持来试图缓和现时的预算压力。

在检查中实施财政机会主义将会成为国内财政机构的一项主要任务。通过将或有债务完全地涵盖在其分析与监视中，欧盟委员会、IMF、世界银行，可能做到促进或有政府支持的正确使用，并制止或有债务的过度积累。

紧接着的两节将讨论因基础设施中的公私合作关系而产生的政府财政风险，以及来自于地方政府的财政风险。最后一节则讨论国内的财政机构，以及国际机构与公民社会对或有债务起到的潜在作用。

私营基础设施中的公共风险

许多发达国家与发展中国家正在寻找更多的可用财政资源来促进各部门之间的投资和服务的提供。拉丁美洲、亚洲、中欧和东欧中的许多国家已经开始处理国内财政部门与官方发展援助做法的局限性。他们需要探索更多的选择，以将实际社会基础设施中的一部分专由私人投资。这一章仅考虑了这一经验的公共（财政）方面，该方面主要与过少的公共支持可能妨碍私人投资者参与其中并对政府招商引资的目标产生不利影响，而致使政府处于压力之下的事实相关。

经验表明，提高商业运行的效率或公共政策的质量，而不是通过将补助金转换成或有债务，可以节省在基础设施私有化中的财政费用。私人投资者经常会向相关政府机构寻求一些形式的财政支持——以增加项目的预期现金净流量或减少现金流量的波动性（即减少风险）。预先的给予（以现金或实物支付）、持续的补助与信贷津贴，都会提高项目的现金流量而不需改变风险程度。其他形式的财政支持也会降低投资者或债权人的风险敞口，包括从属于其他债务的贷款、最低收入保障、信用保证与外汇保证。就是这些减少风险的或有政府支持措施在适当的时候产生不可预见的财政成本。

我们并不确定，政府对于基础设施作出的或有支持所耗费的财政成本，我们也不确定会在什么时候、会有多少数量的财政成本浮出水面。这种意外事项发生的可能性，以及需要完成相继义务的政府支出的数量都是非常难以预测的。而概率与支出比例可能取决于一些外界环境（例如，对于特殊基础设施项目服务的低需求），包括发生一些特殊事件（如自然灾害或债务人违约）。而它们也可能取决于一些内在环境，例如政府的政策（如关税政策与汇率政策），与政府项目的设计方案（如与基础设施私人供应商签订的担保中规定的风险分布），也可能取决于规则及监督的质量和实施。

对于那些复杂的事物，在基础设施中政府显性义务与政府隐性义务之间的界限并不总是十分明显。因为基础设施服务的提供，通常情况下都是一个非常敏感的政治话题，政府需面对压力以确保在服务提供中能够有结果。而且如有必要，即使在法律层面上没有义务这样做也需要承担成本。最极端的情况下，政府需帮助基础设施供应商脱离困境。在世界范围内的许多国家，已经开始见到一些帮助参与公共设施营运的供应商脱离困境的例子，其中包括政府管理下的银行与金融机构、地方政府以及政府管理下的非金融性质的公司（与他们的债务、欠款、其他义务、延期的维护，以及资产更新所需的投资备用金有关）。

基础设施及财政支持经常表现为多种形式。国家可能为基础设施中的私人参与方发布多种形式的担保。有时也可以由政府和公共部门中的其他部分来发行担保和其他形式的保证，而且作为非主权性义务，这些保证构成了中央政府的隐性义务而不是显性义务。地方政府与国家控制的公司将出具保函、非正式保证函以及其他保证，来降低信用风险与其他形式的风险。尽管这些非主权性义务的法定含义并不十分清楚，但是它们最终也可能产生国家的财政成本。一般情况下，无法对非主权性义务进行监督，而且其发布者也无法对这些义务作出非常恰当的理解。

除去最终财政成本的问题之外，基础设施未来发展中的变相补助金起到的作用实际上也是消极的。变相财政支持为基础设施提供的简单和廉价的融资，可能会掩盖基础设施结构性改革的需求。对于一些具有商业可行性的项目来说，这些财政支持可能会挤走一些私人投资者，因此，基础设施的提供效率也会变得更糟。

在三种主要情况下，私营基础设施项目会带来一些新的隐藏财政资本和风险：第一，当政府承担与项目相关的财政风险时；第二，当政府承担其他（非政策性）风险时；第三，当政府成为长期必付合同的服务购买者时。

对于那些起源于政府政策不可预知性的项目而言，政策风险是项目价值中无法预测的变化因素，其中政策即意味着政府强加的所有规则——表现为法律、法规和合同的形式，以及在实际情况中政府选择用来执行那些规则的所有方法。在绝大多数的基础设施项目中，政府允许价格的不确定性成为产生政策风险的一个主要原因。其他的政策风险来源为：税收规章、公司必须生产产品的质量与数量，以及其他公司是否参与竞争。[4]

由政府来承担政策风险，是一种保护公司免受其无法承受的风险，以及免受政府可以控制而公司无法控制的风险干扰的方式。暴露一些公司可能会承担的风险将会大幅度增加公司所要求的风险保费，而且只能获得相对较少的收益。然而暴露一些政府可能承担的风险，则会鼓励政府维持优良政策。[5]总体上来讲，这可以减少项目的成本。

然而，承担政策风险也会产生财政成本。总是存在一种可能性，即政府总是想要将政策改变为其愿意实现的目标，且如果公司确实依照政策执行，它将会对公司作出支付。例如，政府可能会给予私营基础设施公司垄断权，而之后又会觉得如果存在竞争，情况将更加乐观。

非政策性风险是那些政府只能起到很小干涉作用，或根本无干涉作用的政策。实例包括，起源于建设成本、基础设施项目服务的未来需求、本国货币的价值自由浮动，以及公司是否能够偿还债务的这些因素的不确定性的风险。政府可以通过分别给予公司建设成本、收入、汇率、债务偿还保证来承担这些风险。

保护公司免受非政策性风险，将会降低公司愿意承包项目而需收取的价位。上面所提及的那些保证，将减少投资者的风险敞口并降低他们所要求的预期收益，而且将允许公司以更低的利率借入更多的资金。但是，承担非政策性风险将会产生政府的财政成本。与政策性风险相比，承担非政策性风险的成本似乎对于政府和公司来说都是一样高的。

在这种背景下，关键问题在于风险承担是否能够准确地解决显著的市场失灵。在解决问题的同时，不会产生更大的难题。成本不透明的事实使得潜在问题变得更加严重。同样也会产生一个问题即提供支持是因为它是对于市场失灵的针对性回应，还是因为它的高度不透明性？

面临压力而不提供现金补贴与借款，政府在一些时候会选择由公用事业部门签订长期购买合同，而且有时国家也会为其提供变相借款形式的担保。合同中规定，政府需以商定价格提前购买私营基础设施项目的指定产品。例如，它可能同意向独立的电力制造商每个月支付固定“生产量”的货款，一直持续20年直到发电厂可以产电，已折现的总价等于建造和维护发电厂的成本。而在水力部门也将达成类似的交易，在交易中政府有时会要求公司去建一个自来水厂或是废水处理厂，并同意在必须支付的基础上提前购买产品。

经过分析我们可以将这些义务认定为政府同意去承担项目中的政策性及非政策性风险。相较于那些政府仅单单愿意承担指定的项目风险的案例而言，政府义务的（总）成本可能与项目的总成本大体相等。尽管经常将项目描述为私营项目，其实实质上他们与公共项目相似，在项目中政府将建设与运营承包给一个公司。

在一般情况下，政府不会直接地与他方签订此类协议；相反，这些协议是由政府所有的电力或供水部门签订的，且政府一般会担保这些部门履行其购买义务。在估算这种方式带来的义务的总成本时，如果在财务报表中没有体现，出于分析目的，政府可能至少会选择“看穿”政府和公用事业部门的法律区别并在会计账目中将公用部门整合。在这种情况下，政府将会把公用事业部门的购买义务当作自身的责任，且不会单独地计算担保的成本。或者可能选择不去整合这些部门，并将其购买义务作为单独的购买保证。

无论是直接还是通过公用事业部门，政府都可能暴露于显著的风险中：（1）通过与基础设施公司签订合同赋予其收取某些费用的权力；（2）通过掩盖与建设成本、汇率或公司未来收入及债务偿还的相关风险；（3）通过签订长期购买协议。

导致基础设施产业中的财政责任的政府压力，受到关于该产业中竞争与所有权的政府政策的影响。对于基础设施行业国有垄断权的保护，使得政府很难或者根本不可能避免为基础设施提供财政支持。竞争及所有权的发展，将可以促进财政方面的进步。同时，关于基础设施的财政政策的改变，可以促进竞争和私有化的发展。尽管这些问题也会发生在其他行业中，但是在电力行业中却尤为典型（图 7.1 阐述了各国通信行业中竞争的扩展）。

图 7.1　低竞争的风险：通信行业

资料来源：国际通信联盟与世界银行员工。

在寻求方法以缩减基础设施的财政成本的过程中，提供或有支持应作为最终的选择。首先，政府应去探索非财政选择，如改进基础设施中所有权、竞争和规定，并改进所有相关位置中以及相关国家中公司的整体投资环境。政府还应探索不用提供财政支持的选择，或者应至少不针对基础设施服务来提供财政支持。最后，为基础设施公司或其客户提供直接现金补贴，或者以股权或债务的形式为其提供资本的简单性和透明性，需要根据或有政府支持的财政风险和不透明性来衡量。[6]

地方政府的风险

不断积累的经验表明，当地方政府暴露过多的财政风险时，中央政府以及整个国家的财政都将处于危险之中。可以将当地的财政风险定义为地方政府在未来将要面对的财政压力的一个来源。与中央政府相似，地方政府也会累积一些直接债务或者或有债务。表 7.2 中的财政风险矩阵给出了一个与地方政府相关的实例列表。

表 7.2　　财政风险矩阵——地方政府暴露的

风险来源	任何情况下都需承担的直接责任	在特殊情况下承担的或有责任
显性 法律与合同认可的政府债务	■ 地方政府债务 （地方政府签订的借贷合同与发行的证券） ■ 工资与福利欠款的支付 （如果是地方政府的法定责任） ■ 不可任意支配的预算支出 ■ 长期具有法律约束力的支出 （公务员薪资和养老金）	■ 地方政府为公共部门企业的债务以及其他责任所作的担保 ■ 地方政府为非公共部门企业的债务以及其他责任所作的担保 ■ 地方政府为私人投资所作的担保（基础设施） ■ 地方政府保险（农作物保险）

续表

风险来源	任何情况下都需承担的直接责任	在特殊情况下承担的或有责任
隐性 反应公共与利益集团压力的政府道德责任	■ 公共投资项目的资本留存与未来的周期性成本 ■ 地方社会保障计划下未来收益的成本 ■ 地方政府预计未来将提供的公共健康与疾病控制支出及商品与服务方面的支出	■ 与地方政府非正式保证函相关的索赔 ■ 由破产的金融机构提出的索赔 ■ 由于为各个企业提供非担保债务、自身的保证、欠款、非正式保证函与其他可能责任的帮助而产生的索赔 ■ 与企业重组或私有化相关的索赔 ■ 由于超过当地养老基金、就业基金与社会保障基金担保范围而赔偿失败的受益人提出的索赔 ■ 与地方危机管理相关的索赔（公共健康、环境、赈灾等等）

资料来源：作者。基于 Polackova 1998 年的研究框架。

注意：这一矩阵体现了来自于地方政府（省、县、镇或其他）视角的财政风险。

财政风险对冲矩阵（表 7.3）对财政风险矩阵进行了补充，以阐述可用来履行地方政府债务的不同财政来源。地方政府财政安全的来源也同样可以被分为直接债务或者或有债务，同时分为显性的或隐性的。履行直接显性债务的财政来源反映了地方政府使用其现有、实在的资产创造收入的合法能力。履行直接隐性债务的财政来源同样是以现有资产为基础的，但是它不处于地方政府的直接管理之下，因此可能会抵消部分财政风险而使其仅处于一个限制性等级之中。履行或有显性债务的财政来源事宜与地方政府在使用资源而非通过资产创造金钱方式的能力有关。最后，或有隐性债务的来源不能为地方政府所使用，直到产生一种特殊的情况，即使那样还要求地方政府为使用它们创造特殊的环境。

这两个矩阵勾画出了地方政府财政分析与财政管理的范围。实际上，这两个矩阵代表了地方政府的一个延伸的资产负债表。与标准的资产负债表相比，延伸的资产负债表提供了一些非常宝贵的在将来可能会影响地方政府净值的或有或直接隐性项目的相关信息。

表 7.3　　财政风险对冲矩阵——地方政府财政安全的来源

财政安全的来源	以现有资产为基础的直接来源	取决于将来事件的或有来源
显性 地方政府直接（合法）控制的资源	■ 可以用于销售或租借的地方政府 所有的资产（所属企业、土地，以及其他地方公共资源）	■ 当地税收收入减去税收支出 ■ 来自于中央政府的转移支付收入 ■ 地方政府收回的贷款（转贷）
隐性 地方政府间接（不在法律条款内）控制的资源	■ 现有的地方基金——除了那些受当地政府直接控制的基金（可能的当地养老基金与健康基金）	■ 受地方政府部分控制的企业与机构的未来利润 ■ 由官方债权人为政府提供的或有贷款信用限额以及融资保证

资料来源：作者。基于 Brixi 和 Schick（2002）的研究框架。

注意：这一矩阵体现了来自于地方政府（省、县、镇或其他）视角的财政风险。

尽管无法衡量延伸资产负债表中的全部项目，但这一工具是认定哪种政府举措可以在地方政府的长期财政稳定方面取得进步或退步的有效方法。对财政稳定性这一较为广泛的概念进行分析，需要作出许多假设以计算出例如当地隐性养老金债务与当地土地价值等这些概念。这一类分析将阐明，在那些指定的假设条件成立的情况下，地方政府的财政将怎样进化发展。

在绝大多数国家中，地方政府在提供公共服务与促进地方发展方面扮演着越来越重要的角色。与这一角色相关，他们需要承担的风险也越来越高。为了支持投资，地方政府可能需要去筹措资金。在一些情况下，地方政府以或有债务的形式提供支持是需要调整的。例如，对于一些处于私有化过程中的地方企业，政府可能在私有化之前免除这些新企业业主的环境义务，但是在私有化之后便不会对其进行保护。

然而与中央政府相比，地方政府的财政纪律将因为中央政府会在地方政府资不抵债时对其进行救助的认知，而被逐渐削弱。[7] 这一认知影响了地方政府官员（那些倾向于过度借入资金、签发过多保证与非正式保证函、建立扩展地方保险方案并为其提供支持，以及通过商业行为承担财政风险的人）以及债权人的行为（通过向政府提供贷款或者认定地方政府保证、非正式保证函，以及所谓的支持，来暴露自身相较于地方政府的过高信用风险）。

地方决策者也倾向于形成政府或有债务以避免在其范围内进行困难的调整以及痛苦的结构性改革，并规避财政纪律与控制机制（如财政赤字目标与债务上限）。在这一过程中，通过政府控制下的下属公司来代替政府直接去筹借资金；由地方政府控制的各部门的信用保证来代替地方预算补助；使用必付合同资源代替公共资源投资；允许价格自由变动；以及促进能源、供水等重要部门的重组。由地方政府官员签发的非正式保证函，也将允许那些资不抵债的企业可以到银行申请新贷款以避免倒闭。

这样做的结果可能会代价高昂。这些机制可能会在一定时期内起作用，延长经济繁荣与增长的时间。但是最终，预算外的支持可能会影响地方政府的预算，而且可能会因此需要来自中央政府的财政干预。下一章将从国内财政机构与公民社会的角度，来解决这一问题以及其他或有债务的问题。

财政管理的含义

在这一章中将讨论，国内财政部门与公民社会在或有债务方面可能会起的作用。其中提出了一些促进或有债务处理的合理激励与能力的建议措施。

增强风险意识

公开讨论风险以及潜在的政府风险敞口，将会提高政府对于或有债务的理解与处理能力。相似地，在地方政府层面上，开展对于风险、风险来源、类型，以及潜在的财政影响的公开讨论与认知活动，可能会在地方政府政策的稳固性，以及地方政府的综合财政表现方面取得巨大进步。许多国家已经开始收集、分析、讨论国家保证中形成的风险敞口的相关信息。而少数国家已经开始讨论整体投资组合将会产生的相关或有债务与财政风险。

公民社会、国际机构、主权信用评级机构，以及其他机构鼓励进行进一步的财政风险分析工作，并与不在政府官方声明之内的政府官员进行讨论。这可能有助于开展调查地方政府的风险敞口、基础设施部门的风险的产生、政府控制的公司以及有着重要战略意义的公司的风险敞口，这些公司尤其包括那些必需服务的供应商以及各种甘冒风险的金融机构，诸如信贷与担保基金。这些调查可能会有助于促进地方政府对其或有债务及相关财政风险的理解。

奖励信息披露，惩罚不透明性与过度风险

披露效益审查、财政纪律以及资源的竞争。披露的信息需要经过非政府人员以及政府本身进行检查。披露规则涉及范围非常广泛，可以改进不同等级的政府对于下级政府以及公共部门的监督，并扩大向公众审查开放的政府活动的份额。审查似乎的确有助于对地方政府加强纪律方面产生压力。

现代财务报告准则要求披露担保、或有债务以及财政风险的其他特定来源。因此，采用这一标准将自动产生披露隐藏的借贷与补助金相关信息的要求。因为政府的审计人员必须就披露信息的准确性发表其观点，而且会自动产生一种强制披露的机制。

信息披露不应受到现有财务报告准则中缺陷的限制，或者不应受到改进步伐缓慢的限制。在政府财务报告与会计治理准则中作出改进将会带来更多的收益，包括信息披露取得的进步。但是提升信息披露不应成为改进这些准则时的要挟条件。例如，风险声明可以补充任何一个财务报表或报告。

在中央政府层面上，澳大利亚、加拿大、捷克、荷兰、新西兰、英国以及美国都提供了一些很好的实例供我们参考。在这些国家中，政府公开发表了一个政府风险敞口的来源清单，其中附有对于来源性质、敏感度以及风险对于财政与配置的影响方面的声明。通过声明我们可以得出与清单中任意一项相关的未来潜在财政成本的估计。这些信息有时也来自独立的或有债务声明、担保声明（包括长期购买合同或补助协议），或者作为预算文件而传播的财政风险的分析报告。

在基础设施或其他政府资助的项目中，与非政策风险相关的显性或隐性的或有政府支持都应引起我们的注意。在这一点上，国家活动与财政政策监督，都需要超越现有规定。[8]

地方政府对于风险的声明，可以对公开或提交给上一级政府的现有报告进行补充。在这些声明中，可以讨论地方政府保障、非正式保证函及其他一些或有显性债务、地方政府保证、与其或有隐性债务相关的地方政府责任范围、地方政府管理下金融以及非金融企业的活动。在所有的地方政府之间，澳大利亚的维多利亚州、加拿大的安大略省、印度的特里普拉邦、英国的英格兰和威尔士都为我们提供了很好的实例。

无论是中央政府抑或是地方政府，若想完成信息披露并持有正确的风险意识，取决于几个先决条件。包括各政府直接与或有债务的数据库，作为形成分析的基础；适当的机构能力，包括收集并分析相关信息与评定风险敞口的能力。而且对于内部的信息披露，需要一个适当的强制执行机制，包括支持性政治与法律环境（例如，关于地方政府向中央政府报告直接与或有债务），以确保能够遵守这一机制的要求。在公共信息披露中，地方政府应遵守（或者中央政府需要制定规则）发表公共信息时格式的相关要求。地方基层机构、投资者与地方公共压力，可能会在监督地方政府的包括风险敞口与披露在内的表现中起到作用。

另外，在披露自己的风险敞口中，地方政府与中央政府需要推动公共部门以及大多数经济体的信息披露。而这些成果应与公共部门和国内市场中的财务报告准则的状态及进步相关，但不应受到它的限制。

国际机构以及其他有影响的机构，可以为推动国家中的信息披露作出的最大贡献就是对进行信息披露的经济体给予奖励。例如，首先我们应对那些自愿披露其全部或有债务及财政风险的国家进行公开表扬。在这一情况中，我们应仔细地衡量比较透明性的正面价值与被揭露的风险的负面价值。也就是说，一个国家的地位应由于其对于透明性作出的努力而得到“提升”而不应该因为暴露更多的风险而被“降低”。进一步讲，国际机构应如前面所讨论的那样，在协助国家形成信息披露能力的过程中起到重要的推动作用。

国际机构以及在其范围内具有影响作用的其他机构，同时也应惩罚不透明与承担过高风险的行为。例如，如果之前未被政府承认的或有显性负债以到期的形式浮出水面，或者如果或有隐性债务现在为人所知而却没有得到政府的认可，那么这样的国家都应被惩罚。我们可以很容易以令人失望的公开声明形式对其进行惩罚。但是另一个更加困难却更加有效的选择是，由国际机构如欧盟、国际货币基金组织、世界银行来要求政府建立一个或有债务基金（与或有债务基金相关的话题会在下面进行讨论）。这对于那些存在高财政风险与拥有众多政府债务的国家来说尤为重要，应限制其借款，并限制其能力，促使其在政府预算中缩减支出。另外，国际机构可以要求国家披露过高的财政风险以维持一个低债务级别，而因此对认识未来的或有债务起到缓冲作用。在这一点上，国际机构应进行探索以设立关于政府风险敞口的相关规则，并设立一套财政风险警告指标。

加强会计与预算

会计与预算的规则将影响资源的分配。它们将影响交易的时机与收益，而且它们将为成本与风险从一个时期转嫁至另一个时期，从政府中的一个部门转嫁到另一个部门提供机会与动力。在绝大多数国家中使用的现金流预算使得担保、必付合同、以及从私人供应商手中购买基础设施服务等，看起来都较现金补助以及政府提供资金的项目更有吸引力。政府将补助津贴与公共筹资项目看作支出，但是直到发生违约行为才发现其中的或有债务，这时候政府就别无选择而只能够好好履行过去的承诺了。公共融资项目与补贴因此看起来非常昂贵，而或有形式的支持则表现得较为廉价。更糟糕的是，在现金流的会计与预算工作中，由最初担保而收取最初费用的任何收入都被记为经常性收入，使得事情看起来好像就是政府在通过承担风险获得收入，而无关乎成本。

以权责发生制为基础的会计与预算体系，要求将许多的非现金成本囊括在预算之中，并在政府决定这么做的那一刻起将一切透明化。就或有债务来说，以权责发生制为基础的预算与财务报告可以促进长期购买合同与担保成本的显露而使决策者可以了解其中的内容。如在风险披露一章中所讨论的内容一样，权责发生标准可以通过长期购买合同生成的保证来要求其披露与或有债务相关的信息。但是取决于这些是怎样反映成本的，又是怎样执行相关事项的。以权责发生制为基础的预算与财务报告反映的成本如何，取决于使用的特殊标准和执行情况。

以权责发生制为基础的标准是有益的，但是要解决所有问题这种标准既非足够也非必要。以权责发生制为基础的会计准则并不能揭示所有的成本与债务，也无法要求将担保的成本必需囊括在预算赤字的计算范围内。而且它们并不能要求必须意识到长期购买合同所产生的债务以及同时在资产负债表上产生的普通债务。最权威的国际标准都是非常精炼的：国际财务报告准则、国际公共部门会计准则（对国际财务报告准则进行修订以供政府使用）、美国通行会计准则，具体表现为使用这些工具会计行为将趋于更加准确。根据这三套准则中的任何一套准则的规定，一些担保人将会按照公允价值被确认，但其他大多数担保的价值将会被最低限度地披露。然而在有些时候，准则之前需要提出一个令人完全满意的方法（Irwin，2003b）[9]。而且，尽管采用权责发生制标准可以帮助解决一些问题，但是在没有采用这些标准的情况下我们同样可以解决这些问题。

在政府预算工作中，现行方法体现了两项关于财政风险预算工作的重要原则（Brixi 和 Schick，2002）：

1. 对于财年中每一阶段的预算内及预算外支持的成本使用同一联

合上限。在一般情况下会将预算外支持认定为补助津贴，并因此接受与支出项目相同的审查与限制。且应根据未来预期财政成本的现值来计算隐性补助金的数量。

2. 当批准一项或有支持项目时，预算应能够即时反映或有支持的财政成本的近似数值。

另一个现行的可能选择是创立或有债务基金。一些国家的政府已经创立了一种特殊的基金（换句话说，即为新开立的银行账户）用来满足担保及其他负债的需要。当作出担保时，部门负责人应将一笔等价于估计担保价值的金额转移至该基金中。遵守上述两项原则的加拿大与荷兰，也在使用一种特殊的基金，财政部门将计算各部门项目所承担的或有债务的年度预期支出。之后财政部将从为每个相关部门安排的年度预算中扣除这些预期支出。相似的计划安排也已经在哥伦比亚试行，包括根据这一规定如果事后并没有发生或有债务的预计支出需将款项返还给部委的机制。

这些原则对于政府的财政表现产生了几项重要含义。风险预算工作可能会也可能不会影响以现金为基础对政府财政赤字的估计。这取决于当将款项从预算转移到应急基金中时（当需要保证且从应急基金中对其进行支付时，不记录产生的影响）或者当真正从计划账户中支付现金时，对于赤字产生的影响是否被记录下来。但是，风险预算工作会使决策者变得更加对现金中立——即在按照赤字衡量值、预算上限或者中期财政展望，而提供的政府支持的各种替换形式之间保持中立。最重要的可能是风险预算工作将会提高决策者之间的风险意识。

经验表明，通过或者不通过会计与预算体系至以权责发生制为基础的体系的复杂转型，都可以获得更加仔细的核查、现金中立性以及风险意识带来的益处。那些已经成功地将或有债务报告（更广泛的风险披露）与现金记账结合在一起的国家包括捷克与南非，而使用以现金为基础的预算体系来进行风险预算工作的国家包括加拿大、哥伦比亚、荷兰与美国。相似地，我们可以将财政风险带入到政府的中期财政预算构架之中。在已公开声明的、之后可能违背原始表面风险分析的中期预算构架中，设定政府预算与风险敞口。在许多国家中已经提高了决策者的会计能力以及财政政策的质量，其中，包括澳大利亚（包括地方级别的新南威尔士州）、加拿大（包括地方级别的英属哥伦比亚省和安大略省）、匈牙利以及南非。

国际机构与投资者关注的地区内的或有债务的内容，类似于激励进一步的会计与预算改革。国际机构同样可以帮助扩展年度预算的处理范围，以将与政府风险敞口相关的所有主要问题涵盖进来，以致可以为政策选择的公开讨论提供一个有效平台。

塑造财政风险管理能力

政府尝试去积极管理其风险敞口的经验表明，财政风险管理是一项要求非常严格的工作。政府发现管理风险敞口时，他们需要：（1）正确的信息，需要一个关于所有的主要风险敞口的综合数据库，收集相关信息的能力，以及公开讨论的时机；（2）理解能力，可通过有效的分析框架而得到帮助；（3）正确进行管理工作的动力，如上述讨论内容，由信息披露、适当的会计与预算准则支撑的激励。

处理地方政府中存在的适当激励行为应该得到相关的会计责任结构的支持。决策者应对风险分析、假设以及包含财政风险在内的决策的正确性负责，并负责管理政府的综合风险敞口。因此，最高审计机构（与地方审计署）的功能即为对政府风险分析与政府风险管理的所有方面进行审计。

实践已证实风险管理中三个附加功能的重要性：一个清晰的风险管理战略（针对政府准备去承担的财政风险的范围），风险集中承担机构（可能存在于财政部预算办公室中），以及从风险承担中分离出来的风险监控功能（可能由债务管理办公室和最高审计机构来分别负责风险的内部监控和外部监控）。风险管理中责任与功能的分割，以及基础的报告计划必须十分清晰，为适当的问责结构奠定基础。

若想让财政风险管理变得有效则需要综合性的监管。尤其是需要覆盖贯通地方政府和中央政府之间的所有渠道，包括非正式保证函、信贷与担保基金、发展公司、地方政府下属企业等等生成的财政风险。

在政府机构与部门之间，债务管理办公室是最具分析能力与管理政府风险敞口的部门。尤其是债务管理办公室拥有最好的配备以收集并分析政府或有债务的相关信息、评价政府风险敞口，以及在未来或有债务对于政府债务的潜在影响，从借款以及债务管理的策略方面来反思或有债务的分析，告知政府新提议项目在未来的潜在财政成本，以及如何构建这些项目来减少政府风险敞口。而且债务管理机构有能力去了解长期购买协议形式中资产负债表之外的债务。在一些国家中已经设置债务管理办公室来负责风险的分析与管理，最为明显的如瑞典。

采取措施以降低政府的风险敞口

降低政府的风险敞口涉及三个互相补充的任务：使私营部门参与其中，将风险转移到能够更好地承担风险的一方，对那些不能减少或转移的风险进行管理。

使私营部门参与其中主要旨在从源头上减少风险，并发展金融市场。最终，因私营部门的参与而造成的风险缓和是最理想的长期策略。它不但减少了政府财政风险的暴露，还降低了对经济冲击的脆弱性。[10]

风险转移主要指建立一个风险分担计划。建立良好的风险分担机制需要存在清晰的政策目标，以及对于项目中存在的全部潜在风险的理解。无论是对于中央政府还是地方政府，迄今为止最好的风险转移方法都是通过担保与保险合同中的风险分担规定进行风险转移。在私营基础设施中，最近的实践表明从政府的担保范围内分割商业危险可以降低道德风险并且可以限制政府的风险敞口。

而有时候我们是可以对冲残余风险的。对于一些风险来说，私营部门与国际金融机构为我们提供了有效的风险转移工具。例如，政府与公共部门企业有时会使用互惠的外汇信贷与商品期货来规避外汇及商品价格的风险。他们还会从大型国际再保险公司购买防范灾害风险与天气风险的再保险单。市场中越来越明显的一体化与自由化，使得各国之间更容易共担风险，且能够为那些直至最近还被认定为不能为其投保的风险投保。政府可能会使用这些工具中的一部分来规避他们在基础设施项目中的风险敞口。对于那些存在灾难性风险的大型项目来说，政府可能会发行巨灾债券，在灾难发生时将损失降低。然而，由于国际巨灾债券市场仍旧为新生舞台以及其衍生市场的脆弱性，如上所述政府更倾向于通过将精力集中在政策上以更有效地缓和风险敞口并发展国内金融市场。

对于那些不能避免或规避的风险，我们应尽量减轻它们，这便要求政府去管理它们的金融资产以在需要现金时能够提供。如果政府不能避免承担风险也不能规避风险，那便没有其他选择只能将它吸收，即承担全部损失，并根据已签署的合同性质，获得全部收益。因此政府的在手中必须拥有足够的现金，在债务期满时能够进行支付。政府可以通过以下三种方法来达成目标：

1. 将现金放入或有债务基金之中（如上所述），且寄望于该基金足以满足未来的支付需要。

2. 使用现金来降低债务总额，且寄望于如果有需要进行支付时能够使用税收收入或其他借款来进行支付。

3. 与银行签订一个备用的信贷协议，其中规定如有需要支付时应允许其向银行借款。

其中，每一个选择都存在优点和缺点。将现金放入基金之中，可以为政府提供更有力的保证，即在需要进行支付时有现金可用。但是这同时会产生成本，因为在另一方面现金可用于偿付债务，或将其投入公共服务中。使用现金来偿还债务可能成本会更低，但是会留下问题，即当债务期满时可能发生经济危机，政府是否能够筹措到资金或提高税收。

如果存在一个可供使用的备用信贷协议，便可以解决上述问题，但是成本可能会很高。

这些选项不是互相排斥的。一国政府可以，有时也必须使用一个以上的选择。例如，或有债务基金不能覆盖所有的或有事项。即使基金已对满足担保需要的目标进行了限制，但是只要根据担保的表面价值而不是预期成本设置定期缴款，它就会扩大以满足潜在的最大损失。如果定期缴款的数额较小，基金则可能需要同时依赖于税收、借款或备用信贷协议的帮助。

在基金中存有的现金，也会促使政府因其他目的而使用它。我们可以选择将管理承包给一个信誉良好的外企。合同中应规定允许其从基金中收回现金且不需缴纳罚金的原因，且声明其他需要缴纳罚金的索赔，并事先向公众披露。

上述讨论内容已表明，降低政府的风险敞口，以及对于或有债务与财政风险的综合处理，相对复杂且决策者很难解决。因此，许多国家已经开始在这一领域使用一些技术手段辅助并因此受益。

结　论

财政分析与管理框架应涵盖或有债务以促进相关信息的披露及对于或有债务的处理。这一章提出，地方政府以及私营部门在提供公共服务中越来越重要的角色，提高了政府或有债务在未来增长的可能性。

通过国际或其他相关机构的鼓励与支持，决策者需要提高风险意识并进行改革以进一步加强政府处理或有债务与财政风险敞口的能力。为了推动信息披露并适当管理或有债务，政府揭露其或有债务的国家应受到奖励而不是惩罚；而在隐藏的或有债务到期时，他们则应受到惩罚而不是被原谅。

本章注释

1. 或有债务是由可能会发生也可能不会发生的不相关事件所引发的义务。国际财务报告准则将或有债务定义为：（1）由过去事件而产生的潜在义务，且只能通过一个或多个企业无法完全掌控的未来不确定事件的发生或不发生来证明它的存在；（2）由过去事件产生、但没有被意识到的现时义务，因为一是要求具体化经济利益的资源流出来履行义务几乎是不可能的；二是因为债务数量的测定并不完全可靠（IASB, 2004）。这一章引用了 Brixi 和 Irwin（2004）以及 Brixi 即将出版的一些研究。

2. 已经建立的转型制度包括预算外机构借贷、作出担保、为银行与企业或其他经济体提供政府支持计划。一些转型机构在显性的政府担保的保障范围之内，而另外一些则没有。Brixi 和 Schick（2002）提供了一份简短的分析报告。

3. 然而，一些机构本身担保以及其他或有债务的问题仍然存在。

4. 发展中国家的许多私营基础设施项目中，政府至少会承担一些政策风险。在一般情况下为在与公司签订的合同中规定给予公司特定的权利（义务）的机制。例如，可能给予公司根据合同来改变价格的权利。如果政府在之后阻止公司进行合同允许范围之内的价格改变，政府至少应对公司作出等额补偿。

5. 更准确地说，它将促进政府去维护为投资者提供的政策，除非改变政策的利益超过强制投资者进行改变的成本。

6. 给予基础设施公司或其客户显性现金补助，可能是最简单的支持形式。这一行为在拉丁美洲得到了广泛实践，在这里许多国家的政府奖励投标人寻求最低现金补贴，或为指定客户提供凭证式的补贴优惠。

7. Rodden、Eskeland 和 Litvack（2003）提供了一系列阐述与地方政府软预算限制相关的话题的国家案例。

8. 而对于公私合作关系，Eurostat（2004）建议，仅当私人伙伴承担建设风险，且私人伙伴承担可行性或需求风险时，对公私合作关系中的资产以及相关债务进行分类使其不属于政府范畴且因此不将其计算在政府的资产负债表之内。如果由政府来承担建设风险，或者私人伙伴仅承担建设风险时，资产以及相关负债应被计为政府所有。

9. 另外，存在很多不同准则可以在政府风险敞口方面起到帮助作用。例如，根据 IMF（2004），应将不以商业模式运行的非金融性公共企业涵盖在财政统计之内。

10. 在基础设施建设中，决策者可能要问，怎样去降低私人供应商与投资者对于政府保证以及其他形式支持的依赖性。国家范围内的法律、规章及行政法规改变，与正确的债务管理战略，可以推动建立一个有效的国内债券市场，它可以推动私营基础设施的顺利进展，并增强政府抵御风险的能力。当国家的投资环境得到改善时，基础设施项目中的私人投资者与供应商更愿意放弃政府担保。对于规章的改变可以促使国际保险巨头进入地方市场并共担风险，例如，在小保险公司中无法投保的天气风险进行担保。新型金融工具，如资产抵押证券、灾难债券，可以帮助国内金融机构更好地管理风险，以此来降低他们对于政府担保的需求。然而，推动风险转移与金融市场发展的战略，经常取决于基础部门的改革，如能源定价、生产以及分配制度的改革。

本章参考文献

Brixi, Hana Polackova. Forthcoming. "Contingent Liabilities in New Member States." In *Fiscal Surveillance in EMU: New Issues and Challenges.* Cheltenham, U. K.: Edward Elgar.

Brixi, Hana Polackova, and Timothy Irwin. 2004. "Fiscal Support for Infrastructure: Toward a More Effective and Transparent Approach." Background paper for EAP Infrastructure Flagship report, "Connection Matters: A New Framework for Infrastructurein East Asia and the Pacific," World Bank, Washington, D. C..

Brixi, Hana Polackova, and Allen Schick. 2002. *Governments at Risk: Contingent Liabilities and Fiscal Risk.* Washington, D. C.: World Bank and Oxford University Press.

Cassard, Marcel, and David Folkerts - Landau. 1997. "Risk Management of Sovereign Assets and Liabilities." IMF Working Paper 97/166, International Monetary Fund, Washington, D. C..

European Commission. 2004. "Public Finances in EMU 2004." *European Economy* 3.

European Commission and World Bank. 1998. *European Union Accession: The Challenges for Public Liability Management in Central Europe.* Washington, D. C.: European Commission and World Bank.

——. 2000. *Opportunities and Risks in Central European Finances.* Washington, D. C.: European Commission and World Bank.

Eurostat. 2004. "New Decision of Eurostat on Deficit and Debt: Treatment of Public - Private Partnerships." News release, February 11.

IASB (International Accounting Standards Board). 2004. *International Financial Reporting Standards (IFRSs) —Including International Accounting*

Standards（IASs）and Interpretations as at 31 March 2004. London：IASB.

IMF（International Monetary Fund）. 2004. "Public Investment and Fiscal Policy." IMF, Washington, D. C.. http：//www. imf. org/external/np/fad/2004/pifp/eng/.

Irwin, Timothy. 2003a. "Public Money for Private Infrastructure：Deciding When to Offer Guarantees, Output - Based Subsidies, and Other Fiscal Support." Working Paper 10, World Bank, Washington, D. C..

——. 2003b. "Accounting for Public - Private Partnerships：How Should Governments Report Guarantees and Long - Term Purchase Contracts?" World Bank, Washington, D. C..

Polackova, Hana. 1998. "Contingent Government Liabilities：A Hidden Risk for Fiscal Stability." Policy Research Working Paper 1989, World Bank, Washington, D. C..

Rodden, Jonathan, Gunnar Eskeland, and Jennie Litvack. 2003. *Fiscal Decentralization and the Challenge of Hard Budget Constraints*. Cambridge, MA：MIT Press.

第八章

政府资产净值的测定

Matthew Andrew 和 Anwar Shah

在许多方面，人们经常会产生疑问：“究竟政府存在的意义是什么?”或“政府的存在有何价值?”在试图回答这类问题时，公民通常可以接触到有限的财政报告，就像表 8.1 中那份报告一样。而这类报告主要表达了哪些关于政府作用与价值的信息呢?

表 8.1　　X 政府在 Y 年度的财政报告　　单位：元

收入	
使用政府权力征税	
直接税	21 260
间接税	11 722
强制性费用、罚款、处罚、征税	258
小计	33 240
通过政府运营盈利	
投资收入	1 154
由于商业林价值的改变而导致的未实现收入（损失）	78

续表

收入	
其他业务收入	420
商品与服务的销售收入	689
小计	2 341
总收入	35 581
总收入占 GDP 的比重	36.0%
支出（项目明细）	
薪金与其他工资	13 000
服务支出	10 000
一般支出	8 000
资本支出	2 000
基本建设费用	800
营运资本	100
债务偿还	100
其他	211
总支出	34 211
总支出占 GDP 的比重	34.6%
盈余：收入减支出	1 370

答案是微乎其微的。如分项明细支出报告中所呈现的那样，众所周知，政府的财政报告仅限于短期活动。在这类报告中，我们可以计算出公务员的规模（至少可以有粗略判断），以及在当期超支多少（赤字）。附带文件中有时会提供一些关于长期资本与债务状况的相关信息，但是这些信息一般具有选择性且很难定位。因此一个家庭经常会询问的关于其资产净值的问题是："抛开我的短期状况不谈，我还能够走多远——我的资产超过我的负债吗，尤其是那些所谓的或有债务？""我的长期资产的价值是多少，它们是否能够实现保值，且我正在有效地利用它们吗？""我每年能够创造的价值是多少——通过短期现金支出可以获得多少收益？"

这类问题表明了家庭或机构的价值和作用的多维标准：短期偿付

能力、长期价值与附加值（绩效）。这些标准同样与政府相关。发展中世界的普通财政管理行为，经常受到集中精力缩减赤字的改革的影响，反映了短期的价值集中度，并且鼓励这种价值集中相关激励的固化。这一狭隘的评价方法忽略了其他的重要价值标准。

改革文献主张，一旦短期财政管理的基础适当，我们便可以引进长期标准与绩效标准（Schick，1998；World Bank，1998）。而这一章的意见则不同，认为连续的狭隘评估方法将会对组织产生一些潜在的永久性损害，因为它会固化这种狭隘的行为激励。如果允许（并鼓励）发展中国家的政府去集中力量治理短期财政环境，那么长期财政管理以及公共部门服务表现的重要性将被削弱，而且这些国家政府的价值标准将会发生退化。政府需要将注意力从短期财政中转移出来，并通过采用新工具、制度化新报告程序以及惯例，以确保对净值有效和适当的描述长期可用。

政府价值的三个方面

评估文献强调，政府评估不应局限于控制与流动性等短期事项（Osborne 和 Gaebler，1992；Shah，1998）。且他们主张，这些评估不仅应反映短期财政状况，还应反映长期财政关注与服务提供方面的成就（Buschor 和 Schedler，1994；Milesell，1995；Auerbach、Kotlikoff 和 Leibfritz，1999）。表 8.2 将显示这三种价值标准。

在公共部门中，短期资产流动性以及财政问责是非常重要的焦点。与所有的持续经营一样，对于政府来说报告财政状况，以保证对资产流动性以及提高问责的观点的始终如一是非常重要的。我们认为，如果一个政府无法维护必需的平衡及预算与基金的有效管理，则该政府被认为是无效率的。我们在最近的工作中强调的第二价值标准为长期财政状况。对于政府内遍布的对于长期财政的不善管理的关注，已经导致产生了一定程度的“世代焦虑情绪”——“我们正在将一笔巨大的财政账单留给后代，这件事情让人倍感恐惧”（Kotlikoff 和 Leibfritz，

1999，73）。这种关注已经激发了一种评估政府管理中影响组织和社会财富的因素——资本、负债等等的需要。对这些方面进行评估将促使政府像关注现在一样去关注未来。然而，最近文献提出对于短期控制、资产流动性，以及长期财政状况的强调也同样不足以提供一个政府价值的完整视图。最近人们对于政府是怎样通过其运行来影响社会的产生了越来越浓厚的兴趣，并致力于确定“政府官员……有责任确保他们的组织能实现产出最大化”（Dittenhofer，1994，103）。这种关注使得评估的重点放在了政府服务绩效上。绩效的衡量与评价是结果导向运动的推动力。

表 8.2　　政府价值标准

价值标准	关注点	底线
短期财政状况	短期流动性	政府的现金支付能力，且不应使社会承担超额支出
长期财政状况	短、中、长期财政状况	长期内政府有效且高效地管理资源的能力，并最大限度地使用社会资源
服务绩效	相关服务的有效供给	政府有效且高效地回应公民需求的能力，并促进增长与发展

发展中国家改革中对赤字的关注

通常情况下，发展中国家的财政管理中通常夹杂着根深蒂固的规则和对规则根深蒂固的蔑视（Schick，1998）。评论员建议应使用这些规则来限制财政信息的使用，而不是用于增加他们在别处的以信息为基础的问责（Andrews，2002）。主导型改革强调实施基本的强制执行控制，以及建立重点促进改善短期财政纪律的价值导向和评估机制（Schick，1998；World Bank，1998）。

关于改革的争论：如今的短期规则推动明天其他的价值关注

这些改革观点主张，那些囊括了服务绩效以及长期财富的多维公共价值观点，只有在已形成财政管理基础的政府中才是有价值的。这些主张引入改革，关注提高短期财政管理与控制，旨在发展绩效导向、长期计划、预算能力之前，在公共财政管理系统中实现短期财政纪律。据此那些评论员相信，一旦这种狭隘的价值导向建立，在短期内便会得到扩展。

关于改革的争论：对于短期财政关注过多的改革，将导致忽略其他的价值标准

南非是进行这些改革的一个很好的例子，他们在改革中实行准则界定的收付实现制会计制度、以渐进主义为特征的传统实践，以及赤字占主要地位的财政报告。在20世纪90年代后期开展的改革，旨在降低反映国家宏观经济战略的赤字（Abedian，1998；Wray，2004）。这些改革包括，法规的直接应用以控制地方政府支出、对政府部门实施预算约束硬化、发展中期支出框架以提高短期配置效率并为长期计划奠定基础。

在对南非1997～2001年间的财政管理和预算状态进行的分析中，出现了关注短期价值的现象。整个国家都在享受赤字在预算中所占比重降低的成功，为此南非受到了显著好评。各级部委以及地方政府在短期财政管理中表现的更具纪律性，而使他们受到表扬。然而不幸的是，尽管他们收获了这些正面成绩，但是政府绩效的其他标准则遭受了损害：

1. 在预算工作中的长期问题。例如新增资本投资以及对于长期债务的管理，都被忽略了很多年（Cameron 和 Tapscott，2000，3）。尽管政府强调其自身的长期发展的原则作用，中央以及省级的资本支出占预算的百分比还是降低了，且预算工作的主要精力被明确地放在了短期活动的管理上。[1]2001～2003年期间资本配置的提高，并没有导致支出的增加，因为我们发现许多部门缺乏计划与实施资本项目的能力。Wary（2004）曾写到："我们预计将被许多人看作未来经济增长关键所在的资本支出提高26个百分点——尽管这是对于事后被证明有效的国家提供公共服务能力的讥讽，但这仍然是一个可喜的转变。"

2. 政府服务绩效受到了越来越多的批评，且无法在预算和财政报告中有效报告。所有层级的政府部门都被认为缺乏执行力甚至缺乏提供基础服务的能力，且他们过分专注于管理膨胀的人事支出而不是因服务绩效受到了批评。

目前急待解决的问题

南非等国家财政管理改革的观察员留下了以下问题：

1. 对短期赤字数据的良好评价的重要性是否超过对服务绩效以及长期财政状况的低劣评价的重要性？

2. 对于政府价值的其他两个标准——长期财政状况和服务绩效的忽略是否会对国家造成长期伤害，或者在短期价值方面取得的成就是否能够在未来促进多维观点的形成？

3. 如何对政府财政进行管理（以及报告）才能多维地反映政府价值？

与短期评价相关的激励和对政府价值的关注

所有的评价方法都会对激励产生一定的影响。古老的绩效谚语曾说："事情能被衡量方能被完成。"这句谚语构成了本章的主题，即主要关注由三方面组成的政府价值的其中一个方面（短期财政纪律），这也导致了构建一个更加全面的评价视角的激励在未来难以形成。那些改革保守与程序僵化的国家政府，往往注重短期财政纪律，我们经常可以发现官员们都以特定的行为方式，来回应短期激励措施。这些激励措施在公共部门的预算与财政交往工作中变得越来越固化，这导致了对投入而不是结果的过于关注、资本忽略和代际间资金转移。

政府对投入而非结果的关注

对短期纪律的强调说明，政府价值在于政府对其所做所为的控制，而不在于使政府在做其所长并确保其行为的相关性。这一信息促使官员们关心投入与规则而不太关注结果。这种激励在国际间表现的尤为明显，其政府财政系统中由政府官员负责投入支出，并报告他们遵守过程与程序中规则的能力，而不是报告他们所生产的结果。关于这些因素的改革，固化了这种激励，并且降低了政府官员与决策者在未来接受更为全面的评价视角的可能性。

资本忽略

另一个短期激励措施所导致的偏离，表现为疏于对长期资产的管理。这对资本管理的传统评估方法产生的影响是非常复杂的，且都表现为负面影响。一方面，官员们忽略了基础设施的维护工作和当期购置新的基础设施，因为用于支付当期的维护服务的短期资金明显无法由资本价值增值的长期收益来补偿。另一方面，现有的资产价值并没有被涵盖在常规的价值评估中，因此它对于官员们来说仅是一种免费物品。这将阻碍资产的有效使用，并导致官员们紧紧把持（既不有效使用也不进行维护）那些如若不然可以产生价值的陈旧基础设施。官员们同样忽略了在未来产生价值与提供服务所需要的新资本的发展，没有去塑造发展新的基础设施的能力（因为他们将管理的精力都用在了现在而非未来）。南非便是一个例子，1997 年至 2001 年期间资本支出的下降（在特定期限内，以及占总支出的百分比），是短期政策导向与短期价值利益（缩减的赤字）的结果（Andrews，2002）。在促使官员去忽略未来投资的同时，缩减赤字方面得到的正面评价，便上升到了一个更高的价位。因为 2003 ~ 2005 年期间资本配置的潜在反向增加，使得这一论点遭到了反驳。然而提高的资本配置并没有导致资本支出的增加，这是因为他们对于这种支出的不重视已经限制了部门发展新项目的能力（Wray，2004）。

代际资金转移

最后一个激励措施是，诱使政府将因过去储蓄或承担未来义务而取得的收益转移至现在的基金中以支撑当期政府价值，因为将未来的收入转移至现在可以减少当前的财政赤字并提升当前价值评估结果。有很多例子，即政府未经公民许可或并未告知公民便保留支出而致使当期表现为财政盈余，实际上并没有对逐渐减少的储备进行报告，或将其隐匿在反映为当期偏离的财政报告的细节之中。政府还会使用承担未来义务所取得的款项来弥补当前的财政缺口（未来义务可以是显性债务、或有债务、代际的项目如社会保障和养老金等）。而这一类行为将会导致政府在未来义务需兑现时应对巨大的财政冲击。当允许使用短期价值观点来巩固现有个别预算编制者的短期个人利益时，这一现象会更加根深蒂固。

选择用来衡量和报告资产净值全部标准的工具

这里最明显的主张是，如果能够真正推动政府资产净值的评估工作，政府则需要超越短期财政纪律的限制，并为官员设置激励使其发展价值中的全部三个标准。然而，对于政府价值评估工作的关注依赖于作为评价基础的事实与数据。这些事实与数据的质量和范围，与使用的工具有着非常紧密的关系。这种关系显示在图 8.1 中。

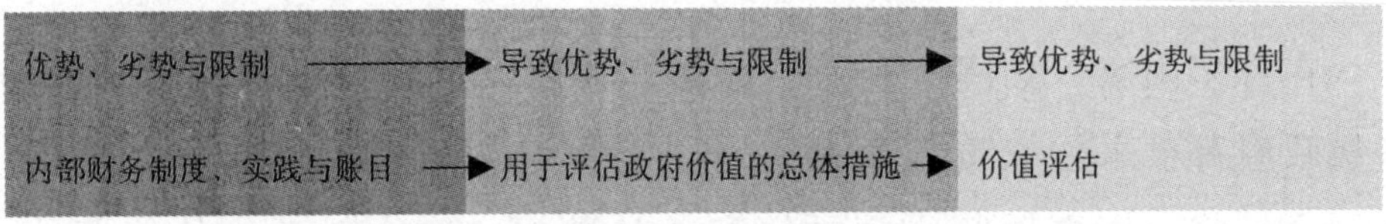

图 8.1　财政制度、国家收入核算账户以及赤字的评估

政府会计和财政官员所需面对的挑战是，他们需要采用强大且多维的财政工具，来产生能够反映政府价值中全部三个方面的财政数据。例如，考虑一下重新将工作重点放在赤字数据上的挑战。发展中国家的政府通常会以赤字数额为基础来评估政府价值，尽管他们在某一些方面已经接受“赤字仅是一个非常片面的会计概念，它的价值取决于政府选择怎样去标识其收入和支出”（Kotlikoff 和 Leibfritz，1999，73）。

例如，在像美国这样的发达国家中，赤字数据的统计未能反映出某些重要的长期债务和公开承诺的情况。而在发展中国家，赤字数据可能会因为来自收付实现制会计处理甚至无法反映在一定时期内作出的中期承诺。没有哪个国家的赤字数据中包含那些反映支出效率与效果的账目，这主要是由于衡量手段以及众多全盘否定进行调整的政治利益集团（例如，关心短期支出效果而非长期支出效果的改选政治利益集团）的固有限制所决定的。

为了确保政府是在多维标准下进行价值评估的，政府财政官员需要重新考虑怎样标识其收入与支出，衡量什么以及怎样进行报告。为了完成这一任务，世界各国政府被强制超越使用专注于短期价值的传统会计工具。一些国家如马来西亚、新西兰和英国，已经以传统会计方法为基础进行发展，提供符合关于政府价值中三个标准的更为完整的数据。在这些国家中的新财政管理行为中主要强调的问责标准专注于绩效。已经在政府中采用的以改进内部和外部价值评估的特殊工具包括权责发生制会计、或有债务的显性评估、代际间会计、资本成本核算、作业成本法等。

权责发生制

在许多国家，如澳大利亚、冰岛、新西兰、新加坡、英国和美国，各级政府都已采用权责发生制会计进行财政报告和编制预算。权责发生制会计将长期事项归入到预算和总计数据之中，对政府价值评估产生了几方面的影响：第一，支出在其发生时便可以得到确认，无需等到支付时。随着时间推移逐渐被积累起来的，尽管被作为支出而进行报告但不需要进行支付的支出，显示了义务的所有来源成本。第二，将对包括基础设施在内的所有资产，在资产负债表内进行评估和报告以引起注意对其进行管理并维护它们的价值。第三，将所有的债务记录在资产负债表中。例如，在资产负债表中无经费的公共服务养老金计划将被认定为债务而进行记录，且相应的这一债务在任何时期内发生的全部增加额都将被作为支出记录在预算执行报告中。

或有债务的显性评估

在许多公共会计程序中不会报告或附带或有债务的显性评估。可在报告债务时采用双交叉处理程序，并通过市场化进程对债务进行评估来解决这一问题。在新西兰，或有债务报表会和其他财政报表一起提交，以推动或有债务的细节评估工作。或有债务在澳大利亚的政府财政报告中也有所体现。自 1996 年这些信息出现在公共部门的账目之中并单独列出清单，使用所有的赤字数据的统计和对这一统计（提供债务的详细数据）进行补充说明的更为完整的分析报告来推动部分评估工作。在这两个国家中，都会通过市场化进程来对或有债务进行显性评估。存在数种市场化或有债务的方式，包括购买保险以弥补由隐含债务产生的支出、出售使用未定债务利益的权利，以及反映赤字中的销售。

代际会计

政府财政中一个较大的问题是：今天的支出是怎样影响明天的财政状况的？评价代际效应的一个方法就是使用代际会计。美国在其 1993 年的预算编制工作中首次使用的工具，之后在包括德国、意大利、新西兰、挪威和瑞典在内的其他国家也被广泛使用。[2] 这种工具被用来估计不同的世代在其生命周期之内既定的政策之下，将会在税收方面付出什么，又会获得什么收益？因此它将注意力集中在代际公平的问题上。尽管一些研究者对代际会计持怀疑态度，但是它最近的流行已经说明了它的潜力，尤其表现在能提供一个清晰的关于长期义务对于社会及政府价值所产生的影响的评估上（Haveman，1994）。

作业成本法

良好的成本核算对于收集准确数据以进行价值评估十分重要。有必要“以连续性为基础来评价带来产出和结果间的成本，来评价绩效与资源配置”（Rodriguez，1995，32）。然而在一般情况下政府缺少一种可被接受的成本衡量及价值评估的方法，尤其是一种允许比较产出成本的方法（Tierney，1994）。作业成本法是目前在发达国家中以结果为导向的政府使用最为广泛的一种工具（Simpson 和 William，1996）。如今它已得到了广泛地使用，尤其是在地方政府之中。已证明这种工具在那些试图将其表现与私营部门标准相比较，并对其产品的全部成本（包括营运支出和资本费用）进行评估的部门尤为流行（Andrews 和 Moynihan，2002）。作业成本法包括与组织内活动相关的投入成本，以及与改变成本因素相关的活动——通常是组织的产出目标。

资本成本核算

完全成本核算不仅提供了一份更加准确的关于生产效率的概况图，并在发展激励高效生产中起重要作用。如果没有要求官员准确地衡量他们的日常支出和资本成本，那么他们将缺乏动力以有效并高效地管理这些资源。当将这些成本涵盖在他们的管理决策中时，官员便有动力来对其进行积极管理，如他们使用了多少资本并为潜在能力制定战略等问题。资产使用的成本也可能通过资本支出被合并在损益报告中，资本支出即一种囊括了资产在交付项目中所耗费的成本的部门或机构所占用的款项。这将促使人们集中精力于资产管理，例如，通过降低或限制资产水平，部门可以降低其款项占用时的资本支出。一些国家的经验表明，如新西兰，当同时使用资本支出核算与权责发生制会计时，更多地关注于长期财务问题。

资本成本核算要求评估资本财产的价值，这是确定政府资产净值的另一个重要元素。目前许多政府被要求评估其资产价值，并报告和计算它们所使用的资产价值（作为证据，例如，美国政府会计标准委员会［GASB］中的第 34 条要求）。政府并没有像传统那样去评定资产价值，而且他们会经常提出一些关于怎样去完成这项工作（那些很容易被隐藏在背后）的问题。私营部门中的传统会计惯例要求根据历史折旧成本来评定资产价值，但是在通常情况下政府所拥有的关于资产历史折旧成本的信息非常少，尤其是那些需要追溯到数十年前的信息

（Patton 和 Bean，2001）。因为这一类问题，在美国 GASB 第 34 条将给予时间进行追溯性报告，并仅要求报告重要资产的相关信息。所采用的评定资产价值的方法包括，使用一些资产（最近建造的）的现存历史记录作为评定所有价值的基础，使用紧缩的现时重置成本法计算现时重置成本，然后进行紧缩处理，将资产的使用年限搁置。这些方法要求政府提供一些关于其有形基础设施的价值的信息。有形基础设施是资产净值和社会价值中的一个主要方面。

多维报告

在这里已做过简要讨论的各种不同的机制，全都指向于一个反映了根据不止一个短期观点而进行价值评定的财政管理方法。重要的是，一旦这些工具到位，且官员可以使用它们依照不同的观点报告价值。在新西兰，需要提供三个报告来完成此项工作：损益表、财政状况表以及服务绩效表（像南非等一些国家也正在逐步地转用这些多维报告方法）。这三种报告都分别显示在了表 8.3、表 8.4 和表 8.5 中，其中反映了在表 8.1 中公开其财政报告的同一国政府的相关详细信息。参考已改进的报告的详细内容，尤其是那些与描绘政府资产净值（通过全部三个标准）所使用的方法相关的内容。

表 8.3 使用了一个与表 8.1 所使用方法具有微妙不同的方法以报告短期财政状况。支出是由职能部门所列，且所有的职能部门都对合同中规定的绩效负责。这可以使得公民准确地了解资金的去向（通过部门，每个部门都是绩效实体和独立的成本中心）。同时存在促进未来项目以及或有债务的资源配置的支出项目。

在表 8.4 中观察员们可以了解到政府的长期价值，以及资产（已被明显估值）与债务（包括或有债务如养老金等）的详细信息。观察员可以准确地了解到政府拥有哪些种类的资产，并可以将政府的资产价值与其债务进行比较以调查政府的长期净值（根据总资产和总债务之间的差额进行计算）。

表 8.3　　与价值相关的短期财政状况报告——损益表

收入	
使用政府权力征税	
直接税	21 260
间接税	11 722
强制性费用、罚款、处罚、征税	258
小计	33 240
通过政府运营盈利	
投资收入	1 154
由于商业林价值的改变而导致的未实现收入（损失）	78
其他业务收入	420
商品与服务的销售收入	689
小计	2 341
总收入	35 581
总收入占 GDP 的比重	36%
支出（通过职能部门、实体，且所有部门和实体都负责合同中规定的绩效）	
证券事务监督	423
教育	5 714
社会保障与福利	13 003
医疗	6 001
核心政府服务	1 562
法律与条例	1 345
国防	1 065
运输与通信	948
经济与产业服务	840
传统、文化与娱乐活动	297
住房与社区发展	29
其他	167
财务费用	2 804
净外汇汇兑损失/收益	13
未来计划的拨款	—
或有支出	—
总支出	34 211
总支出占 GDP 的比重	34.6%
盈余：收入减支出	1 370

注：表 8.3 和表 8.4 中的信息是以新西兰的财政绩效报告为基础的（以新西兰元表示）—代表不可用。

表 8.4　　长期财政价值报告

资产	
现金及银行结余	196
可出售的证券与存款	7 581
预付款	2 871
应收账款	5 091
存货	295
国有企业	18 483
其他投资	214
有形资产	14 502
商业林	505
国家公路	8 210
无形资产	20
总资产	57 968
负债	
应付账款及供给	4 457
货币发行	1 741
借款	35 972
养老金债务	8 328
总负债	50 498
资产净值：总资产减总负债	7 470

在表 8.5 列举的例子中，如新西兰、英国等国家中的部门创造了一种服务绩效报告的形式，它根据基准生产目标对已生产的产出进行了简要描述（Ball，1994）。因为报表为统一格式，要求包括产出、结果的相关信息（根据数量、质量、及时性、成本进行描述），政府可以将它们进行加总计算，以提供一个关于政府部门一期结果的整体财政报告。在这些国家中，会将绩效数据与其他财政报表一起提交和公布，提供评定政府的社会作用时所需的资源，同时也作为帮助政府战略性配置资源时所使用的工具。报表中的这一类信息可以使我们看到政府中的特殊部分所产生的结果，而且将它们相加之后，可以作为一个整体对政府的绩效（或增值）进行详细的阐述。

表 8.5　　　　　　增值和绩效报告——服务绩效表

部门/机构/或其他实体	产出与相关结果性目标	结果：数量（活动）、质量、及时性、成本
证券委员会	*产出*：通过刊物、通讯等手段，（如服务合同的细节中所描述）以提高公众对证券法的理解 *结果*：为了加强公众以及机构对证券市场的信心	*数量*：委员会发布了四期公告（在委员会业绩目标中所设定的目标）。委员会回答了 1 607 个来自于公众的不同类型的疑问（年度目标：1 200）。委员会向新媒体发布了 22 份声明（年度目标：25）。委员会在网站上发表了 51 份免责声明（无年度目标） *质量*：委员会的工作以观察到的市场行为以及对于证券法的合理解释为基础。它的目标为简化法律的内容及表述。公告及网站中的材料都是即时的、有意义的、且有价值的（由国家律师协会审核与国家证券协会成员的调查结果确定）。 *及时性*：公告及其他出版物声明项目已按时完工。将会在收到公众疑问的五个工作日之内处理全部事务（目标） *成本*：委员会将分配其支出的 11.7% 至这一产出（年度预算为 11%）
	产出：审核证券法，并为改革提出建议 *结果*：证券市场强化	*数量*：委员会通常会与经济发展部门一起合作，负责一些项目并进行审核，包括 1991 年证券条例、证券法案、管理与效率、监督和检查权力、内幕交易法、退休村计划 *质量*：委员会应按照证券法案和其他相关法律条例的规定，履行其义务。它的工作以准确地搜索现有法律与惯例，并对其进行分析为基础。提出的所有建议与使用的相关价值、规律，包括使用最有价值的信息和分析方法、委员会的提议中所耗费的成本和

续表

部门/机构/或其他实体	产出与相关结果性目标	结果：数量（活动）、质量、及时性、成本
		取得的收益。委员会旨在简化法律的内容和表述。这一过程以与所有受影响的利益群体共同进行广泛及开放的探讨为基础，包括代表公民群体的公众或组织。委员会独立运行 *及时性*：委员会旨在执行所有通讯被定位的人的时间表（执行协议中所要求的）。委员会在与其他机构从事特定的项目时应执行商定的时间表
教育部	*产出*：在Y地区修建新的学校 *结果*：使更多的公民可使用教学设施	*成本*：委员会将分配其支出的15.2%至这一产出（年度预算的14%） *数量*：教育部应在X地区完成对20所高校的修建以供100~200个孩子入学，为目标的80%。先前所设计的5所学校的工程并没有完成，但是都处于建设的不同阶段。其他五所小学的建设计划已制定，将在明年修建完成（这一建设计划符合目标绩效） *质量*：20所完工的学校是根据地区内最高行业标准而修建的，其中至少有20%的工时是由本地承包商完成的。方案符合最高行业标准（由国家建筑行业研究会来鉴定）且其建设过程符合国家建筑联盟的所有标准 *及时性*：20所完工的学校几乎全部按照建设目标中所指定的那样按时完工。Y地区内的两所学校在建设期之后的1个月完工 *成本*：部门分配了它所拥有的30%的资源在这一地区修建学校。这一年中部门花费配置资源的22%在地区内修建学校（支出较低）

结论：政府资产净值的会计核算与报告

这一章主要审视财政评估与政府定义（与报告）其价值所使用的方法之间的联系。研究表明，尽管政府价值中的三个标准都在文章中有所体现，但是大多数发展中国家仍然只强调其财政管理与改革中的一个标准。主流改革主张，狭隘的价值取向适用于短期改革，且此价值取向一旦牢固树立便会扩展。而这一章的作者并不赞同此观点，他认为与狭隘的价值取向相关的激励措施，以及通过当前专注于短期改革的固化，都会阻碍以三个标准为基础的财政价值评估。

政府价值总体状况的信息是近来公共改革之所以能够在澳大利亚与新西兰等国家取得成功的中心要义。这些改革强调形成一种政府文化以及强调建立含有三个价值标准的政府价值评估。这些重点提议与那些改革的成功结果紧密相关，而可能更加重要的因素是，鼓励对政府短期内使用基金方面的公共问责、向选民提供的服务，以及为未来的发展制定计划进行激励。在发展中国家存在的关注短期的观点将与这种综合价值评估方法形成强烈对比。而这些国家也可能和那些成功地推动其组织为特征的国家形成鲜明对比。仅强调价值中的一个方面而排斥其他方面对于政府获得真实的多维价值是有害而无利的。获取这种价值的唯一方法是通过拓展范围并进行改革，在实际行动中引进对于现金流量、结果，以及投资等的重点关注等思想——从单标准财政管理转变为三标准财政管理。

政府将鼓励采用许多措施以提供一个关于政府价值的、更加完整的视图，促使更加有效地报告服务绩效以及长期财政状况——近期文献与政策中强调的政府问责中的两个标准。然而一些实践，如权责发生制会计，不会使其本身变得大不相同，因为每一个单独的新实践仅反映了政府价值中的一个方面。这将会在表 8.6 中有所体现，其中每一个实践都会与政府问责的一个或两个方面相互联系。

表 8.6　　整合会计实践来弥补价值评估过程中的缺陷

价值方面	集中点	会计行为
短期财政状况	短期流动性	收付实现制、权责发生制、市场化或有债务、作业成本法
长期财政状况	短期、中期、长期财政状况	权责发生制、市场化或有债务、代际间会计行、资本成本核算
服务绩效	相关服务的有效提供	作业成本法、绩效报告

当将所有的新实践结合在一起（每个实践之间相互结合，且与老的现金管理方法相结合），通过提供赤字数据并使用其他信息对其进行补充，它们将提供一份更加完整的、关于政府价值的视图。如果没有其他更重要的，那么在当前的工作报告（即公共账户环境）中，这一举措是最重要的。新西兰就是一个很好的例子。

以权责发生制为基础，结合资本成本核算、作业成本法等措施，新西兰的政府部门每个月都会提供一整套财政报表给行政部与财政部。这一整套报表可以使总体财政数据变得更为完整，因为报表为统一格式，所以可以将它们加总在一起提供一个完整的财政报告。因此，在政府的账目中便可以显示政府的资产净值，且会同时使用服务绩效表对它们进行补充。服务绩效表主要描述已生产和已商定的产出，并如私营公司一样提供一些关于采购绩效的相关信息。这些结合在一起的财政措施将提供政府短期财政问责与状况、长期财政健康状况与资产价值，以及短期增值（或绩效）的相关信息。

本 章 注 释

1. 根据南非储备银行的统计数据，1990 年南非全国在固定资产方面的支出占预算的 3 个百分点左右，而如今为 1.3 个百分点。在全部 9 个省内，省级资本支出低于预算的 6%。夸祖鲁—纳塔尔省的报告指出，1999 年的资本支出为零（Cameron 和 Tapscott，2000；Andrews，2002）。

2. 可在 Auerbach、Kotlikoff 和 Leibfritz（1999）中找到国家的名单。

本章参考文献

Abedian, Iraj. 1998. "Economic Globalisation: The Consequences for Fiscal Management." In *Economic Globalisation and Fiscal Policy*, ed. Iraj Abedian and Michael Biggs, 3 -26. Cape Town, South Africa: Oxford University Press.

Andrews, Matthew. 2002. "A Theory - Based Approach to Evaluating Budget Reforms." *International Public Management Journal* 5 (2): 1 -21.

Andrews, Matthew, and Don Moynihan. 2002. "Why Reforms Don't Always Have to 'Work' to Succeed: A Tale of Two Managed Competition Initiatives." *Public Performance and Management Review* 25 (3): 282 -97.

Auerbach, Alan, Laurence J. Kotlikoff, and Willi Leibfritz, eds. 1999. *Generational Accounting Across the World.* Chicago: University of Chicago Press.

Ball, Ian. 1994. "Reinventing Government: Lessons Learned from the New Zealand Treasury." *Government Accountants Journal* 43 (3): 19 -28.

Buschor, Ernst, and Kuno Schedler, eds. 1994. *Perspectives on Performance Measurement and Public Sector Accounting.* Bern, Switzerland: Paul Haupt Publishers.

Cameron, Robert, and Chris Tapscott. 2000. "The Challenges of State Transformation in South Africa." *Public Administration and Development* 20 (2): 81 -86.

Dittenhofer, Mort. 1994. "Auditing to Improve Government Performance in Government Support Functions." In *Perspectives on Performance Measurement and Public Sector Accounting*, ed. Ernst Buschor and Kuno Schedler. Bern, Switzerland: Paul Haupt Publishers.

Haveman, Robert. 1994. "Should Generational Accounts Replace Public Budgets and Deficits?" *Journal of Economic Perspectives* 8 (1): 95 -111.

Kotlikoff, Laurence J., and Willi Leibfritz. 1999. "An International Comparison of Generational Accounts." In *Generational Accounting Across the World*, ed. Alan

Auerbach, Laurence J. Kotlikoff, and Willi Leibfritz, 73 – 102. Chicago: University of Chicago Press.

Mikesell, John L. 1995. *Fiscal Administration*, 4th ed. New York: Wadsworth.

Osborne, David, and Ted Gaebler. 1992. *Reinventing Government.* Reading, MA: Addison – Wesley.

Patton, Terry K., and David R. Bean. 2001. "The Why and How of New Capital Asset Reporting Requirements." *Public Budgeting and Finance* 21 (3): 31 – 46.

Rodriguez, Justine Farr. 1995. "The Usefulness of Cost Accounting in the Federal Government." *Government Accountants Journal* 44 (1): 31 – 35.

Schick, Alan. 1998. "Why Most Developing Countries Should Not Try New Zealand Reforms." *World Bank Research Observer* 13 (1): 123 – 131.

Shah, Anwar. 1998. "Balance, Accountability, and Responsiveness." Policy Research Working Paper 2021, World Bank, Washington, D. C..

Simpson, Wayne K., and Michael J. Williams. 1996. "Activity – Based Costing, Management, and Budgeting." *Government Accountants Journal* 45 (1): 26.

Tierney, Cornelius, E. 1994. "Cost for Government: What Costs: How Much Accounting?" *Government Accountants Journal* 43 (1): 5 – 9.

World Bank. 1998. *Public Expenditure Management Handbook.* Washington, D. C.: World Bank.

Wray, Quentin. 2004. "From Fiscal Restraint in 1997 to Spending with Confidence in 2004." Business report. http://www.businessreport.co.za/index.php? fArticleId = 352379&fSectionId = 1036&fSetId = 304

第九章

制服强权——改变官僚文化之道

Anwar Shah

引　　言

公共部门无论是在发达国家还是发展中国家都仍面临着公众信任危机。多数国家均存在政府效率低下及资源浪费的问题。如美国，联邦航空管理局仍使用早已过时的真空管配置的绿光屏电脑。这些电脑预计每年在飞机燃料、延误、连接中断及人力成本方面的浪费达30亿美元。美国国防部曾为价值1美元的螺丝刀支付89美元，美国农业部直到最近才编制了一份2700字的法式炸薯条工艺文件（参见1995年戈尔例举的美国政府的过时法规及垃圾文件）。当然与一些发展中国家"到处流窜的政治和官僚强盗"（Roving political and bureaucratic bandits，引用曼瑟尔·奥尔森的象征主义手法）的侠盗行为相比，这些都黯然失色。在发达国家，民众期望政府能用最少的资源创造最大的价值。而在发展中国家，政府在最基本的公共管理职能方面的缺失却成了公众关注的焦点，一些国家的政府甚至还被认为是国家的掠夺者，甚至罪犯。在一些国家，公民身份或公民责任意识早已荡然无存，在此背景下，国家的有效管理只不过是统治阶级向其关系网链中的小部分人发放些许福利罢了。而另一些国家，用尼采的话说，简直是“最冷血的怪兽”。无论如何，存在即是合理，只要有政府就有掠夺，政府机构的存在就是为了攫取利益，这也许不无道理吧。

这些国家面临的主要问题是，流窜强盗掠夺社会财富导致资本及劳动力的流失，结果经济陷于崩溃状态，可供剥夺的社会资源愈来愈少，这种情况下，只能借助外部援助。但外部援助却进一步膨胀了这些目光短浅的匪徒们的欲望。如果这些强盗们视国为家，也就是奥尔森笔下的“固定强盗”，那么外部援助或许奏效。这种情况下，一旦统治时间增加，其财富命运就紧紧与国家联系在一起。这就解释了为何在一些流窜强盗统治下的国家，人们还能够容忍“固定强盗”通过军事政变获取权力的做法。短期内军事政变能够给国家带来和平安宁，但长期来看人民生活水平不会有太大提高。

为何一些发展中国家的改革之路是天方夜谭？

一个简单解释为何发展中国家公共部门会失效和不能充分提供公共服务，改革却困难重重的原因包括：公共部门的使命和价值观、授权环境、业务能力。

1. 公共部门的使命和价值观：宪法或年度财政预算声明中包含的社会使命及价值观可作为其管理及内在价值的很好参考。公众使用或认可的不成文的社会规范也要给予充分考虑。在一些发达国家，公共部门的使命及价值观写进了中期政策框架。例如，新西兰政府要求上述政策声明须在 3 月 31 日之前呈递给议会（在预算报告提交前 2 ~ 3 个月）。在发展中国家，公共部门价值观则很少被提及。因为这些国家的公共部门价值取向一直是命令和控制而不是服务大众。对于一位深受管理控制思想影响的官员，客户导向的行为准则或许是无关紧要的。

2. 授权环境：这包括正式（预算程序与制度）和参与并负责的非正式制度。这些制度程序能否如预想的那样能够为公共部门达成这些目标创造有利环境？各级政府法令能否在履行职责时体现宪法的精神？对于违规行为又有什么检查和制衡机制？在发达国家，人们严格遵守制度规范，对于违规行为有了相关的道德、法律、选举及市场制裁措施。而在发展中国家，上述违规行为既没有监督也没有任何制裁措施。

3. 业务能力及限制措施：授权的不一定要做，因为现有业务能力可能不能满足手头任务的需要。况且即使业务能力足够，也可能受到官僚文化、鼓励寻租、命令与控制、腐败受贿等激励的阻碍。在此条件下，公民的服务偏好或许被搁置一旁，对选举人的责任承诺早已抛之脑后。一些关键问题的答案或许能为更好地理解业务能力提供帮助，主要包括以下方面：承担各项任务责任的机构是否能够胜任；是否有足够的技能及激励来做对的事情，并将其做对；官僚文化是否与社会目标相一致；政府官员是否签订绩效产出合同；公民社会的参与是否能减少一些限制因素；政府重新组织及改革在克服制约因素方面能够做多大贡献。在发达国家，上述问题的答案多半是肯定的，而在发展中国家却非如此。

如图 9.1 所示，使命、授权环境及业务能力之间的冲突致使公共部门提供的服务越来越糟糕。同时，提供的服务在质量和数量方面与公民偏好相去甚远。因此，发展中国家在公共部门方面的改革面临的挑战是，如何协调公共部门的使命及价值观、其授权环境及业务能力，这三者之间有紧密的一致性（见图 9.1）。对许多发展中国家来说这是一项艰巨的任务，因为这些国家通常有崇高的理想，但缺乏把理想转化为政策框架的授权环境。此外，官僚激励也使得实施该框架的业务能力完全丧失。

表 9.1 展示了制度环境在传统社会、发展中国家及发达国家中的对比。有趣的是，尽管传统社会中不存在现代意义上的技术能力，但由于社会目标、其授权环境及业务能力之间的和谐性，公共部门的服务与公民偏好一致。这种类型社会的文化通常不重视公共部门对结果所需承担的责任。奖惩制度具有可靠、迅速的特点，许多商业关系都

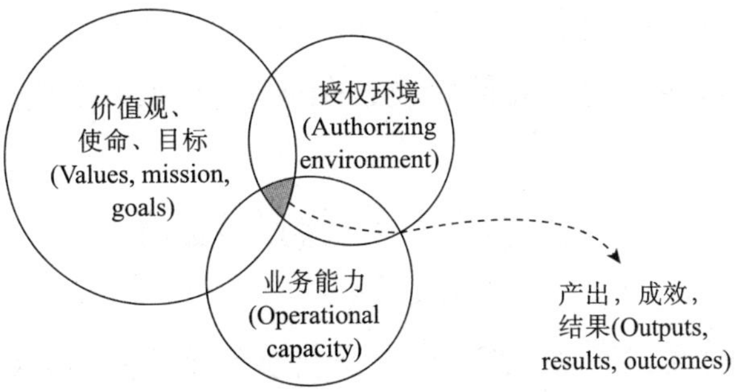

图 9.1　发展中国家公共部门的制度环境

建立在非正式及互信的基础上。因此，尽管这种社会的人均 GDP 很低，但公众对集体行动的满意度却相当高，且与发达国家相比，其对公共部门的满意度也可能不至于相差太远。

与典型的发达国家相比，图 9.1 说明在这种社会类型下，三者之间存在不一致。由于彼此的不协调，改革基本没有完成，公众期待也未能实现。由于缺乏问责制度，评估文化专注于办大事上但对体制弊端却置若罔闻，这意味着所有现有自我修正机制不能发挥应有的作用。因为法律不被重视，半正式化只能增加商业成本而不会给商业关系带来任何利益。合同可能无法兑现，也就没有任何价值可言。鉴于许多发展中国家公共部门的作用完全功能失调，因此，这些国家很有必要进行跨越式前进（甚至后退）以建立一种客户导向和对结果问责的公共部门文化。然而基于随后讨论的原因，这在近期内似乎不太可能发生。

表 9.1　　　　公共部门的制度环境——既定事实

	传统社会	发展中国家	发达国家
目标	明确和现实	模糊和浮夸	明确和现实
授权环境	强	弱	强
业务能力	一致和有效	失效	一致和有效
评估能力	强	弱	强
公共部门导向	产出	投入控制，命令控制	投入，产出，结果监督
公共部门决策	分权	集权	分权
私营部门环境	非正式/信任	半正式但缺乏信任，无视法治	正式/法治
评估文化	蛇型梯型	了解型	学习改进型

在下一节中，我们希望能总结出一些发展中国家关心的发达国家经验，从而协调其公共部门使命及价值观、授权环境及业务能力。

发达国家经验的来源

发达国家的经验说明管理中的公共参与和问责制在创建高效、负责的公共部门治理时起着举足轻重的作用，包括设置结果导向型治理的管理范式。同时，民主参与是唯一能够确保良好政府治理的方式，因为只有采取民主治理的方式才能确保产权及合同的执行。但民主治理不能和上述所说的那样简单地强制执行。Putnam（1993）在其《让民主发挥作用吧》中称民主制度不能自上而下建立，而应源自日常传统生活中公民之间的信任和公民美德（172）。为结果明确职责及建立问责制有助于建立这种信任和美德。

多年来发达国家向世界展示了其在公共部门绩效方面的巨大变化。有趣的是，其变化不是源自大多数发展中国家的等级控制制度，而是对公众更为负责的制度。被选举的代表作为佐治亚州雅典市的公民宣誓："我们将努力尽快树立公共责任意识；……我们带给这座城市的不仅不能少，而且要把它建设得比它现在带给我们的更大、更好、更美丽"（雅典娜雕像坐落在佐治亚州雅典市雅典古建筑中心的前面，雅典的誓言就刻在雕像的底座上）。

行政机构要对立法机构负责，这使得问责制得到进一步强化。总之，问责制的重点在于其改变了公务员面临的官僚文化及相关激励。20 世纪 90 年代通过强化公共部门的结果导向改变了这种文化。把民众注意力从内部的繁文缛节及投入控制（硬性控制）转向结果问责制（软性控制）。为了实现这种转变，西方国家纷纷采取了多元化政策。促使这种变化的根本框架在结果导向型管理与评价（ROME）制度方面近乎统一、坚定。在上述制度下，结果导向型为衡量公共部门的表现提供了框架。表 9.2 就此提供了具体说明，强制推行结果导向文化，就需要监督项目活动及投入（用于产出的资源），包括中间投入及产出

（产品与服务的数量与质量），结果（达成项目目的进程），目的（项目目的）及影响（在此项目中获益或损失的人）。重视管理对话有助于强化合伙制及委托人和代理人在互信条件下实现共同目标的问责。

表 9.2　　结果导向型管理与评价链在教育方面的应用

项目目标	投入	中间投入	产出	结果	影响	实现
提高教育服务的质量、数量、接受教育机会	按年龄、性别、城乡、年级、教师、员工、设施、工具、书籍及法规确定教育经费	招生、师生比例、班级规模	学业成绩、毕业率、辍学率	识字率、专业技术人员供给	公民知情、公民参与及较强的国际竞争力	政府项目中的成功者与失败者

结果导向型管理与评价链

大多数 ROME 方式都有以下共性：

1. 合同或工作项目协议是建立在预设的产出、绩效目标及预算分配基础之上。

2. 弹性管理但坚持绩效问责。

3. 辅助性原则（即政府公共决策的制定要贴近人民，除非是在令人信服的更高水平或级别的任务前提下）。

4. 节约成本的激励。

在分权环境下，ROME 在学习与问责制基础上为战略计划和管理提供了内在框架。ROME 模式成功实施的关键在于公众对数量少却极为重要的结果坚持透明原则，这些结果反过来也建立在机构的结果导向型的战略目标之上。因此，内外报告开始由传统重视投入转向产出、实现及结果——尤其是导致结果的产出。此外，这些结果均以发展成果的形式记录。项目、活动、程序及资源都与机构的战略目标保持一致。通过对投入进行严格监督向对绩效结果和衡量进行严格监督，可以实现项目定义及实施的弹性。预期结果的追踪过程由指标完成，该指标由提供者与金融机构协商而得。共同目标的制定与报告有助于在建立项目伙伴关系及所有制时确保客户的持续满意度。

机构内部的 ROME 改革主要通过权利下放和委托实现。这需要信息的双向流动，即通过以下方式实现：以绩效报告的形式强化问责制，对结果加强监督和评价及结果导向型的个人绩效协议。因此，在 ROME 下，建立在持续系统反馈学习基础上的问责制是积极的、具有前瞻性的，即每个单位都向针对机构战略目标的结果提供信息，为跨组织的基准对比及学习提供可能。ROME 还将提供附带事实依据的高级管理，以便分配决定权。权利下放、公众参与及问责制都是该程序的重要方面。

在 ROME 下，财政预算分配支持合同及工作项目协议建立在事先规定好的产出及绩效目标上。选择投入时要充分重视管理弹性，包括人员的聘用及解聘和项目的执行，但同时经理要对最终结果负责。在增强公共服务提供与地方偏好的一致性时，辅助性原则也强化了对结果的问责（除非事情能够交由更高层级政府处理，否则将职能下放最基层政府）。最后在 ROME 框架下，保留储蓄可以获得成本效益的回报。基于活动的成本（即每次活动的总成本，包括资本成本及资产使用的费用）需要进行成本核算。因为此种方式重在学习，未能兑现诺言可以获得原谅，但如不能遵守共同价值观将招致严惩。

ROME 在公务员体制改革中的影响

发展中国家的公务员相对其工作来说，待遇极差，但却享受了很多特殊待遇，很大一部分公务员贪污腐化敛财。而且公务员实行终身任期制。创新和冒险是不被容忍的。为了限制贪腐行为，政府强制实行投入控制和自上而下的问责制度。此外，高级公务员要定期地轮换岗位，但这种方式进一步削弱了问责制。相比之下，ROME 框架为 21 世纪的公共管理提供了新视野（见表 9.3）。它实行竞争性工资、工作专业化（一种“安身乐业”的文化），没有正式任期。不论成败，公务员有充分的自由空间。相反，只要公务员能够完成其合同中规定的任务，就可以无限期任职，只有屡次失职才会启动解聘程序。

表9.3　　制服强权：面向21世纪的公共管理范式

20世纪	21世纪
中央集权	全球化、地区化
中央管理	中央主导
命令和控制	有回应和可问责的治理
官僚主义	参与式
内部独立	竞争性
政府是唯一提供者	政府作为公共服务的有力提供者及购买者
投入控制	重视结果
重视规则和程序	管理弹性但对结果问责
自上而下的问责	自下而上的问责
工资低，特殊待遇多	竞争性工资，少有其他收入
终身制	合同制
职位轮换制	工作专业化(“安身乐业”文化) 但持续失职会被解聘
封闭和迟钝	开放和灵活
不能容忍风险和创新	允许失败
公民只能被动接受	赋权公民可以对政府绩效进行问责
政府统治	公民中心的治理

对民众负责及问责制度共同组成了该方式的基础。ROME框架通过上述有回应和可问责的治理为发展中国家改善公共部门治理创造了空间。同时也证明该方式也是预防官僚腐败及渎职行为的最有力武器（见Shah和Schacter，2004）。最近的有关腐败决定因素的实证研究证实了这一结论，政治和官僚文化及中央集权是30多个国家腐败问题中最显著的因素。进一步研究发现，仅仅依靠提高公务员工资而不进行根本制度变革，根本不可能在反腐行动中取得明显效果。

ROME的经验

许多国家都已对ROME的各种模式做过实验。但新西兰、加拿大及马来西亚的经验却发人深思，讨论如下：

合同制国家：新西兰模式

新西兰代表了进行最大胆的公共部门改革国家的经验，即把私营部门的管理和衡量措施引进政府核心部门。为了完成从投入控制向产出问责转变，新西兰在过去几十年中修改了公务员任职终身制，并根据预设结果对所有公共部门职位实施合同制。即使是中央银行行长也要与国会签订合同。合同条款规定，央行行长的任期直接与每年3%的通货膨胀率波动范围挂钩。政策的制定与实施、融资、采购、提供等职能相互独立。这就使得政府能够集中精力制定政策和融资，在现有条件下促成私有公共部门建立合作关系。项目管理在提供上分权，项目官员在预算分配及项目实施方面有充分的弹性和自主权，但不得超出政策框架与既定预算范围。引进资本成本核算及权责发生制会计（作出承诺后便视同已支出），这样便能更清晰地看出各个公共部门活动的费用支出情况。非公职能也要商业化和私有化。为保持政府净资产为正值而强化的财政管理问责制度，这也是合同中对财政部长的要求。

新西兰引进的ROME新合同制模式给经济带来了巨大的变化，即由政府干预的高度保护和管制的经济向公共部门精干高效的开放和无管制的经济转变（见Boston，1995；Walker，1996；Kettl，2000），中央政府赤字消除，债务减少，公共服务的质量改善及数量提高的同时，政府净资产为正。地方政府也取得了显著的结果。例如，在20世纪90年代早期，帕帕库拉市市长通过引进新的合同制，在改善公共服务的质量及提高数量的同时，还清了债务，降低了捐税，为小镇经济发展带来了惊人的转变。

可以肯定的是，该方法在社会政策方面也产生了一些影响。商业化下的成本削减压力有时会减少少数群体社区的权利，给其享受公共服务造成一定困难。在一些个案中，新合同制的失败是因为官僚的无能而导致无法确保严格的安全标准，有“因洞溪（Cave Creek）新建的瞭望台倒塌致使大量旅客死亡”为证。

引导政府做正确的事：加拿大模式

1994 年，加拿大政府采用了 ROME 的新模式，以应对持续的公共部门赤字及公民对公共部门的不满。加拿大政府放弃了新的合同制，相反采取了提供替代服务的框架进行公共部门改革，即新管理主义。提供替代服务的框架代表了一种对公共部门重组的动态咨询与参与程序，通过与公民个人、社区、私有部门及其他政府实体分享管理权提高服务公众的质量。

作为该框架下的项目评审程序的一部分，政府部门及其代理机构应根据以下六条指南评估自身活动及项目：

1. 公众利益测试：项目或活动是否仍为公众利益服务？

2. 政府角色测试：在上述项目或活动中政府角色是否合法和必要？

3. 联邦主义测试：目前联邦政府角色是否恰当，或项目方案是否可作为与其他省份重组的备选？

4. 伙伴关系测试：哪些活动或项目应该或可以完全或部分转变成私营部门或志愿者组织？

5. 效率测试：该项目或活动是否仍然有效或如何提高效率？

6. 支付能力测试：项目或活动的结果能否在财政约束条件内提供？如果不能，应放弃哪些项目或活动？

加拿大提供替代服务的经验已取得显著效果。1993 年联邦赤字从占 GDP 的 7.5% 缩减至 1998 年的预算平衡及之后的预算盈余。联邦政府部门由 38 个减至 35 个，公务员数量由 22 万人减至 17.8 万人。社会服务、司法及科技方面地方拨款增加，而其他公共部门分配的预算减少。通过如下方式最终实现了以公民为中心的服务模式，即围绕公民需要实行集群服务，实施管制改革鼓励竞争和创新，补偿特殊服务的支出，持续复评项目以支持提供替代服务机制。这些方面的改革总体改善了提供服务的质量及公众满意度。

从政府治理到公民中心的治理：马来西亚模式

ROME非一朝一日形成，澳大利亚、加拿大、新西兰及其他国家在ROME基础之上进行的创新现在都有大量的文献。有趣的是，这些文献未能充分认可马来西亚的贡献，因为马来西亚的一些创新甚至在发达国家都从未尝试过。马来西亚的经验与发展中国家有特殊联系，因为该国的公共部门也经历了自20世纪80年代末以来发展中国家出现的一些公共部门的功能失调。自90年代起，马来西亚逐渐成功实施了一些结果导向型的管理模式，并开创了有回应及可问责的公共部门治理结构。此次改革办法的一些值得注意的因素如下：

1. 使命及价值观：所有公共机构都要将使命及价值观具体化，在公共管理中证明自身的角色并灌输正确的价值观。

2. 加强客户导向及公民中心的治理。1993年制定的“客户章程”要求规范服务的标准，以形成政府机构和部门问责的基础。该章程要求所有机构和部门明确客户并了解其需求。政府机构还要告知客户可行服务的标准。公共机构每年对其服务改善及承诺未兑现情况进行报告公示（出版发行或在网站公布）。对于承诺未兑现的要作出整改计划。客户同样有权通过公共投诉局申诉。

3. 强有力对结果问责下的管理弹性。该方式通过实行基于产出上的预算系统及作业成本会计体系实现，进一步引用了资本成本核算及权责发生制会计。产出预算制度需要提供产出的项目协议，但允许在实现既定结果的条件下实行弹性管理。政府机构及其他公共服务部门的绩效指标要继续实施并推广。

4. 分权化决策。马来西亚政府一度通过分散联邦政府职能、加强地方政府职能的方式寻求分权化决策。

5. 强化马来西亚公共服务的完整性。马来西亚有世界上最为严厉的反腐法律，并为该法律的实施投入许多资源。

6. 提供服务的合伙制方式。通过确保竞争性政策建议，撤销管制及有效促进公私部门在提供公共服务中的合作，尝试服务提供的合伙方式。

7. 确保财务健全。主要通过内外审计确保财务健全。审计人员通常向议会提供一份财务状况健全的审计报告，并广泛公布。

总之，马来西亚在发展中国家的公共部门制度发展、创新及绩效方面处于领先地位，通过创新方式改善公共部门绩效。但面临的挑战是如何通过培训及纠正措施应对执行中的问题，以强化新的治理文化。

超越 ROME：无底线下的绩效衡量

对政府部门进行整体绩效监督以衡量公共部门绩效及公民对政治体制的问责，该衡量方式在发达国家十分流行。美国俄勒冈州曾设立一个独立的委员会来发展和监督州内居民的社会福利措施（福利措施从 1991 年的 158 项减至 1999 年的 20 项）。美国佛罗里达州最初建立了 268 个指标来观察家庭、社区、安全、学习、医疗、经济、环境及政府方面的进步；但最近放弃了该指标。加拿大艾伯塔省确立了 27 项人民生活水平衡量指标。新西兰对其政府净资产进行报告。联合国也出版了人类发展指标。Huther 和 Shah（1998）通过对 80 多个国家的抽样调查，发展了政府治理质量的综合指标，具体包括公民参与、政府引导、社会发展及经济管理等。

经验表明，政府绩效衡量的结果喜忧参半，部分原因是由于媒体及立法机关对此缺乏兴趣。总之，在没有重大危机的情况下，预算决策的政治降低了绩效指标的有效性。总体绩效指标的主要困难来自于“在路灯下找钥匙”，[①] 意思是可以衡量的及正在衡量的可能与政策或问

---

① 译者注：“路灯下找钥匙”源自卡夫卡的生动的譬喻。一个人晚上在路灯下找钥匙，另一个人走过来问他：肯定丢在这里么？他摇摇头：不肯定，可是只有这里才有亮光。

责目标无关。概念层面的结果衡量模糊了问责。相反，在新西兰及马来西亚实施的以产出和实现为重心的方式为对结果的问责提供了巨大的可能性。

结论：ROME——走向残骸和废墟或是美好明天的路线图？

ROME在一些选定国家的成功实施在公共部门管理实践者中引起了热议和争论，相当一部分人反对在发展中国家实施这种原则［以Schick（1998）为主要代表］，并提出了许多理由证明该观点。公共服务改革的真正问题不在于其效率而是发展不足所致。投入控制体制的建立尚不完善。公共责任意识的缺乏使得在管理随意的条件下，增加了滥用职权谋取私利的可能性。由于政治干预，强制推行合同聘任制的可能性越来越小。ROME的使用进一步削弱了自上而下的问责，因为重点已经从结果导向型转向投入、规则和程序。有人进一步提出对决策组织（Craft Orgnization）（研究及发展）及应对组织（Coping Orgnization）（如救灾）实施该方法，因为结果导向型产出不鼓励创新、冒险和及时回应。在社会服务方面，注重运行效率的体制使得穷人和需要帮助的人可能得不到应有服务。最后，一些人称ROME是潮流，发展中国家应静心等候，等待新潮流的出现。

尽管反对ROME的观点不无道理，但总而言之，存在上述强调的制度缺陷，ROME在发展中国家的应用得到了进一步强化。官僚文化及投入控制争论的发展不足说明当代跟踪投入的会计制度效果不明显。因为经验显示实施该体制的绩效改善收益很少；相反，这些体制为那些打着“服务大众”的幌子滥用公共资金提供了保护伞。由于大部分公共服务的产出基本透明，目的可以预测，ROME能使制度环境欠缺的政府在治理中更好地实施问责制。

基于投入的等级问责不能提供公共部门要求的服务。的确，工艺组织及应对组织更关注结果导向型的链是如何评估的。同样，社会服务中激励计划的设计对预防负面结果，且通过竞争创新向所有公众提供服务十分关键。例如，转移支付结构要无论公私，公平对待所有服务的提供者，要将资金的持续供应资格与服务标准的成功满足和服务的取得相联系，而不是与支出水平联系，这样的结构方能克服道德风险问题（见专栏 9.1）。

专栏 9.1 鼓励竞争和创新的教育拨款

1. 对地方政府的分配标准：根据学龄人口平均分配（如：5～17 岁）。

2. 对教育机构的分配：根据招收学生人数，向公立和私立学校发放生均相等的补助。

3. 条件：私立学校入学根据成绩，学费依据学生家长支付能力确定；拨款标准随留校率、标准测试中的成绩和毕业率的提高而提高；拨款不附加使用条件。

4. 处罚机制：公共谴责和减少拨款。

5. 激励机制：与学校优先事项一致的结余，学校可以保留和使用。

资料来源：Shah（1999，408）。

ROME 当然也不是一种潮流。在现代官僚结构形成之前早已在传统社会成功实施。即便在个人和家庭决策方面，ROME 也是大多数个人采取的唯一方式（例如，组建家庭和安家或寻求其他服务）。在外部援助缺失的情况下，许多发展中国家都面临巨大的财政危机，不得不采用 ROME 克服这些危机，稳定国内秩序。总之，自下而上的问责制是 ROME 成功的关键，而问责制需要分权的决策方式。最后，全球化、本地化及 ROME 方式为改善发展中国家公共部门的绩效提供了巨大的潜力。

本章参考文献

Boston, Jonathan, ed. 1995. *The State under Contract.* Wellington, New

Zealand: Bridget Williams Books.

Gore, Albert. 1995. *Common Sense Government: Works Better and Costs Less.* New York: Random House.

Gurgur, Tugrul, and Anwar Shah. 2005. "Localization and Corruption: Panacea or Pandora's Box?" Policy Research Working Paper 3486, World Bank, Washington, D. C..

Huther, Jeff, and Anwar Shah. 1998. "A Simple Measure of Good Governance and Its Application to the Debate on the Appropriate Level of Fiscal Decentralization." Policy Research Working Paper Series 1894, World Bank, Washington, D. C..

Kettl, Donald F. 2000. *The Global Public Management Revolution.* Washington, D. C.: Brookings Institution.

Putnam, Robert D. 1993. *Making Democracy Work: Civic Tradition in Modern Italy.* Princeton, NJ: Princeton University Press.

Shah, Anwar. 1999. "Governing for Results in a Globalised and Localised World." *Pakistan Development Review* 38: 4 (part 1, winter): 385 - 431.

Shah, Anwar, and Mark Schacter. 2004. "Combating Corruption: Look before You Leap." *Finance and Development* 41 (4): 40 - 43.

Schick, Allen. 1998. "Why Most Developing Countries Should Not TryNew Zealand Reforms." *World Bank Research Observer* 13 (1): 123 - 31.

Walker, Basil. 1996. "Reforming the Public Sector for Leaner Government and Improved Performance: The New Zealand Experience." *Public Administration and Development* 16: 353 - 76.

第十章

评估问责机构的框架

Mark Schacter

为什么问责机构举足轻重?

若人人都是天使，那就无需政府了；若天使统治人，那就无需对政府的外部控制或内部控制了。构建一个人治的政府，最大的困难在于：首先要使政府能够控制被统治者，而后控制自身。没有人民就没有政府，对人民的倚赖无疑是首要的，但经验也告诉了人类在此基础上采取一些辅助性防御措施也是必要的（James Madison/Alexander Hamilton，联邦党人文集第 51 号，Rossiter，1961）。

在政府政治中，权力居先，其后是对权利的控制（Schedler，1999a）。问责概念，连同阐明和实施这一概念的机构，也许是制约手握政治和公共行政管理权力者的最重要因素。正如 Thomas（1998）所言，“问责制是民主社会治理的核心”（348）。

公民授予行政机关广泛的权力：他们赋予它筹集和花费公共资金

的权力以及承担公共政策的制定和实施的责任。与此同时，公民希望防止行政机关滥用这些职权。在更具可操作性的层面上，他们还希望确保行政机关明智、有效、高效地使用其权力，并能回应公民需求；在行使其职能时，能根据公民的需求来改变其行事方式；公民同样期望行政机关对自身的行为负责。

许多发展中国家正在摸索向民主过渡的道路或力图巩固民主秩序，对这些国家而言，问责制度是当务之急。虽然关于民主的一些正式制度已经建立，国家可能仍会发现自己“被一些原本希望借助民主制度来驱除的恶魔所纠缠：侵犯人权、腐败、裙带主义、世袭主义和滥用职权”（Schedler、Diamond 和 Plattner，1999，1）。

在许多民主国家，统治者仍可为所欲为，不受行政机构制衡约束。这表明通过投票箱给公民带来的直接问责还不足以确保统治者与被统治者之间的良性关系。正如本章开头的引文所示，使国家约束自身还需要一个附加条件，即要创设和维持独立的公共机构，它们有权监督政府行为、要求获得解释、需要时可对其不当或违法行为作出强制处罚。

横向问责 VS 纵向问责

公民加于政府的问责和政府通过创建被授权约束政府的公共机构施加于自身的问责是有区别的（见图 10.1）。一些理论家将这种区别分为纵向问责（公民直接问责）和横向问责［公共问责机构（以下都简称为 IA）的问责］（见 O’Donnell，1999；Stevens 未注日期）。

纵向问责，可以是公民通过选举程序直接执行，或通过公民组织（“公民社会”）、新闻媒体间接执行（Schedler、Diamond 和 Plattner，1999）。横向问责因为涉及一系列防止政府行政机关弊病的公共实体，可以由不同机构和组织来执行：

1. 立法机构；
2. 司法机构；

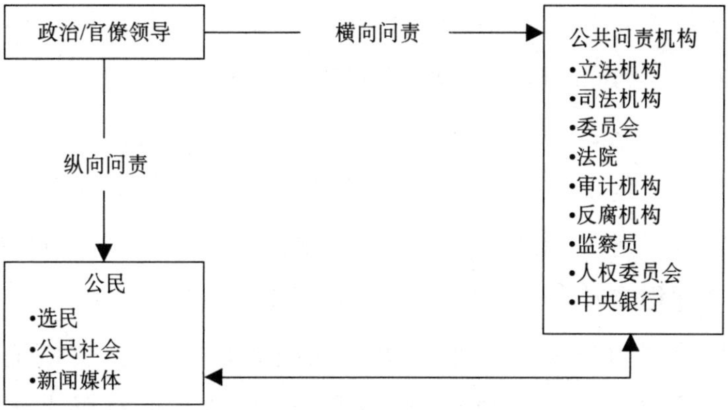

图 10.1　横向和纵向问责

3. 选举委员会及审裁处；
4. 审计机构；
5. 反腐机构；
6. 监察员；
7. 人权委员会；
8. 中央银行。

这些机构有的可能有宪法基础，而有的可能是依据规章建立；有些可能仅仅起监督作用，而有些可能具有准司法或刑罚权力（见 Diamond，1999；Schedler、Diamond 和 Plattner，1999；Stevens，未注日期）。横向问责机构，具有正式地位和合法性，由国家自己创建并授权，在制约行政权力中起着主导作用。正如世界银行（1997）评论指出的，“可持续性发展普遍要求正式约束机制，使国家及其官员对自己的行为负责。为保证机制的持久和可靠，这些机制必须被锚定在核心国家机构之中”（99）。

即便如此，只有横向问责机构是不够的。有人振振有词地辩称，横向和纵向问责机构从根本上是紧密相连的，因为没有后者，前者不可能有意义存在。公共机构负责横向问责，相当于政府同意将制约加在自己身上，这就引出了如下问题：

谁急于公开回应棘手问题？谁渴望不法行为得到应有的惩罚？政府通常不愿意。他们知道问责机构会限制他们的行动自由，这些机构

很可能将他们置于痛苦局面和尴尬境地。如此一来，他们怎么会有兴趣建立它们呢？(Schedler, 1999b, 334)

他们的回应是，若非如此，公民就会惩罚他们，否则政府决不愿与问责机构有任何瓜葛。换句话说，只有政府看到横向问责能给他们带来的好处，它才可能是有效和可持续的，而正是纵向问责的运作，尤其是选举过程，让政府认识到了其中的好处。[1]

有充足的理由证明，一个积极、有组织的公民社会是迫使政府受横向问责制约的另外一个重要纵向因素，特别是还有民主选举进程存在的时候，Tendler（1997）最近的著作对此观点提供了有力的证据。本章的重点是横向问责机构，但又涉及了其他方面。

评估问责机构的分析框架——工作模型

为理解和评估 IAs 对于控制公共部门腐败的影响力度，本节提出了一种分析框架或者说是一种模型。

发展中国家的问责问题繁多，它们产生原因和最终影响也如此。这里提出的框架旨在帮助世界银行及其发展中国家合作伙伴识别庐山真面目。希望它将加速发展中国家有关 IAs 和腐败问题的分析与优先次序的确定。该框架提供了一个稳定的基础，世界银行及其合作伙伴在此基础上确立和实施强化问责的策略，将其作为针对公职人员腐败行为的反制力量。

这里介绍的模型强调 IAs 与政府行政机关的相互作用，以及这类作用如何受到各类因素的影响（如公民社会和新闻媒体之类的纵向问责机构，极大地影响着横向问责机构的行为。因此，尽管本章的重点主要是横向 IAs，它也将涉及一些至关重要的纵向 IAs）。本章还初步探讨发展绩效衡量措施来评估 IAs 控制腐败的有效性（见附件 10. A）。

本模型尤其要提供一个简单而强大的分析工具，促进世界银行及其合作伙伴的反腐工作：

1. 基于简明而稳健的 IAs 工作模型及它们与腐败的关系来推进

工作；

2. 找出在腐败问题上妨碍 IA 有效运作的关键障碍；

3. 解开主要依赖地方领导和地方努力的症结，通过外部发展援助有效地处理 IA 问题；

4. 找出与特殊 IA 问题最为相关的发展援助形式；

5. 确定处理 IA 问题的优先次序和策略。

问责循环

在分析模型的核心是一个确立在情境因素里的问责循环（见图 10.2 至图 10.4）。

问责循环（见图 10.2 和图 10.3）是 IA 和行政机关某单位之间关系的一种理想化模型。它以程式化的形式描述了 IA 与行政机关关系的内在逻辑。这个循环有三个阶段：信息（或投入）、行动（或产出）、回应（或结果）。该模型表明信息量过低是制约问责循环有效运作的首要约束。

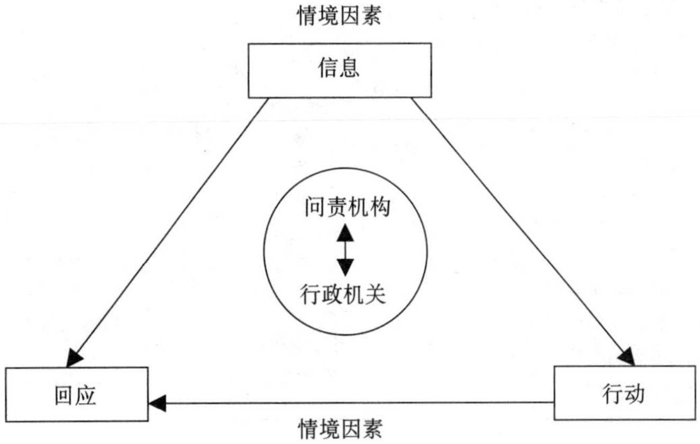

图 10.2　分析模型：情境因素里的问责循环

情境信息分析对理解和解释问责循环的运作是必要的（见图 10.4），在某些情况下，循环自身的内部因素可以解释其运行的好坏程度。可是往往循环将受到社会、政治和形成循环运行环境经济因素的

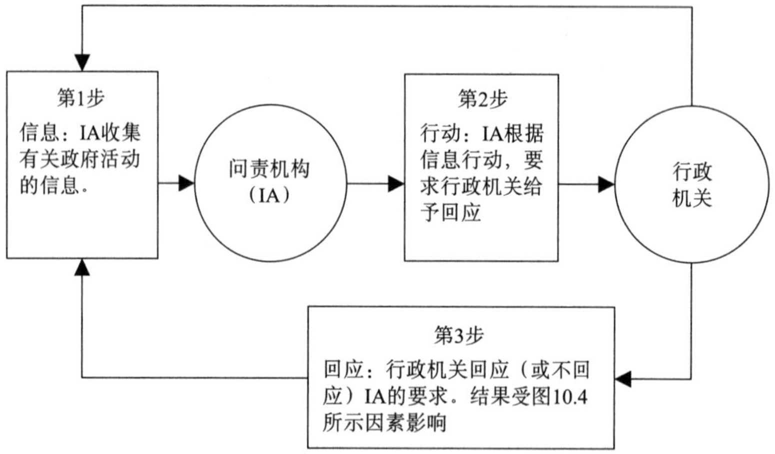

图 10.3 问责循环：IA 与行政机关关系的模型

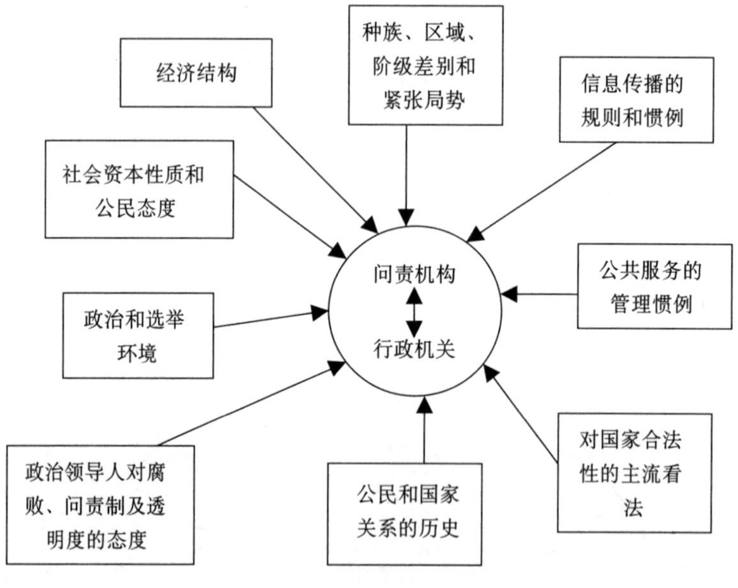

图 10.4 一些影响问责循环的情境因素

深刻影响。因此，置情境信息于不顾地去了解问责循环很可能会导致得出错误的结论和进行不当的补救性干预。

问责循环如图 10.3 所示，该模型描述了 IA 与行政机关的关系，其最终目的是要迫使行政机关作出解释，证明其行为的合理性并在适当的情况下采取纠正措施。

该模型的三个阶段——信息、行动和回应[2]（或投入、产出和结果）如下：

1. 信息（或投入）：框架从信息是 IA 的关键投入的假设开始，IA 的有效运作取决于它获得关于行政机关活动的中肯、精确、及时的信息的程度，而不论是直接从行政机关获取还是间接从其他来源获取的信息。问责循环在这个阶段的发展取决于行政机关提供的信息数量，以及 IA 收集任何有效信息的能力。

2. 行动（或产出）：在信息投入的基础上，IA 应具备行动能力。它要求（显性或隐性的）[3]行政机关对其履行职责的方式进行解释并证明其合理性。问责循环在这个阶段的发展取决于 IA 利用这些信息能力和意愿。首先，评估和分析信息；其次，以此信息为基础，对行政机关提出中肯而重要的要求并使其对自己的行为进行解释和证明。

3. 回应（或结果）：IA 的产出意在得到行政机关的回应，出于该框架的目的，结果就是，针对 IA 提出的要求，行政机关作出回应（回应可采用不同形式，如解释、证明、纠正措施等），行政机关回应的适当程度及时效性最终决定 IA 的有效性。问责循环在此最终阶段的发展取决于行政机关不得不回应 IA 的迫使程度。

问责循环提供了一个理解和评估任何 IA 绩效的模板。特别是 IA 的分析重点和绩效指标种类将取决于该 IA 的特征和所处的环境。但是，问责循环的逻辑表明，就一切情况而论，评估将主要集中在三类问题上：

4. IA 可以获得什么信息？这些信息能够何种程度地符合相关、准确、可靠、及时和详尽标准？

5. IA 能够利用这些信息做什么？

6. IA 能够让行政机关作出何种回应？

没有情境信息的理想化的问责循环，为制作一项提高 IA 能力的行动方案提供了优先次序。信息—行动—回应的顺序，建立在信息是 IA

有效运作最基本和必要条件的假设基础上。每个IA都需要具备一定的获取相关行政机关活动信息的最低水平。我们认为IA缺少最低数量和质量信息的获取，有意义的问责关系是不可能存在的。[4]

假设基本信息的障碍可以克服，另一个影响IA有效运作的关键障碍与IA利用信息生产产出的能力相关，即与行政机关的行动相关。为使自身具有效力，IA必须有能力理解和分析有关行政机关的信息、将此分析转化为向政府机构索要答案的相关需求并就此需求与行政机关沟通。

最后，即便IA具有能对行政机关提出要求的最低能力，它还必需拥有足够的正式或非正式力量[5]来引出行政机关做有意义的回应。

因此，在这三个方面，如果IA评估提供一个以上表现不佳的证据，显见经验法则（情境因素前加入到分析组合）表明补救工作应集中在最低层次——即在处理行动阶段问题前，解决信息阶段的问题；在应对回应阶段问题前，解决行动阶段的问题。

这并不是要在实际操作中必须严格依照此顺序，孤立对待一个层面上的问题，一次只专注循环内的一个阶段。现实是非常混乱和复杂的，不可能采用如手术流程般精确的顺序。努力增强IA能力作为一个很现实的目标，很可能最终会涉及所有的三个方面。但由于资源匮乏以及资源需要被集中起来用于可以产生最大效应的地方，有一个分析基础来将精力集中在这三个方面中的一个是很有用的，问责循环模型为做必要选择奠定了基础。

通过问责循环框架来看IA还有助于将重点放在优先层面里的适当干预措施。例如，如果发现限制某一IA有效运作的强力约束是来自于投入层面，就需要分析和解决与IA信息的数量、质量、时效性和相关性等综合因素有关的问题。如果发现这种制约是来自于产出层面，那么问责循环会指明不同途径，即着重分析和理解IA接受与分析信息以及将此分析转化为向政府提出相关需求的能力。

如果发现这种约束是来自于结果层面，那么重点将会被迫放在IA与行政机关关系的本质上。

情境因素

问责循环分析得出的最终结果和结论需要由对在国家层面的相关情境因素的理解来完善。

IAs 不能在真空中运作，问责循环的每个阶段，IA 与行政机关有效相互作用的能力受到社会、政治和经济因素的影响，这些因素都在 IA 控制范围之外（见图 10.3），但在制定任何关于增强 IA 能力的策略时，都必须考虑到这些因素。情境因素构成了解释一个 IA 发挥或失去功能原因的主要部分，它们也为制定有效的补救策略提供了路标。

关键情境因素的例子包括：

1. 政治领导人对腐败、问责及透明度的态度；
2. 公民社会的性质和公民的态度；
3. 对国家合法性的看法；
4. 公民和国家之间关系的历史；
5. 政治和选举环境；
6. 种族、地区和阶级差别基础上的社会紧张局势；
7. 经济结构；
8. 与公共信息相关的规则和惯例；
9. 公共服务的管理惯例。

关于 IAs 所处的情境因素的关键运作信息是双重的：第一，IAs 只是反腐败斗争的一部分（虽然是重要的一部分），不能假设只要一个国家的 IA“正确”了，就等于找到了解决所有公共部门腐败问题的万灵药。第二，努力使 IA 正确，必须更远地看到这个 IA 的内在运作，在 IA 和行政机关之间的直接关系以外，看到调解 IAs 对行政机关影响的更广义的环境因素。[6]

有一种适用模型可以帮助理解在更广泛情境因素层面里的问责与腐败的关系，这就是众所周知的罗伯特·克里特加尔德（Robert Klitgaard）的启发式公式（1988，75）：

腐败 = 垄断 + 自由裁量权 − 问责制

该公式表明，公共部门的腐败在很大程度上可以由两个正独立变量（垄断和自由裁量权）及一个负独立变量（问责）来解释。

以一个给企业家核发营业执照的垄断政府机构为例，假设约束这一行为的具体规定不多，并且很难得到任何可能存在的规定副本，该政府机构不仅拥有垄断权力，还能自由行使充分的自由裁量权。垄断和自由裁量权的结合使该机构在执照申请人面前居强势地位，申请者为换取执照不得不行贿，因为他们无处可去，也不确定自己的权利(已假定那些授权许可规定并不广为人知)。

Klitgaard 的模型意味着三种可能的补救办法：（1）通过授权另外一个或多个公共机构发放同样的执照来解决垄断问题；（2）解决自由裁量权问题的方法，比如可以广泛出版发行相关规定，或者设立执照的自动核发，只需要填写一个简单的表格并缴费即可；（3）通过加强对该机构活动的监督给其施加问责压力。

Klitgaard 公式阐明了 IA 对腐败行为的影响是如何取决于三种相互关联却又相异的情况（图 10. 5）：

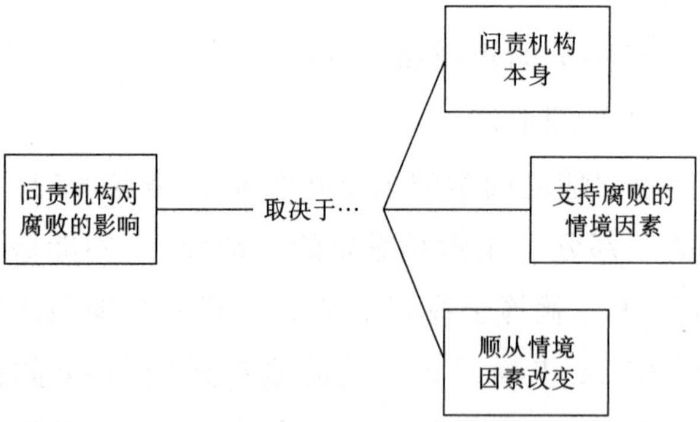

图 10. 5　影响 IA 对腐败作用的多种因素

1. IA 本身——其内部优势和弱势，以及与行政机关的直接关系；

2. 情境因素对问责缺失和腐败的贡献强度，以及 IA 制衡对其的反制作用；

3. 情境因素可能变化到何种程度？

问责循环提供了探究第一点的基础，这一点也是我关注的核心。第二和第三点必须通过了解与IA有关的情境因素加以解决。在这个简单的例子里，关键情境因素都与提供公共服务的结构（对提供服务的垄断）和公共服务的管理（一些规则和惯例给予相对低级别的官员高度自由裁量权，并不重视透明度）相关。这些因素的存在限制了IA可能做到的事情。

除了提供一份情境因素样品清单（图10.4），本章没有提供一个明确的情境因素分析模型，问责循环在这个模型中是主要分析工具。它指明了各种需要被考虑的情境因素，其余的取决于研究者的判断、技巧以及常识。

讨论到这里，突出两个关键情境因素是非常有益的，这两个因素出自于文献和过去大约15年里从发展援助机构支持的政府治理相关项目中学到的教训。这两个因素是：政府对问责、腐败和透明度的态度，以及公民社会在创造问责需求时所起的作用。

政府对问责的态度

在问责循环情境中，我认为信息是对IAs有效运作的主要制约。在更广泛的情境中，缺乏官员和政治精英对问责与反腐的坚定支持和有力领导，是对IAs的有效运作的最主要制约。

横向问责，就其性质而言，除非政府允许否则它不会也不可能发生：

> 出于法律的必要性，所有制度创新的道路都要通过最高国家元首的办公室，从这点来看，推进问责制的改革只可能来自“高层”。不可无视或忽略国家权力的中心。除非他们同意将“自我约束”制度化，否则横向问责必定毫无出路（Schedler，1999b，339）。

无数关于发展机构支持的有关政府治理的改革案例的研究和分析都得出了类似的结论。[7]

出于本章目的，以操作为重点的结论是，缺乏对问责足够的政治与行政承诺以及关于行政机构活动的有效信息获取不足，是对IAs有效运作的主要制约因素。[8]这两个因素中的任何一个没有解决都无法产生高效的IAs，对腐败也不会有显著冲击。

公民社会

在IAs极度不健全的情况下，指望政治或行政精英进行改革就过于天真了。在这种情况下，横向和纵向问责的关系变得十分关键。正如以上指出的，如果横向问责关系不起作用，无疑就是那些掌握权柄者想要它们如此而已。“总得有人来打破平衡的现状”（Schedler，1999b，347）。如果政治精英们不愿采取行动，而国际组织的影响又受到限制，这个“人”很可能就是公民社会。公民社会能够明确提出问责和反腐倡廉的要求、获得支持以及向政府表达他们的诉求，对强化IAs相对于行政机构的地位有重要影响。[9]

绩效指标

前面的分析框架试图提供一套有条理的概念来帮助理解和评估IAs应对公共部门腐败时的表现。该框架应该为IA分析的发展提供基础，分析中应包括对IA优劣势和内外部障碍的概览以提高IA绩效。这种分析将反过来成为增强IA能力构建的优先行动方案的基础。

除了被要求发展这一框架，世界银行要求我再深入一步，拿出一套衡量IAs反腐绩效的数量和质量指标。可能的指标或可能发展指标的领域清单见附件。

出于以下原因，我在确定指标清单时颇为犹豫。我提出这些指标主要是作为进一步思考和研究的基础，而非试图拿出确切的清单。这份清单大量借鉴了那些致力于发展各种关于政府治理相关指标的研究者的成果。[10]

分析框架和绩效指标应该互补。分析框架为构建一整套IAs的体系提供概念，这些被明确定义的核心概念为不同IAs（和不同国家）提供一种一致的分析方法，但仍然为当地环境和研究者的判断留出必要的空间。

然而，绩效指标的重点是为一个必定模糊的分析方法提供一组精确的工具。换而言之，即在分析完问题并提出解决方案后，如何确切知道何时能够大获成功？如何知道（首要问题，这个问题可能更容易回答）条件何时具备，从而获得最终成功的？

绩效指标旨在帮助回答这类问题，它们如同路标，或表明已达目的地，或（不确定时）表明前进的方向是正确的，前进的速度令人满意。与分析框架的组件不同，绩效指标就其性质而言并不是模糊的。一个人要么达到、要么错过目标（如果错过了，则希望知道错过了多少）。此外，如果绩效指标是有用的，那它们就必须是可用的。这就是说两者之间的关系和隐含问题必须弄清楚，所需支持指标的数据收集不可在行政或财政方面过于困难。

为此，发展 IA 反腐的绩效指标从一开始就是一件有风险的任务（有人会说是莽撞的）。一方面（回顾问责循环模型），一个 IA 成功表现的画面很清楚，就是 IA 需要迫使行政机关某些部门作出适当回应，对它们的活动进行解释和证明，并在必要的时候采取纠正措施。

但另一方面，当把这种画面分解成有意义、可衡量及有用的绩效指标语言时，严重的问题就会出现。首先，被衡量的最终现象——行政机关对 IA 作出的适当回应可能是有争议的判断性问题。例如，对于被调查出的腐败行为，如果行政机关利用出台更多掩盖此等行径的法律和规章作为回应，这是否恰当呢？如果法律、规章不被正确执行怎么办？需要解雇公职人员吗？应该启动刑事诉讼吗？这些重要的问题，在以指标为基础的绩效框架背景下是很难处理的。

此外，即便是在何谓适当回应的问题上能达成一致，归因问题也会出现。鉴于 IA 只是众多影响行政机关行为的因素之一，在何种程度上，可以把行政机关的回应归因于 IA 的作用？或反言之，在何种程度上，可以将行政机关未做回应归咎于 IA 的某些失职？

这并不是说不应该作绩效衡量这方面的尝试。不完全的信息、模糊复杂的因果关系，以及必然的主观解释需要，给几乎所有形式的公共部门的绩效评价造成了困难（Schacter，1999）。衡量任务是可行的，但必须承认，尽管绩效指标可能补充在反腐过程中对 IA 理解，但只有在融入一个允许开放式描述、分析和判断的更大图画中，它们才有意义。理解 IA 绩效和它们与政府的交互作用，在很大程度上，是一个涉及历史、当地环境以及观察者经验和隐含知识的问题。爱因斯坦曾说过一句为人所称道的话："不是所有有价值的都能被计算，也不是所有能计算的都有价值。"这句话不仅仅适用于 IAs 的绩效，对其他任何现象亦是如此。

本章注释

1. Schedler（1994b，334）认为，特定条件必须应用于选举程序，使纵向问责成为建立横向问责的激励。

2. 模型从对 IA 和政治行政机关关系的常识性理解而来，也源自有关问责制的文献。Thomas（1998）评论指出，"定期报告信息、监督和定期回应是一种问责关系存在的程序性体现"（353）。Schedler（1999a）认为，问责"包括接受信息的权利和相应的公布细节的义务。但是它也意味着接受解释的权利和相应的证明行为正当的义务"。

3. 隐性需求指的是，例如 IA 提出一份报告，暗示行政机关内有不可接受的行为，但并没有明确要求解释。在某些情况下，发表此类报告会产生要求回应的需求，哪怕这种需求并非直接来自提出这份报告的 IA。

4. 对于这个问题，我们有了深刻的常识性认知，在学术和实用性文献里也可以找到它。例如 Dye 和 Stapenhurst（1998）的"信息是问责的资本"；Caiden（1993）的"处理行政腐败问题……信息自由（是先决条件）"和"在不知情的情况下，公众无法让任何人对他们负责"。另请参阅 Tendler（1997）和 Stevens。

5. 在先进的民主社会，新闻媒体是 IA 对行政机关具有相当重要的非正式权利的榜样。行政机关对新闻媒体没有特别的正式责任，但他们会感到不得不对有关公共部门不当行为的新闻报道作出回应，并可能因此采取一些补救措施。

6. Dye 和 Stapenhurst（1998）有类似阐述：进行反腐的努力为 8 个"正义支柱"所支撑。

7. 请参阅 Schacter（2000）示例，其中包括对其他研究的参考。

8. 这两者无疑紧密联系在一起，行政机关不愿意公开自己的信息，往往是因为他们对问责作出的无力政治承诺。

9. Tendler（1997）提供了一个近期有说服力的例子，关于公民社会对政府问责处理的影响。她认为公民社会的干预，是巴西最为腐败和最不负责任的国家行政机构快速变革的主要因素。另请参阅 World Bank（1998，25 和 116）。

10. 来源包括 Stevens（1990）、Makanda（1994）、World Bank（1997）、Dye 和 Stapenhurst（1998）、OECD（1998、1999）和 USAID（1998）。

本章参考文献

Caiden, Gerald. 1993. "Dealing with Administrative Corruption." In *Handbook of Administrative Ethics*, ed. Terry Cooper, 305 – 22. New York: Marcel Dekker.

Diamond, Larry. 1999. "Institutions of Accountability." *Hoover Digest* 3: 87 – 91.

Dye, Kenneth M., and Rick Stapenhurst. 1998. "Pillars of Integrity: The Importance of Supreme Audit Institutions in Curbing Corruption." Economic Development Institute of the World Bank, Washington, D. C..

Klitgaard, Robert. 1988. *Controlling Corruption.* Berkeley and Los Angeles: University of California Press.

Makanda, Judy. 1994. "Financial Accountability and Economic Performance in Sub – Saharan Africa." Internal document, World Bank, Washington, D. C..

O'Donnell, Guillermo. 1999. "Horizontal Accountability in New Democracies." In *The Self – Restraining State: Power and Accountability in New Democracies*, ed. Andreas Schedler, Larry Diamond, and Marc F. Plattner, 29 – 51. Boulder, CO, and London: Lynne Rienner.

OECD (Organisation for Economic Co – operation and Development). 1998. "The Budget Process Affects Economic Results." *Focus: Public Management Gazette* 10: 4.

——. 1999. "Shaping the Government of the Future." *Focus: Public Management Gazette* 14: 4.

Rossiter, Clinton, ed. 1961. *The Federalist Papers.* New York: New American Library.

Schacter, Mark. 1999. "Means... Ends... Indicators: Performance Measurement in the Public Sector." IOG Policy Brief 3, Institute on Governance, Ottawa.

——. 2000. "Monitoring and Evaluation Capacity Development in Sub - Saharan Africa: Lessons from Experience in Supporting Sound Governance." ECD Working Paper 7, Operations Evaluation Department, World Bank, Washington, D. C..

Schedler, Andreas. 1999a. "Conceptualizing Accountability." In *The Self - Restraining State: Power and Accountability in New Democracies*, ed. Andreas Schedler, Larry Diamond, and Marc F. Plattner, 13 - 28. Boulder, CO, and London: Lynne Rienner.

——. 1999b. "Restraining the State: Conflicts and Agents of Accountability." In *The Self - Restraining State: Power and Accountability in New Democracies*, ed. Andreas Schedler, Larry Diamond, and Marc F. Plattner, 333 - 50. Boulder, CO, and London: Lynne Rienner.

Schedler, Andreas, Larry Diamond, and Marc F. Plattner, eds. 1999. *The Self - Restraining State: Power and Accountability in New Democracies.* Boulder, CO, and London: Lynne Rienner.

Stevens, Mike. 1990. "Assessing Public Expenditure Management Systems." Internal document, World Bank, Washington, D. C..

——. Undated. "Institutions of Horizontal Accountability." Government Services Administration, Washington, D. C.. http://policyworks.gov/org/main/mg/intergov/letter6/Stevens.htm.

Tendler, Judith. 1997. *Good Government in the Tropics.* Baltimore and London: Johns Hopkins University Press.

Thomas, Paul G. 1998. "The Changing Nature of Accountability." In *Taking Stock. Assessing Public Sector Reforms*, ed. B. Guy Peters and Donald J. Savoie, 348 - 93. Ottawa: Canadian Centre for Management Development.

USAID (U. S. Agency for International Development). 1998. *Handbook of Democracy and Governance Program Indicators.* Technical Publications Series, Center for Democracy and Governance. Washington, D. C.: USAID.

World Bank. 1997. "The State in a Changing World." In *World Development Report 1997*, . New York: Oxford University Press.

——. 1998. *Assessing Aid: What Works, What Doesn't, and Why*. New York: Oxford University Press.

附件 10. A：与 IA 问责制度相关的绩效指标

下面的指标清单只用作进一步思考和研究的基础，而不是一份最终列表。它为指标范围或衡量区域提供参考，从中进行选择，力图发展一份可靠、务实、适度综合的绩效指标清单。最终决定取决于问题的不同方面，如有问题的 IA、当地环境、可用资源、时限等等。除了本章的可用资源，要确立一个更为精确的选择清单，还需要进一步的研究和分析。

支持这些指标所必需的数据和数据采集的种类差别很大，建立和维护这些指标的成本亦如此。有些指标涉及只需要简单回答“是”或“否”的问题；有些涉及简单、直接的数量衡量；还有些则需要扩大规模或指标数据，有些指标是有关质量的。

数据采集方法可以是问卷调查、开放式访谈、关键知情人访谈、专家小组意见、专家评论、案头调研或文件评论等。大部分指标从其他研究中借鉴得来。

行政部门提供 IAs 的有效信息的相关指标：

1. 认为能够获取足够公共信息的公民比率；
2. 认为政府提供给他们足够信息的记者比率；
3. 声称可以从关键政府机构获得所需信息的非政府组织（NGOs）比率；
4. 声称当他们需要就能够得到信息的立法者和职员比率；
5. 有关信息获取的法律和规章；
6. 行政机构向公众提供有关他们所需服务的完整信息的比率；
7. 立法机构、媒体和公众及时获得政府预算信息；
8. 立法机构、媒体和公众及时获得财政支出报告。

公民社会作为一个IA 的相关指标：

1. 支持言论和结社自由的法律；

2. 提倡问责、反对腐败的 NGOs 数量；

3. 具有报告腐败问题的专门知识和能力的 NGOs 数量；

4. 提高在问责、增加透明度和反腐问题等方面倡导能力的 NGOs 数量；

5. 因循 NGO 的倡议而改变的公共政策数量；

6. 有关问责、反腐和其他公众所关注的问题，NGO 的看法和其他政府机构开展对话的意愿；

7. 有公民知识的公民比率；

8. 展现民主价值观的公民比率；

9. 出于公民团体的压力，政府作出决策的例子。

新闻媒体作为一个IA 的相关指标：

1. 信任有效新闻来源的人口比率；

2. 反对媒体组织批评政府的合法行为数量；

3. 以记者为目标的暴力事件数量；

4. 新闻媒体有关问责和反腐问题报道质量的内容分析。

审计机构作为一个IA 的相关指标：

1. 对最高审计机关（以下简称 SAI）的明确立法体现审计授权存在；

2. 国家宪法中包含的 SAI 角色；

3. 立法和强势传统对 SAI 独立性的保护；

4. 无政治干预的 SAI 领导和立法机构的直接报告关系；

5. SAI 具有决定审计什么以及如何审计的权力；

6. SAI 自行决定如何报告审计结果；

7. SAI 无限制获取审计工作所需信息的权利；

8. SAI有足够的经费（如用于办公地点、职员、通信设备、调研和监督活动等）；

9. SAI有足够的行政能力（如职员数量和水平、设备和物资、内部管理结构和惯例）；

10. 财政年度内政府预算（或政府项目预算）被审计的比率；

11. 被彻底、公平和透明调查的违法、违规和违反程序的案例比率或数量；

12. 公众或新闻媒体易于获取SAI报告。

审计类机构作为一个IA 的相关指标：

1. 定期监督公共承包和采购行为的独立检察长办公室；

2. 监督和执行正式公共部门道德规范的独立道德准则办公室；

3. 发现与公共部门腐败相关的违法和违规行为的独立反腐机构；

4. 审计类机构有足够的经费（如用于办公地点、职员、通信设备、调研和监督活动等）；

5. 审计类机构有足够的行政能力（如职员数量和水平、设备和物资、内部管理结构和惯例）；

6. 被彻底、公平和透明调查的违法、违规和违反程序的案例比率或数量。

司法机构作为一个IA 的相关指标：

1. 涉及政治、经济和体制精英的刑事案件数量；

2. 贯彻法院职能的大量书面条例、法规和程序；

3. 依据政绩标准任职和晋升法官的比率；

4. 司法部门任期保障程度；

5. 法院独立于立法机构和行政机构的程度；

6. 司法裁决得到可靠执行的程度；

7. 司法人员的薪水和私人部门类似专业人员所得的百分比；

8. 司法部门的内部纪律办公室的存在。

立法机构作为一个IA 的相关指标：

1. 立法监督行政机关效力指数；
2. 立法委员会监督行政机构活动的指数；
3. 立法过程的质量指数；
4. 存在活跃的公共账目委员会或财政委员会（或类似组织）重点监督公共财政管理；
5. 每一立法机构或委员会的职员数量；
6. 立法审查预算的适当程序；
7. 议员对立法机构有能力作为独立个体行使其职能的信心程度；
8. 公民对立法机构对行政机关有调查作用的信心程度；
9. 立法条例允许反对党的公平参与；
10. 给予反对党成员与执政党同等的资源（办公室、职员等）。

总体指标：

1. 政客和官员道德行为规范是足够的、众所周知的，并得以彻底贯彻实施；
2. 公众对政府提供某些服务的腐败的看法；
3. 私营部门对公共部门腐败的看法；
4. 信任政府的公民比率；
5. 认为政府解决了他们的优先事项的公民比率。